CPython 파헤치기
CPython Internals

CPython Internals

CPython 파헤치기: 따라 하면서 이해하는 파이썬 내부의 동작 원리

초판 1쇄 발행 2022년 9월 23일 **지은이** 앤서니 쇼, realpython.com 튜토리얼 팀 **옮긴이** 김성현 **펴낸이** 한기성 **펴낸곳** (주)
도서출판인사이트 **편집** 송우일, 정수진 **제작·관리** 이유현, 박미경 **용지** 월드페이퍼 **출력·인쇄** 예림인쇄 **후가공** 이지앤비 **제본**
예림바인딩 **등록번호** 제2002-000049호 **등록일자** 2002년 2월 19일 **주소** 서울시 마포구 연남로5길 19-5 **전화** 02-322-5143
팩스 02-3143-5579 **이메일** insight@insightbook.co.kr **ISBN** 978-89-6626-367-7 책값은 뒤표지에 있습니다. 잘못 만들
어진 책은 바꾸어 드립니다. 이 책의 정오표는 http://blog.insightbook.co.kr에서 확인하실 수 있습니다.

프로그래밍 인사이트

CPython 파헤치기

따라 하면서 이해하는 파이썬 내부의 동작 원리

앤서니 쇼, realpython.com 튜토리얼 팀 지음 | 김성현 옮김

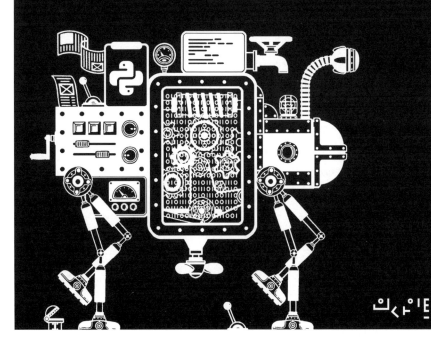

인사이트

차례

4장   파이썬 언어와 문법   39

5장   구성과 입력   53

6장   렉싱과 파싱   65

7장   컴파일러   87

8장   평가 루프

10장 병렬성과 동시성 179

11장 객체와 타입   235

추천의 글

프로그래밍 언어 구현체 개발은 자료 구조, 알고리즘, 운영 체제, 컴퓨터 구조 등의 지식이 총동원되는, 전산학의 꽃이라고 부르는 분야다. 화려한 명성만큼이나 많은 사람이 필요 이상으로 어렵게 생각하는 것도 사실이다. 그런 사람들에게 《CPython 파헤치기》는 사실상 파이썬 표준 구현체인 CPython 내부를 파헤쳐 보는 데 도움이 될 훌륭한 가이드북이다. 파이썬에 관심이 없더라도 프로그래밍 언어 구현이라는 주제에 관심이 있다면 그 자체만으로도 읽어 볼 만한 가치가 있는 책이기도 하다. 《CPython 파헤치기》를 읽으면서 CPython이 어떻게 설계, 개발되었는지 음미할 수 있으면 좋겠다. 옮긴이의 세세한 주석들이 독자들의 CPython 탐구 여행에 큰 도움이 될 것이다. 덧붙여 《CPython 파헤치기》 출간을 계기로 프로그래밍 언어 구현이라는 주제에 대해 뜨겁게 토론하는 사람들이 지금보다 더 많이 늘어났으면 하는 소망이 있다.

나동희, CPython 코어 개발자, LINE 소프트웨어 엔지니어

몇 년 전 파이썬 개발을 시작했을 때 이런 책이 있었더라면 좋았을 것 같다. 이 책을 읽고 나면 분명 실력이 향상될 뿐 아니라 세상을 개선하는 데 필요한 복잡한 문제들을 해결할 수 있을 것이다.

캐럴 윌링(Carol Willing), CPython 코어 개발자 겸 CPython 운영 위원회 멤버

이 책에서 가장 인상 깊었던 점은 CPython 코드 베이스를 변경하는 과정을 순서대로 따라가기 쉽게 안내한다는 점이다. 오라일리(O'Reilly) 출판사의 '미싱 매뉴얼(Missing Manuals)' 시리즈 책들 같다는 인상을 받았다.

C로 이루어진 파이썬의 기반에 대해 알아가는 건 매우 재미있었고 오래된 의문들도 해소되었다. 특히 CPython의 메모리 할당자 부분에서 많은 깨달음을 얻었다.

이 책은 파이썬에 대해 한층 높은 수준의 공부를 하려는 모든 사람들에게 훌륭한(그리고 독보적인) 참고 자료다.

댄 베이더(Dan Bader), 《슬기로운 파이썬 트릭》(인사이트, 2019) 지은이,
리얼 파이썬 편집장

추천사

공동체가 만들어 낸 언어가 전 세계 사용자에게 행복을 전합니다.
— 히도 판로쉼(Guido van Rossum)[1], 네덜란드 국왕 탄생일 연설 중[2]

나는 지식과 아이디어를 다른 사람들과 공유할 수 있도록 학습을 돕고, 우리에게 창작할 역량을 주고, 우리를 움직일 수 있는 도구를 만드는 것을 좋아한다. 파이썬과 내가 만든 도구들이 기후 변화나 알츠하이머와 같은 현실 문제들을 해결하는 데 도움이 된다는 이야기를 들으면 감사함과 뿌듯함, 감동을 느낀다.

나는 40년 넘게 프로그래밍과 문제 해결을 사랑해 왔고 공부하며 많은 코드를 작성하고 아이디어를 공유하면서 시간을 보냈다. 긴 세월 동안 기술에 큰 변화가 일어나는 것을 보았는데 메인프레임에서 휴대 전화 서비스를 거쳐 웹과 경이로운 클라우드 컴퓨팅으로 발전했다. 파이썬을 비롯한 이 모든 기술에는 한 가지 공통점이 있다.

아무리 성공적인 혁신이라도 한때는 아이디어에 지나지 않았다. 히도 같은 창조자들은 앞으로 나아가기 위해 위험을 감수하고 새로운 땅에 발을 디뎠다. 헌신, 시행착오를 통한 학습 그리고 실패를 극복해 나가는 협력이 성공과 성장을 위한 단단한 기반을 구축했다.

이 책은 성공한 프로그래밍 언어인 파이썬을 탐색하는 여정으로 안내한다. 이 책은 파이썬이 내부적으로 어떻게 작동하는지에 대한 가이드 역할을 한다. 핵심 개발자들이 어떻게 언어를 만들었는지도 엿볼 수 있을 것이다.

파이썬의 강점은 언어의 가독성과 교육에 헌신하는 열린 커뮤니티다. 지은이도 이러한 장점을 알고 있기 때문에 CPython을 설명할 때 출처를 언급하고 언어의 구성 요소들을 여러분과 공유한다.

내가 이 책을 공유하고 싶은 이유는 무엇일까? 몇 년 전 파이썬 개발을 시작

---

1 (옮긴이) 국내에서는 주로 '귀도 반 로섬'으로 표기하지만 이 책에서는 네덜란드어의 실제 발음에 맞게 '히도 판로쉼'으로 표기한다.
2 *http://neopythonic.blogspot.com/2016/04/*

했을 때 이런 책이 있었더라면 좋았을 것 같기도 하고, 더 중요하게는 우리가 파이썬 커뮤니티의 구성원으로서 직면하고 있는 현실의 복잡한 문제들을 해결하기 위해 전문적인 지식을 사용할 수 있는 특별한 기회가 있다는 점 때문이기도 하다.

이 책을 읽고 나면 분명 실력이 향상될 뿐 아니라 세상을 개선하는 데 필요한 복잡한 문제들을 해결하는 데 도움이 될 것이다.

이 책이 파이썬에 대해 더 알아 가도록 동기를 부여하고, 혁신적인 것을 만들 수 있도록 영감을 주고, 만들어 낸 것들을 세상과 공유할 수 있는 자신감을 줄 수 있기 바란다.

지금 하는 게 아예 안 하는 것보다 낫다.

— 팀 피터스(Tim Peters), '파이썬의 선(Zen of Python)' 지은이

팀의 격언을 따라 지금 바로 CPython 내부로의 여정을 시작해 보자.

여러분을 환영한다.

캐럴 윌링, CPython 코어 개발자[3] 겸 CPython 운영 위원회 멤버

---

3 (옮긴이) CPython 코어 개발자는 CPython 소스 코드에 대한 풀 리퀘스트 병합을 할 수 있으며 파이썬 개발과 관련된 중요한 결정에 대해 투표 권한을 가진다.

옮긴이의 글

파이썬의 인기가 날로 높아지고 있다. 교육 분야뿐 아니라 기계 학습, 데이터 엔지니어링, 백엔드 개발, 심지어는 사물 인터넷(IoT) 기기에서도 파이썬이 사용되고 있다. 이렇게 많은 분야에서 많은 사람에게 파이썬이 사랑받는 이유는 무엇일까? 파이썬은 다른 언어 대비 뛰어난 성능을 제공하지도 않고, 문법적 편의 기능이 풍부한 편도 아니다. 하지만 파이썬은 단순하고 직관적이다. '파이썬의 선(Zen of Python)'을 따라 언어의 기본적인 문법부터 표준 라이브러리, 문서까지 모두 단순하고 직관적이다. 활발하고 개방적인 커뮤니티 문화도 파이썬이 사랑받는 이유 중 하나다.

단순하고 직관적인 설계, 개방적인 커뮤니티 문화는 파이썬 내부에도 어김없이 드러난다. 파이썬의 소스 코드는 잘 정리되어 있고 가독성이 뛰어나다. 개발 환경 설정과 런타임 자체를 설명한 문서도 풍부하다. 모든 수정과 스펙 제안은 커뮤니티를 통해 공개적으로 이루어진다.

이토록 친절한 파이썬이지만 그럼에도 파이썬은 혼자서 탐험하기에는 꽤 거대한 프로젝트다. 하지만 이 책이 파이썬의 내부라는 미지의 세계를 같이 탐험할 수 있는 길잡이가 되어 줄 것이다. C 언어를 알고 있거나 컴파일러 등에 대해 평소에 관심이 있었던 독자뿐 아니라 파이썬 내부에 대해 관심을 가지고 있었던 독자라면 누구든 이 책과 함께 파이썬 내부를 즐겁게 탐험할 수 있을 것이다.

개발 환경 설정부터 핵심 구성 요소들에 대한 안내, 소프트웨어 개발 실력을 한 단계 더 끌어올려 줄 테스트와 디버깅, 프로파일링 스킬에 이르기까지 지은이는 단순 해설이 아닌 누구나 쉽게 따라갈 수 있는 잘 짜인 구성을 통해 파이썬의 내부로 독자들을 안내한다.

파이썬을 사랑하는 사람 중 한 명으로서 국내에 처음으로 출간되는, 파이썬 내부를 다루는 책의 번역을 맡게 되어 매우 뜻깊게 생각한다. 이토록 매력적인 주제가 아니었다면 많은 시간을 할애하며 번역할 각오를 내지 못했을 것 같다.

소스 코드와 공식 문서를 최대한 참고하며 열심히 작업했지만 다양한 피드백과 도움이 있었기에 번역을 마칠 수 있었다.

역자로 추천해 주시고 베타 리딩에서 많은 피드백을 남겨 주신 김준기 님과 파이썬 코어 개발자로서 피드백뿐 아니라 다양한 질문에 답변을 주신 나동희 님에게 특별히 감사의 마음을 전한다. 또 이런 매력적인 주제를 다루는 책을 번역할 기회를 주신 인사이트와 꼼꼼하게 점검해 주신 편집 팀에도 감사의 마음을 전한다. 마지막으로 항상 곁에서 응원해 주시는 부모님에게도 감사를 전한다.

들어가는 글

빠르게 값을 찾을 수 있는 딕셔너리, 변수의 상태를 기억하며 값을 생성하는 제너레이터, 자동으로 관리되는 메모리 등 파이썬의 놀라운 기능들은 어떻게 구현되었을까?

그 답은 가장 널리 사용되는 파이썬 런타임인 CPython 소스 코드에서 찾을 수 있다. CPython은 사람이 읽을 수 있는 C와 파이썬 코드로 작성되어 있다.

CPython은 C 플랫폼과 운영 체제의 복잡성을 추상화한다. 추상화를 통해 CPython은 호환성 있는 간편한 스레딩 기능을 제공하고, C에서는 어려웠던 메모리 관리도 간단한 형태로 제공한다.

CPython은 개발자가 고성능의 확장 가능한 애플리케이션을 작성할 수 있는 플랫폼을 제공한다. 뛰어난 파이썬 개발자가 되려면 CPython 작동 방식을 이해해야 한다. 추상화는 완벽하지 않고 구멍이 있다.

CPython의 작동 방식을 알고 있으면 CPython을 최대한 활용하면서 애플리케이션을 최적화할 수 있다. 이 책은 CPython의 주요 개념과 다음 세부 내용을 설명한다.

- 소스 코드를 읽고 탐색하기
- CPython 소스 코드 컴파일하기
- 파이썬 문법을 수정하고 컴파일해서 자신만의 CPython 버전 만들기
- 리스트나 딕셔너리, 제너레이터 등이 내부에서 작동하는 방식 이해하기
- CPython의 메모리 관리 기능 이해하기
- 병렬성과 동시성을 통해 파이썬 코드 확장하기
- 코어 타입에 새로운 기능 추가하기
- 테스트 스위트 실행하기
- 파이썬 코드와 런타임 성능을 프로파일하고 벤치마크하기
- C 코드와 파이썬 코드를 전문가처럼 디버깅하기

- CPython 라이브러리의 구성 요소를 수정하거나 개선해 향후 버전의 CPython에 기여하기

시간을 들여 각 장의 데모와 대화형 요소를 체험해 보자. 더 나은 파이썬 프로그래머가 되기 위해 알아야 할 핵심 개념을 이해하면서 성취감을 느낄 수 있을 것이다.

이 책을 보는 방법

이 책은 실습을 통한 학습을 권장한다. 설명을 읽고 통합 개발 환경(integrated development environment, IDE)부터 구성한 후 코드를 다운로드해 예제를 작성해 보자.

코드 예제를 복사해서 붙여 넣는 것은 피하자. 예제 중에는 올바르게 실행될 때까지 여러 번 반복해서 작성해야 하는 예제도 있고, 의도적으로 버그를 포함한 예제도 있다.

실수했을 때 고치는 방법을 배우는 것도 학습 과정의 일부다. 더 나은 구현 방법을 발견했다면 바꿔 보고 어떤 효과가 있는지도 확인해 보자.

CPython의 내부를 완전히 이해하려면 충분한 연습이 필요하다. 연습을 즐겨 보자.

파이썬을 어느 정도 알아야 할까?

이 책의 대상 독자는 파이썬을 능숙하게 다루는 파이썬 개발자다. 코드 예시가 있지만 파이썬을 능숙하게 다룰 수 있을 정도의 테크닉이 전체적으로 필요하다.

C를 알아야 할까?

C에는 능숙하지 않아도 된다. C를 처음 접하는 경우에는 부록 '파이썬 프로그래머를 위한 C 안내서'를 참고하자.

다 읽기까지 얼마나 걸릴까?

급하게 읽기보다는 각 장을 시간을 들여 읽고, 장 뒤에 나오는 예제들을 따라 해 보면서 코드를 살펴보자. 다 읽고 난 후에도 이 책은 언제든 살펴볼 만한 훌륭한 레퍼런스 가이드가 될 것이다.

금세 뒤떨어진 내용이 되지 않을까?

파이썬은 서른 살이 넘었지만 CPython 코드 중에는 처음 작성된 이후로 변경되지 않은 코드도 있다. 또한 이 책에서 소개하는 많은 원리는 10년 이상 바뀌지 않았다.

이 책을 쓰면서 파이썬 창시자 히도 판로쑘이 작성한 첫 버전 그대로 남아 있는 코드도 많이 발견했다.

물론 이 책에서 소개하는 개념 중 일부는 완전히 새롭거나 실험적이기도 하다. 이 책을 쓰면서 발견한 버그와 소스 코드의 문제들은 나중에 수정되거나 개선되기도 했다.[1] 이런 점이 바로 오픈 소스 프로젝트인 CPython의 멋진 부분이다.

이 책은 CPython의 현재 버전은 물론 향후 버전을 이해하는 데도 도움이 될 것이다. 변화는 지속적이고 전문성은 그 과정에서 키워 나갈 수 있다.

추가 학습 자료

*realpython.com/cpython-internals/resources/*에서 이 책을 위한 여러 추가 자료를 무료로 제공한다. 리얼 파이썬 팀이 관리하는 정오표도 해당 페이지에서 찾을 수 있다.

코드 샘플

예제와 샘플은 다음과 같이 cpython-books-samples 폴더에서 시작하는 경로와 파일명을 표시하고 해당 코드를 보여 준다.

---

1 *https://realpython.com/cpython-fixes*

cpython-book-samples ▶ 01 ▶ example.py

```
import this
```

*realpython.com/cpython-internals/resources/*에서 코드 샘플을 다운로드할 수
있다.

코드 라이선스

이 책의 파이썬 스크립트 예제는 크리에이티브 코먼스 퍼블릭 도메인(CC0) 라
이선스[2]로 제공된다. 여러분의 프로그램에서 어떤 목적으로든 코드의 어떤 부
분이라도 사용해도 괜찮다.

CPython은 파이썬 소프트웨어 재단(Python Software Foundation, PSF) 2.0
라이선스[3]로 제공된다. 이 책에서 사용된 CPython 토막 코드와 샘플은 PSF 2.0
라이선스를 따른다.

 이 책의 코드는 윈도우 10과 macOS 10.14, 리눅스에서 파이썬 3.9를 사용하여 테스트
했다.

서식 규칙

코드 블록은 예제 코드를 표시하는 데 사용된다.

```
# 다음은 파이썬 코드다.
print("Hello, World!")
```

운영 체제와 무관한 명령은 유닉스 스타일을 사용한다($ 기호는 명령의 일부
가 아니다).

```
$ # 다음은 터미널 명령이다.
$ python hello-world.py
```

윈도우에만 해당하는 명령은 윈도우 명령줄 형식을 사용한다(> 기호는 명령의
일부가 아니다).

---

2 *https://creativecommons.org/publicdomain/zero/1.0/*
3 *https://github.com/python/cpython/blob/main/LICENSE*

```
> python hello-world.py
```

명령줄은 다음 형식을 사용한다.

- 고정폭 글꼴로 쓴 **괄호 없는 텍스트**는 표시된 대로 입력해야 한다.
- **<홑화살괄호 안의 텍스트>**는 값을 제공해야 하는 변수를 나타낸다. 예를 들어 **<filename>**은 특정 파일 이름으로 대체해야 한다.
- **[대괄호 안의 텍스트]**는 선택적 인자를 나타낸다.

강조된 텍스트는 새롭거나 중요한 용어를 뜻한다.

참고와 주의는 다음과 같이 표시한다.

✅   참고는 이렇게 표시한다.

❗   주의는 이렇게 표시한다.

CPython 소스 코드에 들어 있는 파일에 대한 모든 참조는 다음과 같이 표시한다.

path▸to▸file.py

바로 가기 또는 메뉴 명령은 다음과 같이 표시한다.

'File ⇨ Other ⇨ Option'

피드백과 정오표

이해가 되지 않는 부분을 발견하거나 코드나 본문에서 오류를 찾거나 내용이 부족하다고 느낄 수도 있을 것이다. 아이디어, 제안, 피드백 등은 언제나 환영이다. 리얼 파이썬 팀은 교육 자료를 개선하기 위해 항상 노력하고 있다. 이유가 무엇이든지 피드백이 있다면 다음 링크로 피드백을 보내 주기 바란다.

https://realpython.com/cpython-internals/feedback

1장

CPython 소스 코드 받기

콘솔에서 python이라고 입력해 실행하는 파이썬이나 *python.org*에서 받아서 설치하는 파이썬은 CPython이다. CPython은 파이썬 구현 중 하나로 다양한 개발자가 개발하고 있다. 다른 유명한 파이썬 배포판으로는 파이파이(PyPy), 사이썬(Cython), 자이썬(Jython) 등이 있다.

CPython의 특별한 점은 다른 구현체들과도 공유하는 언어 사양과 런타임을 같이 포함한다는 것이다. CPython은 파이썬의 공식 구현체이자 레퍼런스 구현체다.

파이썬 언어 사양은 파이썬 언어를 설명하는 문서로 assert는 예약어이고 []는 인덱싱과 슬라이싱, 빈 리스트 생성을 위해 사용된다는 것 등을 정의한다.

다음은 CPython 배포판에서 제공하는 기능 중 일부다. 배포판은 컴파일러뿐 아니라 다양한 것을 포함한다.

- python을 아무런 인자 없이 실행해서 대화형 프롬프트(REPL) 열기
- 표준 라이브러리에서 json, csv, collections 등의 내장 모듈 임포트하기
- pip를 사용하여 인터넷에서 패키지를 받아서 설치하기
- 내장된 unittest 모듈을 사용하여 애플리케이션 테스트하기

앞으로 CPython 배포판의 구성 요소들에 대해 알아볼 것이다.

- 언어 사양
- 컴파일러
- 표준 라이브러리 모듈
- 코어 타입
- 테스트 스위트

1.1 소스 코드에 포함된 것들

CPython 소스 배포판은 다양한 종류의 도구와 라이브러리, 구성 요소를 포함한다.

✅   이 책은 CPython 3.9[1] 소스 코드를 다룬다.

---

git으로 최신 CPython 소스 코드를 다운로드하자.

```
$ git clone --branch 3.9 https://github.com/python/cpython
$ cd cpython
```

이 책의 모든 예제는 파이썬 3.9 기반이다.

❗   3.9 브랜치를 선택하는 게 중요하다. 메인(main) 브랜치는 자주 변경된다. 이 책의 예제
와 연습 문제 대부분은 메인 브랜치에서 작동하지 않을 것이다.

✅   컴퓨터에 깃이 설치되어 있지 않다면 git-scm.com에서 깃을 받아서 설치하거나 깃허브
에서 CPython 소스 코드 전체를 ZIP 파일[2]로 다운로드할 수 있다.
ZIP 파일로 소스 코드를 다운로드하면 히스토리, 태그, 브랜치 등은 포함되지 않는다.

다운로드한 cpython 디렉터리에서 다음과 같은 하위 디렉터리들을 확인할 수 있다.

---

1   *https://github.com/python/cpython/tree/3.9*
2   *https://github.com/python/cpython/archive/3.9.zip*

cpython/
— Doc   문서 소스 파일
— Grammar   컴퓨터가 읽을 수 있는 언어 정의
— Include   C 헤더 파일
— Lib   파이썬으로 작성된 표준 라이브러리 모듈
— Mac   macOS를 위한 파일
— Misc   기타 파일
— Modules   C로 작성된 표준 라이브러리 모듈
— Objects   코어 타입과 객체 모델
— Parser   파이썬 파서 소스 코드
— PC   이전 버전의 윈도우를 위한 윈도우 빌드 지원 파일
— PCbuild   윈도우 빌드 지원 파일
— Programs   python 실행 파일과 기타 바이너리를 위한 소스 코드
— Python   CPython 인터프리터 소스 코드
— Tools   CPython을 빌드하거나 확장하는 데 유용한 독립 실행형 도구
— m4   makefile 구성을 자동화하는 사용자화 스크립트

다음 장에서 개발 환경을 설정하자.

2장

개발 환경 구성하기

앞으로 C 코드와 파이썬 코드를 모두 다뤄야 한다. 두 언어를 모두 지원하는 개발 환경을 구성하자.

CPython 소스 코드의 65%는 파이썬(테스트가 상당 부분을 차지한다), 24%는 C로 이루어져 있다. 나머지는 다른 언어가 섞여 있다.

2.1 편집기와 통합 개발 환경

사용할 개발 환경을 아직 정하지 않았다면 통합 개발 환경 또는 코드 편집기 중 하나를 골라야 한다.

- 통합 개발 환경은 특정 언어와 툴체인을 위한 도구다. 대부분의 통합 개발 환경은 통합된 테스트, 문법 검사, 버전 관리, 컴파일 기능을 포함한다.
- 코드 편집기는 언어에 상관없이 코드 파일을 수정할 수 있는 도구다. 대부분의 코드 편집기는 문법 강조 기능이 포함된 간단한 텍스트 편집기다.

완전한 기능을 갖춘 통합 개발 환경은 더 많은 하드웨어 자원을 사용한다. 램이 제한된 경우(8GB 미만) 코드 편집기를 권장한다.

통합 개발 환경은 시작 시간이 길다. 파일을 빠르게 수정하고 싶다면 코드 편집기가 좋은 선택이다.

많은 통합 개발 환경과 편집기가 있는데 무료인 것도 유료인 것도 있다. 다음은 CPython 개발에 적합한 일반적인 통합 개발 환경과 편집기 몇 가지다.

이름	구분	지원 환경
마이크로소프트 비주얼 스튜디오 코드	편집기	윈도우, macOS, 리눅스
아톰	편집기	윈도우, macOS, 리눅스
서브라임 텍스트	편집기	윈도우, macOS, 리눅스
Vim	편집기	윈도우, macOS, 리눅스
이맥스	편집기	윈도우, macOS, 리눅스
마이크로소프트 비주얼 스튜디오	C, 파이썬용 통합 개발 환경	윈도우
젯브레인스 파이참	파이썬용 통합 개발 환경	윈도우, macOS, 리눅스
젯브레인스 CLion	C용 통합 개발 환경	윈도우, macOS, 리눅스

맥용 비주얼 스튜디오가 있지만 맥용은 C 컴파일과 비주얼 스튜디오 파이썬 도구를 지원하지 않는다.

이어지는 절에서는 다음 통합 개발 환경과 편집기를 설정하는 법을 소개한다.

- 마이크로소프트 비주얼 스튜디오
- 마이크로소프트 비주얼 스튜디오 코드
- 젯브레인스 CLion
- Vim

선택한 도구에 대한 절로 건너뛰거나 전부 읽고 비교해 보자.

2.2 비주얼 스튜디오 구성하기

이 책을 쓰는 현재 비주얼 스튜디오 최신 버전인 비주얼 스튜디오 2019는 파이썬과 C 소스 코드를 기본적으로 지원한다. 비주얼 스튜디오 2017이 기존에 설치되어 있다면 그대로 사용할 수 있다. 이 책에 나온 예시와 연습 문제에 비주얼 스튜디오 사용을 권장한다.

이 책을 공부하거나 CPython을 컴파일하는 데 비주얼 스튜디오의 유료 기능이 필요하지는 않다. 무료 커뮤니티 버전으로도 충분하다.

하지만 프로파일 기반 최적화(profile-guided optimization, PGO) 빌드를 사용하려면 프로페셔널 에디션 또는 그 이상이 필요하다.

비주얼 스튜디오는 마이크로소프트 비주얼 스튜디오 웹 사이트에서 무료로 받을 수 있다.[1]

비주얼 스튜디오 인스톨러를 다운로드해 실행하면 설치할 구성 요소를 선택하라는 메시지가 표시된다. 이 책에는 다음 구성 요소가 필요하다.

- **파이썬 개발** 워크로드
- **파이썬 네이티브 개발 도구**
- 파이썬 3 64비트(3.7.8)

파이썬 3.7이 이미 설치되어 있다면 파이썬 3 옵션은 설치하지 않아도 된다. 디스크 공간을 절약하기 위해 다른 옵션을 추가로 제외할 수도 있다.

구성 요소를 선택하면 인스톨러가 모든 구성 요소를 다운로드해 설치한다. 설치에는 최대 1시간까지 소요될 수 있다.

설치를 완료하고 '시작'을 클릭해 비주얼 스튜디오를 시작하면 회원 가입 창이 표시되는데 마이크로소프트 계정이 있다면 로그인하거나 이 단계를 건너뛸 수 있다.

다음으로 초기 화면이 표시되면 '리포지토리 복제' 옵션을 선택해 비주얼 스튜디오에서 CPython 깃 저장소를 직접 클론할 수 있다.

리포지토리 위치로 `https://github.com/python/cpython`을 입력한 후 저장할 경로를 선택하고 '복제'를 선택하자.

비주얼 스튜디오에 내장된 깃으로 깃허브에서 CPython 사본을 다운로드한다. 다운로드에는 최대 10분 정도가 걸린다.

---

1 *https://visualstudio.microsoft.com/vs/*

> ⚠️ 비주얼 스튜디오는 기본으로 메인 브랜치를 체크아웃한다. 컴파일 전에 팀 탐색기로 3.9
> 브랜치를 선택하자. 3.9 브랜치를 선택하는 게 중요하다. 메인 브랜치는 자주 변경된다.
> 이 책의 예제와 연습 문제 대부분은 메인 브랜치에서는 작동하지 않을 것이다.

프로젝트가 다운로드되면 '프로젝트 및 솔루션⇨pcbuild.sln'을 클릭하여
PCBuild▶pcbuild.sln 솔루션 파일을 사용하자.

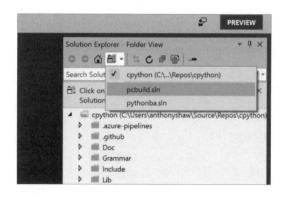

이제 비주얼 스튜디오와 소스 코드가 준비되었다. 윈도우에서 CPython을 컴파
일하는 방법은 다음 장에서 알아본다.

2.3 비주얼 스튜디오 코드 구성하기

마이크로소프트 비주얼 스튜디오 코드(이하 VS 코드)는 온라인 플러그인 마켓
플레이스를 제공하는 확장 가능한 코드 편집기다.

통합 깃 인터페이스를 제공하며 C와 파이썬 모두를 지원하기 때문에 CPython
을 위한 좋은 선택이다.

2.3.1 설치

VS 코드는 *code.visualstudio.com*에서 다운로드 받을 수 있는 간단한 인스톨러
를 사용해 설치할 수 있다.

VS 코드는 기본 상태에서도 코드 편집이 가능하지만 확장을 설치해 유용한
기능을 추가할 수 있다.

상단 메뉴의 'View⇨Extensions'를 클릭하면 Extensions 패널에 접근할 수 있다.

Extensions 패널에서 이름 또는 `ms-vscode.cpptools` 같은 고유 식별자로 확장을 검색할 수 있다. 비슷한 이름의 플러그인이 있을 경우에는 고유 식별자로 검색해 올바른 플러그인을 설치했는지 확인하자.

2.3.2 권장되는 확장

CPython 작업에 유용한 확장은 다음과 같다.

- C/C++(`ms-vscode.cpptools`): 인텔리센스, 디버깅, 코드 강조 등의 C/C++ 지원을 제공한다.
- Python(`ms-python.python`): 파이썬 코드 편집, 디버깅, 탐색 등의 파이썬 지원을 제공한다.
- reStructuredText(`lextudio.restructuredtext`): CPython 문서에 사용되는 reStructuredText에 대한 지원을 제공한다.
- Task Explorer(`spmeesseman.vscode-taskexplorer`): `make` 작업을 편리하게 실행할 수 있는 Task Explorer 패널을 Explorer 탭 안에 추가한다.

필요한 확장을 설치한 후 편집기를 새로 고침하자.[2]

앞으로 명령줄이 자주 필요하기 때문에 'Terminal⇨New Terminal'을 클릭해 VS 코드에 통합 터미널을 추가한다. 터미널은 다음과 같이 나타난다.

2.3.3 고급 코드 탐색 및 펼치기 사용

플러그인을 설치해 고급 코드 탐색을 실행할 수 있다.

예를 들어 C 파일에서 함수 호출을 우클릭하고 'Go to References'를 선택하면 해당 함수에 대한 다른 참조들이 보인다.

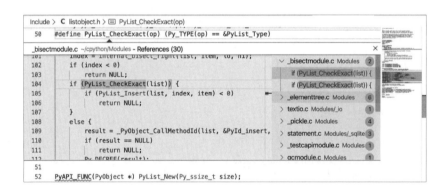

'Go to References'를 사용해 해당 함수를 사용하는 적절한 방식을 찾을 수도 있다.

C 매크로(macro)를 클릭하거나 그 위에 마우스를 놓으면 매크로가 컴파일된 형태로 펼쳐진다.

---

2 (옮긴이) VS 코드는 일렉트론(Electron)을 기반으로 만들어졌으며 웹 사이트를 새로 고침하는 것과 동일한 메커니즘을 사용한다.

```
Objects > C listobject.c > ⊗ list_resize(PyListObject *, Py_ssize_t)
50      }
51
52      /* This over-allocates proportional to the list size, making room
53       * for additional growth.  The over-allocation is mild, but is
54       * enough to give linear-time amortized behavior over a long
55       * sequence of appends() in the presence of a poorly-performing
56       * system realloc().
57       * The growth pattern is:  0    #define PY_SSIZE_T_MAX ((Py_ssize_t)(((size_t)-1)>>1))
58       * Note: new_allocated won't    Largest positive value of type Py_ssize_t.
59       *       is PY_SSIZE_T_MAX *
60       */                             Expands to:
61      new_allocated = (size_t)news    ((Py_ssize_t)(((size_t)-1)>>1))
62      if (new_allocated > (size_t)PY_SSIZE_T_MAX / sizeof(PyObject *)) {
63          PyErr_NoMemory();
64          return -1;
65      }
```

함수 정의로 이동하려면 함수 호출 위에 마우스를 놓고 macOS에서는 'Cmd+ 클릭'을, 윈도우나 리눅스에서는 'Ctrl+클릭'을 누르자.

2.3.4 작업과 실행 파일을 설정하기

VS 코드는 작업 디렉터리 내부의 .vscode 폴더를 작업 공간 설정에 사용한다. 폴더가 없으면 새로 만들고 다음 파일들을 추가해서 작업 공간을 설정할 수 있다.

- 프로젝트 실행 명령에 대한 tasks.json
- 디버거를 위한 launch.json
- 기타 플러그인을 위한 파일

tasks.json 파일에 작업을 등록할 수 있다.

cpython-book-samples▸11▸tasks.json

```
{
    "version": "2.0.0",
    "tasks": [
        {
            "label": "build",
            "type": "shell",
            "group": {
                "kind": "build",
                "isDefault": true
            },
            "windows": {
                "command": "PCBuild/build.bat",
```

```
                    "args": ["-p", "x64", "-c", "Debug"]
                },
                "linux": {
                    "command": "make -j2 -s"
                },
                "osx": {
                    "command": "make -j2 -s"
                }
            }
        ]
}
```

Task Explorer 패널의 vscode 그룹에 작업들이 등록된 것을 확인할 수 있다.

다음 장에서는 CPython을 컴파일하는 빌드 프로세스를 알아본다.

2.4 젯브레인스 CLion 구성하기

젯브레인스 통합 개발 환경 제품 중 파이썬 통합 개발 환경인 파이참에는 C/C++ 지원을 설치할 수 없지만 C/C++ 통합 개발 환경인 CLion은 파이썬 지원을 포함한다. CPython은 C와 파이썬 코드로 이루어져 있으므로 CLion을 사용하자.

> ❗ Makefile 지원은 CLion 2020.2 또는 그 이상이 필요하다.

> ❗ CLion을 사용하려면 configure로 생성된 Makefile과 컴파일된 CPython이 필요하다.
> 3장 'CPython 컴파일하기'에서 자신이 사용하고 있는 운영 체제에 해당하는 부분을 읽고 여기로 돌아오자.

CPython을 처음으로 컴파일하면 소스 디렉터리 최상단에 Makefile이 생성
된다.

CLion을 열고 초기 화면에서 'Open or Import'를 클릭해 소스 디렉터리의
Makefile을 선택하고 'Open'을 클릭하자.

CLion은 단순히 파일을 열지, 아니면 Makefile을 새 프로젝트로 가져올지 묻
는다. 프로젝트로 가져오기 위해 'Open as Project'를 클릭하자.

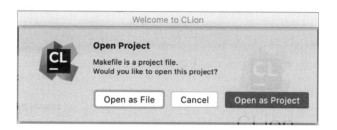

프로젝트를 가져오기 전에 실행할 make 타깃으로는 기본 옵션인 clean을 그대
로 사용하자.

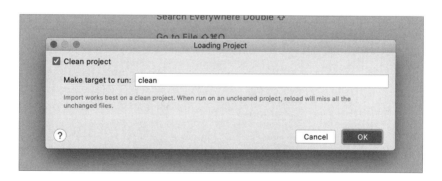

다음으로 상단 메뉴에서 'Build⇨Build Project'를 클릭해 CLion에서 CPython
을 빌드해 보자.

프로젝트 빌드 진행률은 하단 상태 표시줄에 표시된다.

작업이 완료되면 컴파일된 바이너리를 실행용 또는 디버깅용으로 사용할 수 있다.

'Run➪Edit Configuration'을 클릭해 Run/Debug Configuration 창을 열고 '+➪Makefile Application'을 클릭해 다음 단계들을 따라서 빌드 구성을 추가할 수 있다.

1. Name을 cpython으로 지정하자.
2. 빌드 대상은 all을 선택한다.
3. Executable의 드롭다운 메뉴에서 'Select Other'를 클릭해 소스 디렉터리 속의 컴파일된 CPython 바이너리를 실행 파일로 지정하자. 바이너리의 이름은 python 또는 python.exe다.
4. Program arguments에는 개발 모드를 활성화하는 -X dev 플래그처럼 항상 사용할 인자를 입력한다. 이러한 플래그들은 5.1.4 '명령줄을 사용해 런타임 구성하기'에서 자세히 다룬다.
5. 작업 디렉터리를 CLion 매크로인 $ProjectFileDir$로 설정하자.

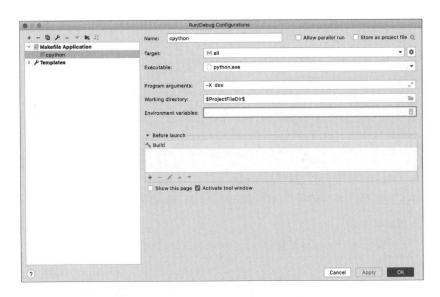

추가로 구성하고 싶은 CPython make 타깃이 있다면 비슷한 형식으로 구성을 추가하면 된다. 3.5 'CPython make 타깃'에서 전체 레퍼런스를 볼 수 있다.

'OK'를 눌러 구성을 저장하면 cpython 빌드 구성을 CLion 화면의 오른쪽 상단에서 확인할 수 있다.

화살표 아이콘을 클릭하거나 상단 메뉴의 'Run ⇨ Run cpython'을 클릭해 빌드 구성을 테스트해 볼 수 있다. 실행하면 CLion 화면 하단에서 REPL이 실행된다.

```
Run:    cpython
        /Users/anthonyshaw/PycharmProjects/cpython-clion-testing/python.exe -X dev
        Python 3.9.0b5 (tags/v3.9.0b5:8ad7d506ca, Aug  6 2020, 10:40:10)
        [Clang 11.0.3 (clang-1103.0.32.62)] on darwin
        Type "help", "copyright", "credits" or "license" for more information.
        >>>
        Process finished with exit code 15
```

이제 코드를 변경한 후 'Build'와 'Run'을 클릭해서 코드 변경 결과를 빠르게 확인할 수 있다. C 코드에 중단점을 추가했다면 'Run' 대신 'Debug'를 사용하자.

macOS에서는 'Cmd+클릭'을, 윈도우와 리눅스에서는 'Ctrl+클릭'을 눌러 코드 편집기의 코드 탐색 기능을 사용할 수 있다.

```
708
709   static int do_raise(PyThreadState *tstate, PyObject *exc, PyObject *cause);
710   static int unpack_iterable(PyThreadState *, PyObject *, int, int, PyObject **);
711
712   #define _Py_TracingPossible(ceval) ((ceval)->tracing_possible)
713                         Usages of _Py_TracingPossible in All Places (4 usages found)
714
715   PyObject *              ceval.c  847    if (!ltrace && !_Py_TracingPossible(ceval) && !PyDTrace_LINE_ENABLED()) { \
716   PyEval_EvalCode(PyObj   ceval.c  1274   if (_Py_TracingPossible(ceval) &&
717   {                       tags     8231     _Py_TracingPossible ./Python/ceval.c /^#define _Py_TracingPossible(/;" d file:
718       return PyEval_Eva  Press ⌥⌘F7 again to search in Project Files
719                         globals, locals,
720                         (PyObject **)NULL, 0,
721                         (PyObject **)NULL, 0,
722                         (PyObject **)NULL, 0,
723                         NULL, NULL);
724   }
725
726
727   /* Interpreter main loop */
728
```

2.5 Vim 구성하기

Vim은 강력한 콘솔 기반 텍스트 편집기다. 풍부한 단축키와 명령어를 제공하기 때문에 키보드에서 거의 손을 떼지 않아도 되는 장점이 있다.

 macOS나 많은 리눅스 배포판에서 vi는 vim의 별칭이다. 이 책에서는 vim을 사용하지만 별칭이 설정되어 있다면 vi로 실행해도 무방하다.

Vim은 메모장처럼 기본적인 텍스트 편집 기능만 가지고 있다. 그러나 몇 가지 확장과 구성으로 Vim을 강력한 파이썬 및 C 코드 편집 도구로 만들 수 있다.

Vim 확장은 깃허브 등 다양한 곳에서 찾을 수 있다. 깃허브에서 편리하게 플러그인을 받아서 설치하고 구성하기 위해 플러그인 관리자인 번들(Vundle)을 설치하자. 다음 명령으로 번들을 설치할 수 있다.

```
$ git clone https://github.com/VundleVim/Vundle.vim.git \
  ~/.vim/bundle/Vundle.vim
```

번들이 다운로드되었으면 번들 엔진을 불러오도록 Vim을 구성해야 한다.

다음 두 개의 플러그인이 필요하다.

1. 퓨저티브(Fugitive): 다양한 깃 작업의 바로 가기가 들어 있는 상태 표시줄을 제공한다.
2. 태그바(Tagbar): 함수, 메서드, 클래스로 쉽게 이동할 수 있는 창을 제공한다.

Vim 설정 파일(보통 ~/.vimrc에 있다)에 다음 줄을 추가해 플러그인을 설치하자.

cpython-book-samples ▸ 11 ▸ .vimrc

```
syntax on
set nocompatible          " vi 'Improved' 기능 사용
filetype off              " 필수

" 번들 경로와 초기화 설정
set rtp+=~/.vim/bundle/Vundle.vim
call vundle#begin()
```

```
" 번들이 번들을 관리하도록 설정하기(필수)
Plugin 'VundleVim/Vundle.vim'

" 지원되는 형식의 예시
" vundle#begin과 vundle#end 사이에 플러그인 명령어를 추가해서
" 깃허브 저장소로 제공되는 플러그인을 설치할 수 있다.
Plugin 'tpope/vim-fugitive'
Plugin 'majutsushi/tagbar'
" 이 행 전에 모든 플러그인 명령어가 들어가야 한다.
call vundle#end()            " 필수
filetype plugin indent on    " 필수
" 태그바가 C 파일에 자동으로 열리도록
autocmd FileType c call tagbar#autoopen(0)
" 태그바가 파이썬 파일에 자동으로 열리도록
autocmd FileType python call tagbar#autoopen(0)
" 상태 표시줄 보여 주기
set laststatus=2
" 상태 표시줄에서 깃 상태(브랜치) 표시
set statusline=%{FugitiveStatusline()}
```

다음 명령을 실행해서 플러그인을 설치하자.

```
$ vim +PluginInstall +qall
```

구성 파일에 지정된 플러그인을 다운로드하고 설치한다는 메시지가 출력될 것이다.

기본 텍스트 검색은 함수 호출이나 구현, 선언을 구분하지 못하지만 ctags[3]로 소스 파일을 데이터베이스로 인덱싱하면 CPython 소스 코드를 편집하거나 탐색할 때 메서드나 함수, 매크로 사이에서 빠르게 이동할 수 있다.

다음 명령으로 표준 라이브러리의 모든 파이썬 파일과 C 파일에 대한 CPython 헤더를 인덱싱하자.

```
$ ./configure
$ make tags
```

Vim에서 Python▶ceval.c 파일을 열어 보자.

```
$ vim Python/ceval.c
```

3 *http://ctags.sourceforge.net/*

하단에는 깃 상태가 표시되고 오른쪽에는 함수와 매크로, 변수가 표시된다.

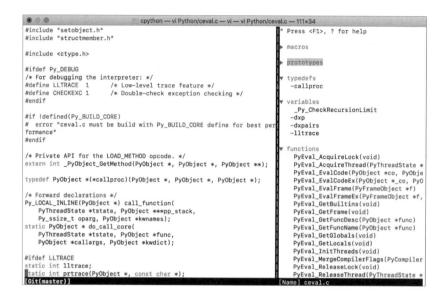

Lib▶subprocess.py 같은 파이썬 파일을 열어 보자.

```
$ vim Lib/subprocess.py
```

태그바에서 임포트, 클래스, 메서드, 함수를 확인할 수 있다.

'Ctrl+W'와 L을 사용하여 오른쪽 창으로 이동하면 화살표 키로 태그된 함수를 탐색할 수 있고, 엔터를 눌러 함수 구현으로 이동할 수 있다. 다시 편집기 창으로 돌아오려면 'Ctrl+W'와 H를 누르면 된다.

 Vim 어드벤처(Vim Adventures)[4]사이트에서 Vim 명령을 재미있게 배울 수 있다.

2.6 요약

어떤 환경을 사용할지 아직도 선택하지 못했더라도 급하게 결정할 필요는 없다. 천천히 둘러보고 자신에게 맞는 환경을 선택하자.

디버깅 기능은 매우 중요하다. 런타임 탐색과 버그 추적에 좋은 디버거를 사용하면 시간을 크게 절약할 수 있다. 지금까지는 print()를 사용해 디버깅했을 수도 있지만 C에서는 그런 방식을 사용할 수 없다. 디버깅에 관해선 이 책 뒷부분에서 자세히 다룬다.

4 *https://vim-adventures.com/*

3장

C P y t h o n   I n t e r n a l s

CPython 컴파일하기

CPython 개발 환경이 준비되었으면 CPython 소스 코드를 실제로 작동하는 인터프리터로 컴파일해 보자.

파이썬 파일과는 달리 C 소스 코드는 수정하면 다시 컴파일해야 한다. 자주 실행하게 될 과정이므로 이 장의 내용을 잘 기억해 두자.

이전 장에서는 빌드 단계를 실행할 수 있도록 개발 환경을 구성하는 방법을 알아보았다. 빌드 단계에서 CPython을 컴파일하려면 C 컴파일러와 몇 가지 빌드 도구가 필요하다.

사용할 도구는 운영 체제에 따라 다르기 때문에 자신이 사용 중인 운영 체제에 대해 설명하는 절로 건너뛰어도 된다.

 CPython을 새로 컴파일한다고 해서 기존 CPython 설치가 손상되지는 않는다. CPython 소스 디렉터리는 가상 환경처럼 작동한다.

CPython이나 표준 라이브러리 변경은 소스 디렉터리 내부의 샌드박스에서만 유효하다.

이 장에서는 수정된 CPython을 시스템에 설치하는 방법도 설명한다.

3.1 macOS에서 CPython 컴파일하기

macOS에서 CPython을 컴파일하려면 애플리케이션과 라이브러리가 추가로 필요하다. 그중 'Command Line Tools'는 필수적인 C 컴파일러 툴킷으로 터미널로 설치하고 앱스토어에서 업데이트할 수 있다.

 macOS에서 터미널은 '응용 프로그램⇨기타⇨터미널'에 있다. 실행하고 나서 아이콘을 'Ctrl+클릭'한 후 'Dock에 유지'를 클릭해 앱을 독에 고정하자.

다음 명령을 실행해서 C 컴파일러 툴킷을 설치하면 깃과 Make, GNU C 컴파일 러 등의 도구들이 설치된다.

```
$ xcode-select --install
```

PyPI에서 패키지를 받아서 설치하려면 OpenSSL도 필요하다. 홈브루(Home-brew)로 macOS에 간단하게 OpenSSL을 설치할 수 있다.

 홈브루가 없다면 다음 명령으로 설치하자.

```
$ /bin/bash -c "$(curl -fsSL \
  https://raw.githubusercontent.com/Homebrew/install/HEAD/
     install.sh)"
```

brew install 명령으로 CPython에 필요한 의존성을 설치하자.

```
$ brew install openssl xz zlib gdbm sqlite
```

의존성이 준비되었으면 configure 스크립트를 실행하자.

brew --prefix <package>로 <package>가 설치된 디렉터리를 찾을 수 있다. SSL 지원을 활성화하려면 OpenSSL이 설치된 디렉터리를 찾아 해당 위치를 컴 파일 옵션에 추가하면 된다.

--with-pydebug 플래그는 디버그 훅(hook)을 활성화한다. 개발이나 테스트 를 위해 디버깅하려면 이 플래그를 추가하자. CPython 디버깅은 14장 '디버깅' 에서 더 자세히 다룬다.

zlib이 설치된 위치를 지정하고 구성 작업을 실행하자. 이 작업은 한 번만 실 행하면 된다.

```
$ CPPFLAGS="-I$(brew --prefix zlib)/include" \
```

```
LDFLAGS="-L$(brew --prefix zlib)/lib" \
./configure --with-openssl=$(brew --prefix openssl) \
--with-pydebug
```

./configure가 저장소 최상단에 생성한 Makefile이 빌드 과정을 자동화한다.

다음 명령어로 CPython 바이너리를 빌드하자.

```
$ make -j2 -s
```

 make 옵션에 대한 더 자세한 내용은 3.4 'make 입문'에서 소개한다.

빌드 중 오류가 발생하면 make는 일부 패키지가 빌드되지 않았다고 표시한다. 예를 들어 ossaudiodev와 spwd, _tkinter 패키지가 빌드되지 않을 수도 있지만 해당 패키지들을 개발에 사용하지 않을 거라면 괜찮다. 자세한 내용은 'Python Developer's Guide'[1]를 참고하자.

빌드에는 몇 분이 걸리며 python.exe 바이너리를 생성한다. 소스 코드를 수정하면 동일한 플래그로 make를 다시 실행해야 한다.

python.exe는 CPython의 디버그 바이너리다. python.exe로 REPL을 실행해 보자.

```
$ ./python.exe
Python 3.9 (tags/v3.9:9cf67522, Oct 5 2020, 10:00:00)
[Clang 10.0.1 (clang-1001.0.46.4)] on darwin
Type "help", "copyright", "credits" or "license" for more information.
>>>
```

 macOS 빌드도 파일 확장자가 .exe다. 윈도우용 바이너리라서 이 확장자가 붙은 것이 아니다.

macOS는 대소문자를 구분하지 않는 파일 시스템을 사용하기 때문에 Python/ 디렉터리 와 혼동이 생기는 것을 피하고자 .exe 확장자를 추가했다.

make install 또는 make altinstall을 실행하면 시스템 설치 전에 파일 이름이 python 으로 변경된다.

---

1 *https://devguide.python.org/*

3.2 리눅스에서 CPython 컴파일하기

리눅스에서 CPython을 컴파일하려면 make와 gcc, configure, pkgconfig가 필요하다.

　패키지 관리에 YUM을 사용하는 페도라 코어(Fedora Core), RHEL, CentOS 등 리눅스 배포판에서는 다음 명령을 실행하자.

```
$ sudo yum install yum-utils
```

패키지 관리에 APT를 사용하는 데비안(Debian)이나 우분투(Ubuntu) 등 리눅스 배포판에서는 다음 명령을 실행하자.

```
$ sudo apt install build-essential
```

추가로 몇 가지 패키지를 더 설치해야 한다.
　YUM 시스템에서는 다음 명령을 실행하자.

```
$ sudo yum-builddep python3
```

APT 시스템에서는 다음 명령을 실행하자.

```
$ sudo apt install libssl-dev zlib1g-dev libncurses5-dev \
  libncursesw5-dev libreadline-dev libsqlite3-dev libgdbm-dev \
  libdb5.3-dev libbz2-dev libexpat1-dev liblzma-dev libffi-dev
```

모든 의존성이 설치되었으면 configure 스크립트를 실행하자. 이때 --with-pydebug로 디버그 훅을 활성화할 수 있다.

```
$ ./configure --with-pydebug
```

이제 생성된 Makefile로 CPython 바이너리를 빌드할 수 있다.

```
$ make -j2 -s
```

---

 make 옵션에 대한 더 자세한 내용은 3.4 'make 입문'에서 소개한다.

출력을 확인해 _ssl 모듈 컴파일에 문제가 없었는지 확인하자. 문제가 있었다면 OpenSSL 헤더 설치에 대한 운영 체제별 설치 지침을 확인하자.

빌드 중 오류가 발생하면 make는 일부 패키지가 빌드되지 않았다고 표시한다. 해당 패키지들을 개발에 사용하지 않을 거라면 무시해도 괜찮다. 해당 패키지들을 사용해야 한다면 필요한 라이브러리를 설치하기 위한 패키지 정보를 확인하자.

빌드에는 몇 분이 걸리며 python이라는 바이너리가 생성된다. python은 CPython의 디버그 바이너리다. ./python을 실행하여 REPL이 작동하는지 확인하자.

```
$ ./python
Python 3.9 (tags/v3.9:9cf67522, Oct 5 2020, 10:00:00)
[GCC 8.3.0] on linux
Type "help", "copyright", "credits" or "license" for more information.
>>>
```

3.3 수정된 CPython 설치하기

바꾼 기능이 마음에 들어서 시스템에서 사용해 보고 싶다면 수정된 파이썬 바이너리를 시스템에 설치할 수도 있다.

macOS와 리눅스에서는 altinstall 명령으로 수정된 파이썬을 설치할 수 있다.

```
$ make altinstall
```

이 명령은 python3에 대한 심볼릭 링크를 교체하지 않으면서 독립된 버전을 설치한다.

윈도우에서는 빌드 구성을 디버그에서 릴리스로 변경한 후 패키징된 바이너리를 시스템 경로에 등록된 디렉터리에 복사해서 수정된 파이썬을 설치할 수 있다.

3.4 make 입문

파이썬 개발자로서 make를 접해 볼 기회가 흔치 않았을 것이고 접해 봤더라도 깊게 사용해 보지는 않았을 것이다.

C와 C++ 같은 컴파일 언어를 사용할 때는 코드를 올바르게 로드하고 링크, 컴파일하기 위해 실행해야 하는 명령이 매우 많을 수 있다.

애플리케이션을 소스에서 컴파일할 때는 시스템의 외부 라이브러리를 링크해야 하는데 개발자가 외부 라이브러리의 모든 위치를 컴파일 시에 직접 붙여 넣는 것은 적절하지 않기 때문에 주로 make와 configure를 C/C++ 프로젝트 빌드 자동화에 사용한다.

./configure를 실행하면 autoconf가 필요한 라이브러리들의 위치를 찾아서 Makefile에 붙여 넣는다. 생성된 Makefile은 셸 스크립트와 비슷하며 **타깃**이라는 명령 집합으로 이루어져 있다.

예를 들어 docclean 타깃은 생성된 문서 파일들을 rm 명령을 사용하여 삭제한다.

```
docclean:
    -rm -rf Doc/build
    -rm -rf Doc/tools/sphinx Doc/tools/pygments Doc/tools/docutils
```

make docclean으로 타깃을 실행해 볼 수 있다. docclean 타깃은 명령 두 개를 실행하는 간단한 타깃이다.

다음은 make 타깃 실행 규칙이다.

```
$ make [options] [target]
```

make를 인자 없이 실행하면 기본 타깃이 실행된다. 기본 타깃은 Makefile의 맨 위쪽에 선언된 타깃이다. CPython의 기본 타깃인 all은 CPython 전체를 컴파일한다.

make에는 많은 옵션이 있다. 다음은 이 책에서 유용하게 사용할 수 있는 옵션들이다.

옵션	설명
-d,--debug[=FLAGS]	다양한 디버깅 정보 출력하기
-e,--environment-overrides	Makefile보다 우선할 환경 변수 지정하기
-i,--ignore-errors	에러 무시하기
-j [N],--jobs[=N]	동시 실행할 작업 개수 지정하기
-k,--keep-going	특정 타깃이 실패하더라도 계속 진행하기
-l [N],--load-average[=N],--max-load[=N]	load < N일 때 동시 작업 시작하기
-n,--dry-run	명령을 실행하지 않고 출력하기
-s,--silent	실행한 명령들을 출력하지 않기
-S,--stop	타깃이 실패하면 중지하기

앞으로 다음 옵션과 함께 make를 실행하게 될 것이다.

```
$ make -j2 -s [target]
```

-j2 플래그를 쓰면 make가 2개의 작업을 동시에 실행한다. CPU 코어가 2개 이상이라면 코어 개수만큼의 작업을 동시에 실행해서 더 빨리 컴파일할 수 있다.

-s 플래그는 make가 실행한 명령을 출력하지 않는다. 출력을 보고 싶으면 -s 플래그를 떼고 실행하자.

3.5 CPython make 타깃

다음에 나오는 표에서 파일 정리, 빌드, 구성 갱신 등에 유용한 CPython make 타깃들을 확인할 수 있다.

3.5.1 빌드 타깃

다음 타깃들로 CPython 바이너리를 빌드할 수 있다.

타깃	용도
all(기본)	컴파일러와 라이브러리, 모듈을 빌드한다.
clinic	모든 소스 파일에 대해 인자 클리닉[2]을 실행한다.
profile-opt	프로파일 기반 최적화를 사용해 파이썬 바이너리를 빌드한다.
regen-all	생성된 파일을 전부 다시 생성한다.
sharedmods	공유 모듈을 빌드한다.

3.5.2 테스트 타깃

다음 타깃들로 컴파일된 바이너리를 테스트할 수 있다.

타깃	용도
coverage	컴파일 후 gcov로 테스트를 실행한다.
coverage-lcov	HTML 커버리지 보고를 생성한다.
quicktest	오래 걸리는 테스트를 제외하고 빠른 회귀 테스트(regression test)만 실행한다.
test	기본적인 회귀 테스트를 실행한다.
testall	.pyc 파일이 없는 상태로 한 번, 있는 상태로 한 번씩 전체 테스트 스위트를 실행한다.
testuniversal	macOS 유니버설 빌드에서 여러 아키텍처에 대한 테스트 스위트를 실행한다.

3.5.3 정리 타깃

clean과 clobber, distclean은 정리 타깃이다. clean 타깃은 일반적으로 컴파일 결과와 캐시된 라이브러리 그리고 .pyc 파일을 삭제한다.

clean이 효과가 없으면 clobber를 사용하자. clobber 타깃은 Makefile을 삭제하기 때문에 ./configure를 다시 실행해야 한다.

배포 전에 환경을 완전히 정리하려면 distclean 타깃을 실행하자.

다음 타깃들은 앞서 소개한 주요 정리 타깃과 몇 가지 추가적인 정리 타깃이다.

---

2 (옮긴이) 자세한 내용은 *https://docs.python.org/ko/3/howto/clinic.html*을 참고하자.

타깃	용도
check-clean-src	빌드 시 소스를 검사한다.
clean	.pyc 파일과 컴파일된 라이브러리, 프로파일을 삭제한다.
cleantest	직전에 실패한 테스트의 test_python_* 디렉터리를 삭제한다.
clobber	clean과 비슷하지만 라이브러리와 태그, 구성, 빌드를 삭제한다.
distclean	clobber와 비슷하지만 Makefile을 비롯해 소스에서 생성된 모든 파일을 삭제한다.
docclean	Doc/에 생성된 문서를 삭제한다.
profile-removal	모든 최적화 프로파일을 삭제한다.
pycremoval	.pyc 파일을 삭제한다.

3.5.4 설치 타깃

설치 타깃에는 install 같은 기본 버전과 altinstall 같은 alt 버전이 있다. 컴파일한 CPython을 컴퓨터에 설치하고 싶지만 기본 파이썬 3로 설치하고 싶지 않다면 altinstall을 사용하자.

타깃	용도
altbininstall	python3.9처럼 버전을 명시한 python 인터프리터를 설치한다.
altinstall	공유 라이브러리와 바이너리, 문서를 버전 접미사와 함께 설치한다.
altmaninstall	버전이 붙은 매뉴얼 설치
bininstall	python, idle, 2to3 등 모든 바이너리를 설치한다.
commoninstall	공유 라이브러리와 모듈을 설치한다.
install	공유 라이브러리, 바이너리, 문서를 설치한다(commoninstall, bininstall, maninstall을 실행한다).
libinstall	공유 라이브러리를 설치한다.
maninstall	문서를 설치한다.
sharedinstall	동적으로 모듈을 로드한다.

make install을 사용해 설치하면 python3 명령을 직접 컴파일한 바이너리에 링크한다. make altinstall을 사용하면 python$(VERSION)으로 설치되고 기존 python3 명령에 대한 링크는 변경하지 않는다.

3.5.5 기타 타깃

타깃	용도
autoconf	configure와 pyconfig.h.in을 다시 생성한다.
python-config	python-config 스크립트를 생성한다.
recheck	이전과 같은 옵션으로 configure를 다시 실행한다.
smelly	내보내진 심벌이 Py나 _Py로 시작하는지 확인한다(PEP 7 참고).
tags	vi용 태그 파일을 생성한다.
TAGS	이맥스용 태그 파일을 생성한다.

3.6 윈도우에서 CPython 컴파일하기

윈도우에서 CPython 바이너리와 라이브러리를 컴파일하는 방법은 두 가지다.

1. 명령 프롬프트를 사용하여 컴파일하기: 비주얼 스튜디오에 포함된 마이크
   로소프트 비주얼 C++ 컴파일러(MSVC)가 필요하다.
2. 비주얼 스튜디오에서 PCbuild▶pcbuild.sln을 열어서 빌드하기
   이어지는 절에서 두 가지 방법을 모두 살펴볼 것이다.

3.6.1 의존성 설치하기

비주얼 스튜디오 솔루션을 사용하든, 명령 프롬프트에서 컴파일 스크립트를
사용하든 먼저 여러 외부 도구와 라이브러리, C 헤더를 설치해야 한다.

명령 프롬프트를 열고 PCbuild▶get_externals.bat를 실행하면 설치 과정이
자동으로 수행된다.

```
> get_externals.bat
Using py -3.7 (found 3.7 with py.exe)
Fetching external libraries...
Fetching bzip2-1.0.6...
Fetching sqlite-3.28.0.0...
Fetching xz-5.2.2...
Fetching zlib-1.2.11...
Fetching external binaries...
Fetching openssl-bin-1.1.1d...
```

```
Fetching tcltk-8.6.9.0...
Finished.
```

이제 비주얼 스튜디오와 명령 프롬프트에서 CPython을 컴파일할 수 있다.

3.6.2 명령 프롬프트에서 컴파일하기

명령 프롬프트에서 컴파일하려면 컴파일할 CPU 아키텍처를 선택해야 한다. 기본은 32비트(win32)지만 64비트(amd64)도 선택할 수 있다.

디버깅을 위해 디버그 빌드와 소스 코드의 중단점을 연결할 수 있는 기능이 제공된다. -c Debug로 디버그 빌드를 활성화할 수 있다.

기본적으로 build.bat는 외부 의존성을 가져오지만 앞에서 먼저 의존성을 가져왔기 때문에 의존성 가져오기를 건너뛴다는 메시지를 출력한다.

```
> build.bat -p x64 -c Debug
```

이 명령은 PCbuild▸amd64▸python_d.exe 바이너리를 만든다. 명령 프롬프트에서 바로 실행해 보자.

```
> amd64\python_d.exe

Python 3.9 (tags/v3.9:9cf67522, Oct 5 2020, 10:00:00)
 [MSC v.1922 64 bit (AMD64)] on win32
Type "help", "copyright", "credits" or "license" for more information.
>>>
```

컴파일된 CPython 바이너리의 REPL이 실행된다.

다음 명령을 사용하면 릴리스 바이너리로도 컴파일할 수 있다.

```
> build.bat -p x64 -c Release
```

이 명령은 PCbuild▸amd64▸python.exe 바이너리를 생성한다.

✅   _d 접미사는 CPython이 디버그 구성으로 빌드되었다는 뜻이다.

python.org에서 제공하는 릴리스 바이너리에는 프로파일 기반 최적화 구성이 사용된다.

프로파일 기반 최적화에 대해서는 3.7 '프로파일 기반 최적화'를 참고하자.

인자 목록

build.bat에서 다음 인자들을 사용할 수 있다.

플래그	목적	허용되는 값
-p	빌드 플랫폼의 CPU 아키텍처	x64, Win32(기본값), ARM, ARM64
-c	빌드 구성	Release(기본값), Debug, PGInstrument 또는 PGUpdate
-t	빌드 타깃	Build(기본값), Rebuild, Clean, CleanAll

플래그 목록

build.bat에서 다음 플래그들을 사용할 수 있다.

플래그	목적
-v	빌드 중에 정보성 메시지들을 보여 준다.
-vv	빌드 중에 아주 상세한 메시지들을 보여 준다.
-q	빌드 중에 에러와 경고만 표시한다.
-e	외부 의존성을 다운로드하고 설치한다(기본값).
-E	외부 의존성을 설치하지 않는다.
--pgo	프로파일 기반 최적화를 사용해 빌드한다.
--regen	문법과 토큰을 재생성한다(언어를 수정했을 경우 사용한다).

build.bat -h를 실행하면 전체 목록을 볼 수 있다.

3.6.3 비주얼 스튜디오에서 컴파일하기

PCbuild 폴더 속의 PCbuild▶pcbuild.sln 파일은 CPython 소스 코드를 빌드하고 탐색하기 위한 비주얼 스튜디오 솔루션 파일이다.

솔루션 파일이 로드되면 솔루션 안의 프로젝트 대상에 대한 C/C++ 컴파일러 버전과 윈도우 SDK를 구성하라는 메시지가 표시된다.

윈도우 SDK는 가장 새로 설치된 버전을, 플랫폼 도구 집합은 최신 버전을 사용해야 한다. 메시지를 실수로 닫았다면 프로젝트 및 솔루션 창에서 솔루션 파일을 우클릭하고 '솔루션 대상 변경'을 선택해서 구성할 수 있다.

'빌드⇨구성 관리자'로 이동한 다음 활성 솔루션 구성 드롭다운에서 Debug
가 선택되어 있는지, 활성 솔루션 플랫폼이 64비트 아키텍처라면 x64인지, 32
비트 아키텍처라면 win32인지 확인하자.

이제 'Ctrl+Shift+B'나 '빌드⇨솔루션 빌드'를 눌러 CPython을 빌드해 보자.
윈도우 SDK가 누락되었다는 오류가 발생하면 솔루션 대상 변경 화면에서 정
확한 대상을 설정했는지 확인하자. 시작 메뉴에 있는 'Windows Kits' 폴더에
'Windows Software Development Kit'이 있는지도 확인해 보자.

첫 빌드는 10분 이상 걸릴 수 있다. 빌드가 완료되면 몇 가지 경고가 보이겠
지만 무시해도 된다.

F5 키를 누르면 디버그 모드에서 CPython REPL이 실행된다.

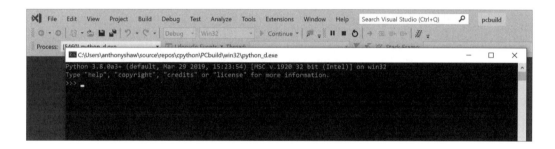

상단 메뉴 바에서 빌드 구성을 Debug에서 Release로 변경하고 '빌드⇨솔루션
빌드'를 실행해 릴리스 빌드를 실행할 수도 있다. CPython 바이너리의 디버그
버전과 릴리스 버전 모두 PCbuild▶amd64 안에 저장된다.

상단 메뉴에서 'Tools⇨Python⇨Python Environments'를 선택해 디버그 또
는 릴리스 버전으로 REPL을 열 수 있게 비주얼 스튜디오를 설정할 수 있다. 파
이썬 환경 패널에서 '환경 추가'를 클릭해 디버그나 릴리스 바이너리를 선택하
자. 디버그 바이너리의 이름은 python_d.exe나 pythonw_d.exe처럼 _d.exe로 끝
난다.

비주얼 스튜디오의 디버깅 기능을 사용하려면 디버그 바이너리를 사용하자.
디버그 바이너리는 이 책을 읽는 내내 유용할 것이다.

환경 추가 창에서 PCbuild▶amd64 안의 python_d.exe를 인터프리터로,
pythonw_d.exe를 창 모드 인터프리터로 지정하자.

파이썬 환경 패널에서 'Open Interactive Window'를 눌러 REPL 세션을 시작하면 컴파일한 파이썬의 REPL이 실행된다.

앞으로 예제 명령은 REPL 세션에 입력해 볼 것이다. 코드에 중단점을 추가했으면 디버그 바이너리를 사용하여 REPL을 열자.

코드를 쉽게 보기 위해 솔루션 탐색기에서 홈 아이콘 다음에 있는 보기 전환 버튼을 눌러 폴더 보기로 전환하자.

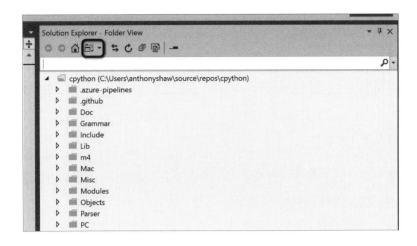

3.7 프로파일 기반 최적화

macOS와 리눅스, 윈도우 빌드 프로세스 모두에서 **프로파일 기반 최적화**(이하 PGO)를 사용할 수 있다. PGO는 파이썬의 기능이 아니라 컴파일러에서 제공하는 기능이다.

PGO는 최초 컴파일 후에 일련의 테스트를 실행해 애플리케이션을 프로파일링하는 최적화 방식이다. 컴파일러는 분석된 프로파일을 사용해 바이너리를 수정해서 바이너리 성능을 개선한다.

프로파일링은 python -m test --pgo로 실행하며 Lib▶test▶libregrtest▶ pgo.py의 회귀 테스트를 실행한다. 이 테스트는 자주 사용되는 C 확장 모듈과 타입을 사용하기 때문에 프로파일링에 적합하다.

 PGO 프로세스는 시간이 많이 걸리기 때문에 컴파일 시간을 짧게 유지하기 위해 이 책의 권장 단계 목록에서 제외했다.
수정한 CPython을 실제 환경에 배포하려면 리눅스와 macOS에서는 ./configure를 --enable-optimization 플래그와 함께 실행하고, 윈도우에서는 build.bat를 --pgo 플래그와 함께 실행하자.[3]

---

3 (옮긴이) CPython 3.6부터 리눅스나 macOS에서는 추가로 링크 타임 최적화(link time optimization, LTO)가 제공된다. CPython 벤치마크는 PGO와 LTO를 모두 수행한 후 실행된다. 자세한 내용은 공식 문서(*https://docs.python.org/3/using/configure.html?#cmdoption-with-lto*)를 참고하자.

최적화는 프로파일링을 실행한 플랫폼과 아키텍처에 종속되기 때문에 PGO 프로파일은 운영 체제와 CPU 아키텍처가 다르면 공유할 수 없다. python.org에서 배포하는 CPython은 PGO가 이미 적용되었으므로 그냥 컴파일한 바이너리보다 더 나은 성능을 제공한다.

윈도우와 macOS, 리눅스의 프로파일 기반 최적화에는 다음과 같은 검사와 개선 사항이 포함된다.

- 함수 인라인 처리: 함수가 다른 함수에서 자주 호출된다면 스택 크기를 줄이기 위해 인라인되거나 호출자 함수에 복사된다.
- 가상 호출 추론: 특정 함수에 대한 가상 함수 호출이 빈번하게 일어나면 PGO는 조건부로 실행되는 직접 호출을 대상 함수에 추가한다. 직접 호출은 인라인 처리할 수 있다.
- 레지스터 할당 최적화: 프로파일 데이터를 기반으로 최적화하면 레지스터 할당이 향상된다.
- 기본 블록 최적화: 지정된 프레임 내에서 일시적으로 자주 실행되는 기본 블록을 동일한 페이지 집합(지역)에 배치할 수 있다. 따라서 사용되는 페이지 수를 최소화하므로 메모리 오버헤드도 최소화한다.
- 핫스팟 최적화: 가장 많이 실행되는 함수의 실행 시간을 최적화한다.
- 함수 레이아웃 최적화: 호출 그래프에 따라 동일한 실행 경로를 따르는 경향이 있는 함수를 컴파일된 애플리케이션의 동일한 섹션에 배치한다.
- 조건부 분기 최적화: PGO는 if ... else if나 switch 같은 분기에서 가장 자주 사용되는 분기를 찾는다. 예를 들어 switch 문에 10개의 분기가 있을 때 95%의 경우에 특정 분기가 사용된다면 코드 경로에서 바로 실행할 수 있도록 해당 분기를 먼저 배치한다.
- 미사용 코드 분리: PGO 중에 호출되지 않은 코드를 애플리케이션의 별도 섹션으로 옮긴다.

3.8 요약

지금까지 CPython 소스 코드를 실제로 작동하는 인터프리터로 컴파일하는 방법을 알아보았다. 앞으로 소스 코드를 탐색하고 수정하면서 책 전반에 걸쳐 이 장에서 배운 컴파일 단계를 많이 반복하게 될 것이다. 개발 환경에 재컴파일 바로 가기를 추가해 시간을 절약하자.

4장

파이썬 언어와 문법

컴파일러의 목적은 통역사처럼 한 언어를 다른 언어로 변환하는 것이다. 통역 사는 여러분의 말을 다른 언어로 번역해 전달한다.

통역을 하려면 통역사는 통역하려는 언어, 즉 출발어(source language)와 도 착어(target language)의 문법 구조를 알고 있어야 한다.

컴파일러를 선택할 때 고려해야 하는 조건 중 하나는 이식성이다. 어떤 컴파 일러는 시스템에서 바로 실행할 수 있는 저수준 기계어로 컴파일하지만, 어떤 컴파일러는 가상 머신에서 실행하기 위한 중간 언어로 컴파일한다.

닷넷 CLR(common language runtime)과 자바는 여러 시스템 아키텍처에서 사용할 수 있는 중간 언어로 컴파일하고 C나 고(Go), C++, 파스칼은 바이너리 실행 파일로 컴파일한다. 바이너리는 컴파일한 플랫폼과 동일한 플랫폼에서만 사용할 수 있다.

파이썬 애플리케이션은 보통 소스 코드 형태로 배포한다. 파이썬 인터프리 터는 소스 코드를 변환한 후 한 줄씩 실행한다. CPython 런타임이 첫 번째 실 행될 때 코드를 컴파일하지만 이 단계는 일반 사용자에게 노출되지 않는다.

파이썬 코드는 기계어 대신 바이트코드라는 저수준 중간 언어로 컴파일된 다. 바이트코드는 **.pyc** 파일에 저장되고 실행을 위해 캐싱된다. 코드를 변경하 지 않고 같은 파이썬 애플리케이션을 다시 실행하면 매번 다시 컴파일하지 않 고 컴파일된 바이트코드를 불러오기 때문에 더 빠르게 실행된다.

4.1 CPython이 파이썬이 아니라 C로 작성된 이유

CPython의 C는 C 언어를 뜻한다. CPython 컴파일러는 C로만 작성되었다. 그러나 대부분의 표준 라이브러리 모듈은 완전히 파이썬으로만 작성되었거나 C와 파이썬이 섞여 있다.

CPython 컴파일러가 파이썬이 아니라 C로 작성된 이유는 컴파일러가 작동하는 방식 때문이다. 컴파일러는 크게 두 가지 유형이 있다.

1. 셀프 호스팅 컴파일러는 고(GO) 컴파일러처럼 자기 자신으로 작성한 컴파일러다. 셀프 호스팅 컴파일러는 부트스트래핑이라는 단계를 통해서 만들어진다.
2. 소스 대 소스(Source to source) 컴파일러는 컴파일러를 이미 가지고 있는 다른 언어로 작성한 컴파일러다.

새로운 프로그래밍 언어를 만들려면 컴파일러를 컴파일할 수 있는 프로그램이 필요하다. 새로운 언어가 개발될 때 어떤 프로그램이든 실행할 수 있어야 하는 컴파일러는 보통 더 오래되고 안정적인 언어로 먼저 작성된다.

언어 사양으로 파서를 자동 생성하는 도구도 있다. 이런 도구들에 대해서는 뒤에서 소개한다. 널리 사용되는 컴파일러 컴파일러로는 GNU 바이슨(Bison)이나 Yacc, ANTLR 등이 있다.

 파서를 더 공부하고 싶다면 라크(Lark)[1] 프로젝트에 대해 알아보자. 라크는 파이썬으로 작성된 문맥 자유 문법 파서다.

고 언어는 컴파일러 부트스트래핑의 좋은 예시다. C로 작성된 첫 번째 고 컴파일러가 고를 컴파일할 수 있게 되자 컴파일러를 고로 재작성했다.

반면 CPython은 C를 계속 사용하고 있다. ssl이나 sockets 같은 많은 표준 라이브러리 모듈이 저수준 운영 체제 API에 접근하기 위해 C로 작성되었다.

---

1 *https://github.com/lark-parser/lark*

네트워크 소켓을 만들거나[2] 파일 시스템을 조작하거나[3] 디스플레이와 상호 작용하는[4] 윈도우와 리눅스 커널 API는 모두 C로 작성되었기 때문에 파이썬 확장 계층을 C에 집중하는 게 합리적이었다. 파이썬 표준 라이브러리와 C 모듈은 뒤에서 다룬다.

PyPy라는 파이썬으로 작성된 파이썬 컴파일러도 있다. PyPy의 로고는 셀프 호스팅 컴파일러라는 것을 나타내는 우로보로스의 뱀[5]이다.

파이썬 크로스 컴파일러의 또 다른 예로는 자이썬이 있다. 자이썬은 자바로 작성되었고 파이썬 소스 코드를 자바 바이트코드로 컴파일한다. CPython에서 C 라이브러리를 사용할 수 있는 것처럼 자이썬에서는 자바 모듈과 클래스를 참조할 수 있다.

컴파일러를 만들려면 먼저 언어를 정의해야 한다. 예를 들어 다음은 올바른 파이썬 코드가 아니다.

```
def my_example() <str> :
{
    void* result = ;
}
```

컴파일러가 언어를 실행하려면 문법 구조에 대한 엄격한 규칙이 필요하다.

 이 책에서는 컴파일한 파이썬을 ./python을 입력해서 실행하지만 운영 체제에 따라 파이썬 실행 명령이 다를 수 있다.

윈도우에선 다음과 같다.

> python.exe

리눅스에서는 다음과 같다.

$ ./python

macOS에서는 다음과 같다.

$ ./python.exe

---

2 *https://realpython.com/python-sockets/*
3 *https://realpython.com/working-with-files-in-python/*
4 *https://realpython.com/python-gui-with-wxpython/*
5 (옮긴이) 자기 꼬리를 삼키는 뱀(또는 용)

4.2 파이썬 언어 사양

CPython 소스 코드에 포함된 언어 사양은 모든 파이썬 인터프리터 구현이 사용하는 레퍼런스 사양이다.

언어 사양은 사람이 읽을 수 있는 형식과 기계가 읽을 수 있는 형식으로 제공된다. 언어 사양은 문법 형식과 각 문법 요소가 실행되는 방식을 자세하게 설명한다.

4.2.1 파이썬 언어 레퍼런스

Doc/reference 디렉터리는 파이썬 언어의 기능을 설명하는 reStructuredText 파일을 담고 있다. 이 파일들이 docs.python.org/3/reference의 파이썬 언어 레퍼런스를 구성한다.

디렉터리 안의 문서들로 언어와 구조, 키워드를 이해할 수 있다.

```
cpython/Doc/reference
├── compount_stmts.rst          if나 while, for, 함수 정의 등의 복합문
├── datamodel.rst               객체, 값, 타입
├── executionmodel.rst          파이썬 프로그램의 구조
├── expressions.rst             파이썬 표현식의 구성 요소
├── grammar.rst                 파이썬의 문법 규격(Grammar/Grammar를 참조한다)
├── import.rst                  임포트 시스템
├── index.rst                   언어 레퍼런스 목차
├── introduction.rst            레퍼런스 문서 개요
├── lexical_analysis.rst        줄, 들여쓰기, 토큰, 키워드 등 어휘 구조
├── simple_stmts.rst            assert나 import, return, yield 등의 단순문
└── toplevel_components.rst     스크립트나 모듈 같은 파이썬 실행 방법에 대한 설명
```

예시

Doc▶reference▶compound_stmts.rst에서 간단한 예시로 with 문의 정의를 찾을 수 있다.

다양한 형태로 with 문을 사용할 수 있다. 가장 간단한 형태는 콘텍스트 관리자[6] 인스턴스를 생성하는 부분과 코드 블록으로 구성된다.

---

6 *https://dbader.org/blog/python-context-managers-and-with-statement*

```
with x():
    ...
```

as 키워드로 인스턴스화된 콘텍스트 관리자를 변수에 할당할 수 있다.

```
with x() as y:
    ...
```

쉼표를 사용해 콘텍스트 관리자를 연결할 수도 있다.

```
with x() as y, z() as jk:
    ...
```

파이썬 언어 레퍼런스 문서는 사람이 읽기 위한 언어 사양이다. 기계가 읽을 수 있는 사양은 Grammar▶python.gram이라는 단일 파일 안에 들어 있다.

4.2.2 문법 파일

파이썬의 문법 파일은 파서 표현식 문법(parsing expression grammar, PEG) 사양을 사용한다. 문법 파일에 다음 표기법을 사용할 수 있다.

- *로 반복을 표현한다.
- +로 최소 한 번 반복을 표현한다.
- []로 선택적인 부분을 표현한다.
- |로 대안을 표현한다.
- ()로 그룹을 표현한다.

예를 들어 커피 한 잔을 정의해 보자.

- 컵이 있어야 한다.
- 최소 에스프레소 한 샷을 포함하고 여러 샷을 포함할 수도 있다.
- 우유를 사용할 수도 있지만 선택적이다.
- 물을 사용할 수도 있지만 선택적이다.
- 우유를 사용했다면 두유나 저지방 우유 등 여러 종류의 우유를 선택할 수 있다.

다음은 커피 주문을 PEG로 표현한 것이다.

```
coffee: 'cup' ('espresso')+ ['water'] [milk]
milk: 'full-fat' | 'skimmed' | 'soy'
```

> 🔗 CPython 3.9 소스 코드에는 PEG 문법 파일(Grammar▸python.gram) 이외에도 레거
> 시 문법 파일도 포함되어 있다. 레거시 문법 파일은 배커스-나우르 표기법(Backus-Naur
> Form, BNF)이라고 하는 문맥 자유 문법으로 작성되어 있다. CPython 3.10에서 BNF 문
> 법 파일(Grammar▸Grammar)은 삭제되었다.
> 파이썬 외에 다른 여러 언어에서도 BNF로 문법을 표기한다.

이 장에서는 문법을 철도 다이어그램(railroad diagram)으로 표현한다. 다음은
커피에 대한 문장(statement)을 다이어그램으로 그린 것이다.

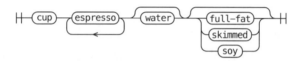

철도 다이어그램은 가능한 각 조합을 왼쪽에서 오른쪽으로 진행하는 선으로
표시한다. 선택적 문장은 우회할 수 있도록 표현하며 일부 문장은 루프로 표현
하기도 한다.

예시: while 문

while 문은 여러 형태로 사용할 수 있다. 가장 간단한 형태는 표현식과 : 단말
기호(terminal), 코드 블록으로 이루어진다.

```
while finished == True:
    do_things()
```

파이썬 3.8의 새로운 기능인 named_expression 대입 표현식을 사용할 수도
있다.

```
while letters := read(document, 10):
    print(letters)
```

while 문 다음에 else 블록을 쓸 수도 있다.

```
while item := next(iterable):
    print(item)
else:
    print("Iterable is empty")
```

while_stmt는 문법 파일에 다음과 같이 정의되어 있다.

```
while_stmt[stmt_ty]:
    | 'while' a=named_expression ':' b=block c=[else_block] ...
```

따옴표로 둘러싸인 부분은 단말 기호라는 문자열 리터럴이다. 키워드는 단말 기호로 인식된다.

앞의 정의에서 두 가지 다른 정의에 대한 참조를 확인할 수 있다.

1. block은 한 개 이상의 문장이 있는 코드 블록을 나타낸다.
2. named_expression은 간단한 표현식 또는 대입 표현식을 나타낸다.

다음은 철도 다이어그램으로 표현한 while 문이다.

다음은 좀 더 복잡한 예시인 try 문의 정의다.

```
try_stmt[stmt_ty]:
    | 'try' ':' b=block f=finally_block { _Py_Try(b, NULL, NULL, f, EXTRA) }
    | 'try' ':' b=block ex=except_block+ el=[else_block] f=[finally_block]..
except_block[excepthandler_ty]:
    | 'except' e=expression t=['as' z=target { z }] ':' b=block {
        _Py_ExceptHandler(e, (t) ? ((expr_ty) t)->v.Name.id : NULL, b,  ...
    | 'except' ':' b=block { _Py_ExceptHandler(NULL, NULL, b, EXTRA) }
finally_block[asdl_seq*]: 'finally' ':' a=block { a }
```

try 문을 사용하는 방법은 두 가지다.

1. finally 문만 붙어 있는 try
2. 한 개 이상의 except 뒤에 else나 finally가 붙는 try

철도 다이어그램으로는 다음과 같이 표현한다.

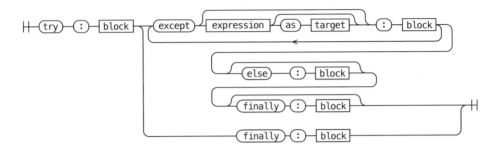

try 문은 복잡한 문법의 좋은 예시다.

언어 사양을 더 깊이 이해하려면 Grammar▶python.gram 파일에서 문법 정의를 읽어 보자.

4.3 파서 생성기

파이썬 컴파일러는 문법 파일을 직접 사용하지 않고 파서 생성기가 문법 파일에서 생성한 파서를 사용한다. 문법 파일을 수정하면 파서를 재생성한 후 CPython을 다시 컴파일해야 한다.

파이썬 3.9부터 CPython은 파서 테이블 생성기(pgen 모듈) 대신 문맥 의존 문법 파서를 사용한다.[7]

기존 파서는 파이썬 3.9까지는 -X oldparser 플래그를 활성화해 사용할 수 있으며 파이썬 3.10에서 완전히 제거되었다. 이 책은 파이썬 3.9의 새 PEG 파서에 대해 다룬다.

4.4 문법 다시 생성하기

CPython 3.9부터 도입된 새로운 PEG 생성기인 pegen을 테스트해 보기 위해 문법 일부를 변경해 보자. Grammar▶python.gram에서 간단문 정의인 small_stmt

---

7 (옮긴이) PEG 파서는 기존에 사용하던 LL(1) 파서보다 새로운 언어 기능을 추가하기 쉽다. PEG 파서 도입으로 새로 추가된 대표적인 기능으로는 파이썬 3.10의 패턴 매칭과 괄호를 사용할 수 있는 with 문이 있다. 더 자세한 내용은 PEP 617에서 찾아볼 수 있다.

를 찾아보자.

```
small_stmt[stmt_ty] (memo):
    | assignment
    | e=star_expressions { _Py_Expr(e, EXTRA) }
    | &'return' return_stmt
    | &('import' | 'from') import_stmt
    | &'raise' raise_stmt
    | 'pass' { _Py_Pass(EXTRA) }
    | &'del' del_stmt
    | &'yield' yield_stmt
    | &'assert' assert_stmt
    | 'break' { _Py_Break(EXTRA) }
    | 'continue' { _Py_Continue(EXTRA) }
    | &'global' global_stmt
    | &'nonlocal' nonlocal_stmt
```

'pass' { _Py_Pass(EXTRA) } 줄은 pass 문을 정의한다.

|'proceed'를 붙여서 해당 정의가 proceed 키워드를 사용할 수 있도록 변경하자.

```
| ('pass'|'proceed') { _Py_Pass(EXTRA) }
```

CPython의 자동 문법 재생성 스크립트를 사용해 문법 파일을 다시 빌드하자.

 macOS나 리눅스에서는 make regen-pegen 타겟을 실행하자.

```
$ make regen-pegen
```

윈도우에서는 명령 프롬프트에서 PCbuild 디렉터리를 열고 build.bat을 --regen 플래그와 같이 실행하자.

```
> build.bat --regen
```

새 Parser▶pegen▶parse.c 파일이 생성되었다는 출력을 확인할 수 있다.

CPython을 새 파서 테이블과 같이 컴파일하면 새 문법이 추가된다. 이전 장에서 소개한 운영 체제별 컴파일 방법을 그대로 실행하면 된다.

컴파일이 성공했으면 새로 빌드된 CPython 바이너리의 REPL을 실행해 보자.

이제 pass 키워드 대신 proceed 키워드를 사용하는 함수를 정의할 수 있다.

```
$ ./python
Python 3.9 (tags/v3.9:9cf67522, Oct 5 2020, 10:00:00)
[Clang 10.0.1 (clang-1001.0.46.4)] on darwin
Type "help", "copyright", "credits" or "license" for more information.
>>> def example():
...     proceed
...
>>> example()
```

축하한다! 여러분은 지금 CPython 문법을 수정하고 컴파일해서 여러분만의 CPython을 만들어 냈다.

다음으로 토큰 그리고 토큰과 문법의 관계에 대해 알아보자.

4.4.1 토큰

Grammar 문법 파일 폴더 안에 있는 Grammar▶Tokens 파일은 파스 트리의 리프 (leaf) 노드에서 사용되는 고유한 토큰들을 정의한다. 각 토큰은 이름과 자동으로 생성된 고유 아이디(ID)를 가진다. 이름을 사용하면 토크나이저에서 토큰을 더 쉽게 참조할 수 있다.

 Grammar▶Tokens 파일은 파이썬 3.8에서 새로 추가되었다.

예를 들어 왼쪽 괄호 토큰의 이름은 LPAR이고 세미콜론 토큰의 이름은 SEMI다. 이 토큰들은 이 책의 뒷부분에서 확인할 수 있다.

```
LPAR                    '('
RPAR                    ')'
LSQB                    '['
```

```
RSQB                    ']'
COLON                   ':'
COMMA                   ','
SEMI                    ';'
```

Grammar 파일처럼 Grammar▶Tokens 파일을 변경하면 pegen을 다시 실행해야 한다.

CPython의 **tokenize** 모듈을 이용하면 토큰이 사용되는 걸 확인할 수 있다.

 파이썬으로 작성된 유틸리티인 토크나이저 모듈과 실제로 파이썬 파서가 토큰을 식별하는 방법에는 차이가 있다.

test_tokens.py라는 짧은 파이썬 스크립트를 만들어 보자.

python-book-samples▶13▶test_tokens.py

```
# 데모 애플리케이션
def my_function():
    proceed
```

test_tokens.py 파일을 표준 라이브러리에 내장된 tokenize 모듈에 입력하면 토큰 목록이 출력된다. –e 플래그로 정확한 토큰의 이름도 출력할 수 있다.

```
$ ./python –m tokenize –e test_tokens.py
```

```
0,0-0,0:            ENCODING        'utf-8'
1,0-1,14:           COMMENT         '# Demo application'
1,14-1,15:          NL              '\n'
2,0-2,3:            NAME            'def'
2,4-2,15:           NAME            'my_function'
2,15-2,16:          LPAR            '('
2,16-2,17:          RPAR            ')'
2,17-2,18:          COLON           ':'
2,18-2,19:          NEWLINE         '\n'
3,0-3,3:            INDENT          '    '
3,3-3,7:            NAME            'proceed'
3,7-3,8:            NEWLINE         '\n'
4,0-4,0:            DEDENT          ''
4,0-4,0:            ENDMARKER       ''
```

출력의 첫 번째 열은 파일에서 토큰의 위치(줄과 열 좌표로 나타낸 토큰의 시작과 끝)이고 두 번째 열은 토큰의 이름이다. 마지막 열은 토큰의 값이다.

출력에서 tokenize 모듈은 일부 토큰을 자동으로 추가한다.

- utf-8 인코딩을 뜻하는 ENCODING 토큰
- 함수 정의를 마치는 DEDENT 토큰
- 파일 끝을 뜻하는 ENDMARKER 토큰
- 끝 공백

파이썬 소스 파일 끝에 빈 줄을 추가하는 게 좋지만 생략해도 CPython이 자동으로 추가한다.

Lib▶tokenize.py의 tokenize 모듈은 완전히 파이썬으로만 작성되었다.

디버그 빌드를 -d 플래그로 실행하면 C 파서가 실행되는 과정을 자세히 볼 수 있다. 방금 만든 test_tokens.py가 파싱되는 과정을 확인해 보자.

```
$ ./python -d test_tokens.py
```

```
 > file[0-0]: statements? $
  > statements[0-0]: statement+
  > _loop1_11[0-0]: statement
    > statement[0-0]: compound_stmt
...
  + statements[0-10]: statement+ succeeded!
 + file[0-11]: statements? $ succeeded!
```

출력을 확인해 보면 proceed는 키워드로 강조 표시된다. 다음 장에서는 코드를 실행할 때 파이썬 바이너리의 토크나이저가 작동하는 방식을 확인해 볼 것이다.

Grammar▶python.gram을 원래대로 되돌리고 문법을 다시 생성한 다음, 빌드를 정리하고 다시 컴파일해서 코드를 정리하자.

macOS와 리눅스에서는 다음 명령을 사용하자.

```
$ git checkout -- Grammar/python.gram
$ make regen-pegen
$ make -j2 -s
```

윈도우에서는 다음 명령을 사용하자.

```
> git checkout -- Grammar/python.gram
> build.bat --regen
> build.bat -t CleanAll
> build.bat -t Build
```

4.5 요약

이번 장에서는 파이썬 문법 정의와 파서 생성기에 대해 소개했다. 앞으로는 이 장에서 배운 내용을 발전시켜서 더 복잡한 문법 기능인 '거의 같음' 연산자를 추가해 볼 것이다.

실제로 파이썬 문법 변경은 신중한 검토와 논의가 필요하다. 문법 변경에 철 저한 검토가 필요한 이유는 다음과 같다.

1. 지나치게 많은 언어적 기능이나 복잡한 문법은 간단하고 쉬운 언어를 지향 하는 파이썬의 정신에 어긋난다.
2. 문법을 변경하면 하위 호환성이 깨지기 때문에 모든 개발자가 변경에 대응 해야 한다.

파이썬 코어 개발자들은 파이썬 개선 제안(Python Enhancement Proposal, PEP)으로 문법 변경을 제안한다. 모든 PEP에는 번호가 매겨지고 PEP 색인에 추가된다. PEP 5에서 언어 발전에 대한 지침과 변경 제안은 PEP로 제안되어야 한다고 규정하고 있다.

CPython 향후 버전에서 승인, 거부되었거나 초안 상태인 모든 PEP를 PEP 색 인[8]에서 볼 수 있다. 코어 개발 그룹이 아니어도 python-ideas 메일링 리스트[9] 를 통해 언어 변경을 제안할 수 있다.

PEP가 합의되고 초안이 작성되면 파이썬 운영 위원회는 PEP를 승인하거나 거부해야 한다. PEP 13에서 정의하는 운영 위원회의 권한을 보면 위원회 구성 원들이 '파이썬 언어와 CPython 인터프리터의 품질과 안정성을 유지하기 위해 노력해야 한다'고 명시하고 있다.

---

8 *https://www.python.org/dev/peps/*
9 *https://www.python.org/community/lists/*

5장

구성과 입력

이번 장에서는 코드가 실행 가능한 상태에 도달하는 과정에 대해 알아볼 것이다.

CPython에서는 다양한 방식으로 파이썬 코드를 실행할 수 있다. 다음은 가장 흔히 사용되는 실행 방식들이다.

1. python -c로 파이썬 문자열 실행하기
2. python -m으로 모듈 실행하기
3. python <file>로 파이썬 코드가 들어 있는 파일(경로 명시) 실행하기
4. cat <file> | python처럼 파이썬 코드를 stdin으로 python에 파이프하기
5. REPL에서 한 번에 하나씩 명령 실행하기
6. C API를 사용해 파이썬을 임베디드 환경으로 사용하기

 파이썬에서 스크립트를 실행하는 방법은 다양하다. 더 자세한 내용은 리얼 파이썬의 'How to Run Your Python Scripts'[1]를 확인하자.

인터프리터가 파이썬 코드를 실행하려면 세 가지 요소가 필요하다.

1. 실행할 모듈

1 *https://realpython.com/run-python-scripts/*

2. 변수 등을 저장할 상태

3. 활성화된 옵션 등의 구성

이 세 가지 요소가 있어야 인터프리터가 코드를 실행하고 출력을 제공할 수 있다.

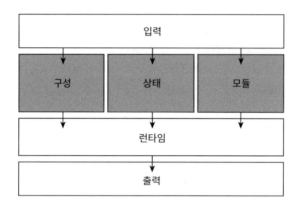

 파이썬 코드 스타일 지침인 PEP 8처럼 PEP 7은 CPython C 코드 스타일 지침이다. PEP 7은 다음과 같은 C 소스 코드에 대한 표준 명명법을 포함한다.

- 공개된 함수가 정적 함수가 아니면 Py 접두사를 붙인다.
- Py_FatalError처럼 전역 서비스 루틴에는 Py_ 접두사를 붙인다. 문자열 함수에 붙는 PyString_ 접두사처럼 특정한 그룹에 속해 있는 루틴(특정 객체에 대한 API 등)에는 좀 더 긴 접두사를 붙인다.
- 공개된 함수와 변수에는 PyObject_GetAttr() 또는 Py_BuildValue(), PyExc_ TypeError()처럼 대소문자가 혼합된 단어를 밑줄로 구분하는 이름을 사용한다.
- _PyObject_Dump()처럼 로더가 확인할 수 있어야 하는 내부 함수에는 _Py 접두사를 붙인다.
- 매크로에는 PyString_AS_STRING이나 Py_PRINT_RAW처럼 대소문자가 혼합된 접두사와 대문자 단어를 밑줄로 구분하는 이름을 사용한다.

PEP 8과 달리 PEP 7을 준수하는지 검사하는 도구는 많지 않다. 대신 코어 개발자가 코드를 리뷰하면서 PEP 7을 준수하는지 확인한다. 사람이 운영하는 프로세스인 이상 코드 리뷰로는 오류를 완전히 막을 수 없기 때문에 소스 코드에서 PEP 7을 준수하지 않는 부분을 찾게 될 가능성이 크다.

유일한 자동화 검사 도구는 smelly.py라는 스크립트뿐이다. macOS나 리눅스에서는 make smelly 타깃으로 실행할 수 있고 다음처럼 명령줄에서 실행할 수도 있다.

```
$ ./python Tools/scripts/smelly.py
```

스크립트를 실행하면 libpython(CPython 공유 라이브러리)의 심벌 중 Py나 _Py로 시작하지 않는 심벌을 오류로 표시한다.

5.1 구성 상태

파이썬 코드를 실행하기 전에 CPython 런타임은 먼저 사용자 옵션과 구성을 설정한다.

PEP 587에서 정의한 대로 CPython 구성은 세 부분으로 나뉘어 있다.

1. PyPreConfig 딕셔너리 초기화 구성
2. PyConfig 런타임 구성
3. CPython 인터프리터에 같이 컴파일된 구성

PyPreConfig와 PyConfig 구조체는 Include▶cpython▶initcofig.h에서 정의한다.

5.1.1 딕셔너리 초기화 구성

딕셔너리 초기화 구성은 사용자 환경 또는 운영 체제와 관련된 구성이기 때문에 런타임 구성과 구분된다.

다음은 PyPreConfig의 세 가지 주요 기능이다.

1. 파이썬 메모리 할당자 설정하기
2. LC_CTYPE 로캘(locale)을 시스템 또는 사용자 선호 로캘로 구성하기
3. UTF-8 모드 설정하기(PEP 540)

PyPreConfig 구조체는 다음과 같은 int 타입 필드들을 포함한다.

- allocator: PYMEM_ALLOCATOR_MALLOC 같은 값을 사용해서 메모리 할당자를

선택한다. ./configure --help를 실행해 메모리 할당자에 대한 추가 정보를 얻을 수 있다.

- configure_locale: LC_CTYPE 로캘을 사용자 선호 로캘로 설정한다. 0으로 설정하면 coerce_c_locale과 coerce_c_locale_warn을 0으로 설정한다.

- coerce_c_locale: 2로 설정하면 C 로캘을 강제로 적용한다. 1로 설정하면 LC_CTYPE을 읽은 후 강제로 적용할지 결정한다.

- coerce_c_locale_warn: 0이 아니면 C 로캘이 강제로 적용될 때 경고가 발생한다.

- dev_mode: 개발 모드를 활성화한다.

- isolated: 격리 모드를 활성화한다. sys.path에 스크립트 디렉터리와 사용자의 사이트 패키지 디렉터리가 포함되지 않는다.

- legacy_windows_fs_encoding: 0이 아니면 UTF-8 모드를 비활성화하고 파이썬 파일 시스템 인코딩을 mbcs로 설정한다(윈도우 전용).

- parse_argv: 0이 아니면 명령줄 인자를 사용한다.

- use_environment: 0보다 큰 값이면 환경 변수를 사용한다.

- utf8_mode_: 0이 아니면 UTF-8 모드를 활성화한다.

5.1.2 연관된 소스 파일 목록

다음은 PyPreConfig와 연관된 소스 파일 목록이다.

파일	용도
Python▸initconfig.c	시스템 환경에서 불러온 구성을 명령줄 플래그와 결합한다.
Include▸cpython▸initconfig.h	초기화 구성 구조체를 정의한다.

5.1.3 런타임 구성 구조체

딕셔너리 초기화 구성 다음 단계는 런타임 구성 단계다. PyConfig 런타임 구성 구조체는 다음과 같은 값들을 포함한다.

- '디버그'나 '최적화' 같은 실행 모드 플래그

- 스크립트 파일이나 stdin, 모듈 등 실행 모드
- -X <option>으로 설정 가능한 확장 옵션
- 런타임 설정을 위한 환경 변수

런타임 구성 데이터는 CPython 런타임 기능의 활성화 여부를 결정한다.

5.1.4 명령줄로 런타임 구성 설정하기

파이썬은 다양한 명령줄 인터페이스 옵션을 제공한다.[2] 예를 들어 파이썬은 상세(verbose) 모드를 제공한다. CPython 디버깅용 기능인 상세 모드는 주로 개발자 대상이다.

-v 플래그로 상세 모드를 활성화하면 파이썬은 모듈을 로딩할 때마다 화면에 메시지를 출력한다.

```
$ ./python -v -c "print('hello world')"
...
# installing zipimport hook
import zipimport # builtin
# installed zipimport hook
...
```

사용자 사이트 패키지[3]와 시스템 환경의 모든 항목을 임포트하면 수백 줄이 출력된다.

런타임 구성을 설정하는 방법은 다양하기 때문에 우선순위가 지정되어 있다. 다음은 상세 모드 설정에 대한 우선순위다.

1. config->verbose의 기본값은 -1로 소스 코드에 하드코딩되어 있다.
2. PYTHONVERBOSE 환경 변수를 config->verbose를 설정하는 데 사용한다.
3. 환경 변수가 없으면 기본값인 -1을 사용한다.
4. Python▸initconfig.c의 config_parse_cmdline()은 명시된 명령줄 플래그를 사용해 모드를 설정한다.

---

2 *https://docs.python.org/3/using/cmdline.html*
3 (옮긴이) 주로 사용자의 site-packages 디렉터리에 설치된 모듈들을 뜻한다.

5. `_Py_GetGlobalVariablesAsDict()`가 값을 전역 변수 `Py_VerboseFlag`로 복사한다.

모든 `PyConfig` 값에는 같은 순서와 우선순위가 적용된다.

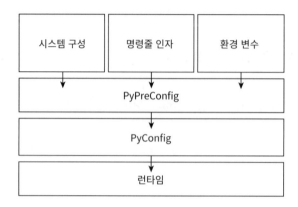

5.1.5 런타임 플래그 확인하기

CPython 인터프리터의 런타임 플래그는 CPython의 동작들을 끄고 켜는 데 사용하는 고급 기능이다. 파이썬 세션 중에 `sys.flags` 네임드 튜플로 상세 모드나 메시지 없는(quiet) 모드 같은 런타임 플래그에 접근할 수 있다.

`sys._xoptions` 딕셔너리에서 모든 -X 플래그를 확인할 수 있다.

```
$ ./python -X dev -q

>>> import sys
>>> sys.flags
sys.flags(debug=0, inspect=0, interactive=0, optimize=0,
 dont_write_bytecode=0, no_user_site=0, no_site=0,
 ignore_environment=0, verbose=0, bytes_warning=0,
 quiet=1, hash_randomization=1, isolated=0,
 dev_mode=True, utf8_mode=0)

>>> sys._xoptions
{'dev': True}
```

5.2 빌드 구성

런타임 구성을 Include▸cpython▸initconfig.h에서 정의하듯이 빌드 구성은 최상위 폴더의 pyconfig.h에서 정의한다. 이 파일은 macOS나 리눅스용 빌드 과정 중 ./configure 단계나 윈도우의 build.bat 실행 중에 자동으로 생성된다.

다음 명령으로 빌드 구성을 확인할 수 있다.

```
$ ./python -m sysconfig

Platform: "macosx-10.15-x86_64"
Python version: "3.9"
Current installation scheme: "posix_prefix"

Paths:
    data = "/usr/local"
    include = "/Users/anthonyshaw/CLionProjects/cpython/Include"
    platinclude = "/Users/anthonyshaw/CLionProjects/cpython"
...
```

빌드 구성 항목들은 컴파일 시에 결정되는 값으로, 바이너리에 링크할 추가 모듈 선택에 사용된다. 예를 들어 디버거와 계측(instrumentation) 라이브러리, 메모리 할당자는 모두 컴파일 시 결정된다.

세 단계의 구성을 모두 완료하면 CPython 인터프리터는 입력된 텍스트를 코드로 실행할 수 있다.

5.3 입력에서 모듈 만들기

코드를 실행하려면 먼저 입력을 모듈로 컴파일해야 한다. 다음과 같이 입력 방식에는 여러 가지가 있다.

- 로컬 파일과 패키지
- 메모리 파이프나 stdin 같은 I/O 스트림
- 문자열

읽어 들인 입력은 파서를 거쳐 컴파일러로 전달된다.

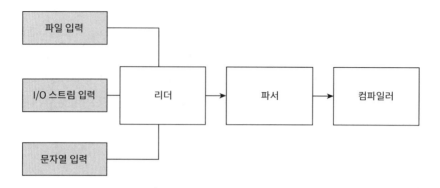

유연한 입력 방식을 제공하기 위해 CPython은 CPython 소스 코드의 상당 분량을 파서의 입력 처리에 사용한다.

5.3.1 연관된 소스 파일 목록

다음은 명령줄 인터페이스 처리와 관련된 주요 파일들이다.

파일	용도
Lib▶runpy.py	파이썬 모듈을 임포트하고 실행하는 표준 라이브러리 모듈
Modules▶main.c	파일이나 모듈, 입력 스트림 같은 외부 코드 실행을 감싸는 함수
Programs▶python.c	윈도우나 리눅스, macOS에서 python의 진입점. Modules▶main.c를 감싸는 역할만 맡는다.
Python▶pythonrun.c	명령줄 입력을 처리하는 내부 C API를 감싸는 함수

5.3.2 입력과 파일 읽기

CPython은 런타임 구성과 명령줄 인자가 준비되면 실행할 코드를 불러온다. 이 작업은 Modules▶main.c의 pymain_main()이 실행한다.

다음으로 CPython은 불러온 코드를 새로 생성된 PyConfig 인스턴스에 설정된 옵션들과 함께 실행한다.

5.3.3 명령줄 문자열 입력

CPython은 -c 옵션을 사용해 명령줄에서 작은 파이썬 애플리케이션을 실행할 수 있다. 예를 들어 print(2 ** 2)를 실행해 보자.

```
$ ./python -c "print(2 ** 2)"
```

4

먼저 Modules▸main.c에서 pymain_run_command()가 실행되며 -c로 전달된 명령은 C의 wchar_t* 타입 인자로 함수에 전달된다.

> wchar_t* 타입은 UTF-8 문자를 저장할 수 있기 때문에 CPython에서 저수준 유니코드 데이터를 저장하는 타입으로 사용된다.
> Objects▸unicodeobject.c의 헬퍼 함수 PyUnicode_FromWideChar()를 이용해 wchar_t*를 파이썬 유니코드 문자열로 변환할 수 있다. 유니코드 문자열을 UTF-8로 인코딩하려면 PyUnicode_AsUTF8String()을 사용하자.
> 파이썬 유니코드 문자열은 11.6 '유니코드 문자열 타입'에서 더 자세히 다룬다.

pymain_run_command()는 파이썬 바이트열 객체를 PyRun_SimpleStringFlags()로 넘겨서 실행한다.

Python▸pythonrun.c의 PyRun_SimpleStringFlags()는 문자열을 파이썬 모듈로 변환하고 실행한다.

파이썬 모듈을 독립된 모듈로 실행하려면 __main__ 진입점이 필요하기 때문에 PyRun_SimpleStringFlags()가 진입점을 자동으로 추가한다.

PyRun_SimpleStringFlags()는 딕셔너리와 모듈을 만든 후 PyRun_String Flags()를 호출한다. PyRun_SimpleStringFlags()는 가짜 파일 이름을 만들고 파이썬 파서를 실행해서, 문자열에서 추상 구문 트리(abstract syntax tree, AST)를 생성해 모듈로 반환한다. AST에 대해서는 다음 장에서 자세히 알아볼 것이다.

> 파싱된 코드는 파이썬 모듈 구조체에 담겨서 컴파일러로 넘겨진다. 파이썬 모듈 구조체는 Include▸python-ast.h의 mod_ty에서 정의한다.

5.3.4 로컬 모듈 입력

파이썬의 -m 옵션과 모듈 이름으로 파이썬 명령을 실행할 수도 있다. 예를 들

어 python -m unittest 명령으로 표준 라이브러리의 unittest 모듈을 실행할
수 있다.

모듈을 스크립트처럼 실행하는 기능은 PEP 338에서 처음 제안되었고 명시
적인 상대 임포트에 대한 표준은 PEP 366에서 정의되었다.

-m 플래그는 모듈 패키지의 진입점(__main__)[4]을 실행한다. 이때 해당 모듈
은 sys.path에서 검색한다.

임포트 라이브러리(importlib)의 검색 메커니즘 덕분에 unittest 모듈의 파
일 시스템 위치를 기억할 필요는 없다.

CPython은 표준 라이브러리 모듈 runpy를 임포트하고 PyObject_Call()로
해당 모듈을 실행한다. 임포트는 Python▶import.c의 C API 함수 PyImport_
ImportModule()이 담당한다.

✅ 객체에서 어트리뷰트를 가져오기 위해 파이썬에서 getattr()를 호출하듯이 C API에서
는 Objects▶object.c의 PyObject_GetAttrString()을 호출한다.
콜러블을 실행하려면 콜러블에 괄호를 붙여 실행하거나 파이썬 객체의 __call__() 프
로퍼티를 호출한다. __call__()은 Objects▶obeject.c에서 구현한다.

```
>>> my_str = "hello, world"
>>> my_str.upper()
'HELLO, WORLD'
>>> my_str.upper.__call__()
'HELLO, WORLD'
```

---

runpy 모듈은 Lib▶runpy.py에 위치한 순수한 파이썬 모듈이다.

python -m <module>을 실행하는 것은 python -m runpy <module>을 실행하
는 것과 같다. runpy 모듈은 운영 체제에서 모듈을 찾아 실행하는 프로세스를
추상화한다.

runpy는 세 단계로 모듈을 실행한다.

1. 제공된 모듈 이름을 __import__()로 임포트한다.
2. __name__(모듈 이름)을 __main__ 이름 공간에 설정한다.

---

4 *https://realpython.com/python-main-function/*

3. `__main__` 이름 공간에서 모듈을 실행한다.

runpy 모듈은 디렉터리와 ZIP 파일 실행도 지원한다.

5.3.5 표준 입력 또는 스크립트 파일 입력

python test.py처럼 python을 실행할 때 첫 번째 인자가 파일명이라면 CPython은 파일 핸들을 열어 Python▶pythonrun.c의 PyRun_SimpleFileExFlags()로 핸들을 넘긴다.

이 함수는 세 종류의 파일 경로를 처리할 수 있다.

1. .pyc 파일 경로면 run_pyc_file()을 호출한다.
2. 스크립트 파일(.py) 경로면 PyRun_FileExFlags()를 호출한다.
3. `<command> | python`처럼 파일 경로가 stdin이면 stdin을 파일 핸들로 취급하고 PyRun_FileExFlags()를 호출한다.

stdin이나 스크립트 파일의 경우 CPython은 파일 핸들을 Python▶pythonrun.c의 PyRun_FileExFlags()로 넘긴다.

PyRun_FileExFlags()는 PyRun_SimpleStringFlags()와 비슷하다. CPython은 파일 핸들을 PyParser_ASTFromFileObject()로 전달한다.

PyRun_SimpleStringFlags()처럼 PyRun_FileExFlags()는 파일에서 파이썬 모듈을 생성하고 run_mod()로 보내 실행한다.

5.3.6 컴파일된 바이트코드 입력

python을 .pyc 파일 경로와 함께 실행하면 CPython은 파일을 텍스트 파일로 불러와 파싱하는 대신 .pyc 파일에서 디스크에 기록된 코드 객체를 찾는다.

PyRun_SimpleFileExFlags()에는 .pyc 파일 경로를 처리하는 부분이 있다.

Python▶pythonrun.c의 run_pyc_file()은 파일 핸들을 사용해 .pyc 파일에서 코드 객체를 마셜링한다.

CPython 컴파일러는 스크립트가 호출될 때마다 파싱하는 대신 디스크의 코드 객체 구조체에 컴파일한 코드를 캐시한다.

> ✅ 마셜링은 파일 내용을 메모리로 복사하여 특정 데이터 구조로 변환하는 것을 의미한다.

메모리로 마셜링된 코드 객체는 Python▶ceval.c를 호출하는 run_eval_code_obj()로 전달되어 실행된다.

5.4 요약

이번 장에서는 파이썬이 다양한 구성 옵션을 로딩하는 방식과 코드를 인터프리터에 입력하는 방식들에 대해 알아보았다.

파이썬은 유연한 입력 방식 덕분에 다양한 애플리케이션에 적합하다.

- 명령줄 유틸리티
- 웹 서버 등 오랫동안 실행되는 네트워크 애플리케이션
- 짧은 스크립트

파이썬의 기능은 여러 가지 방법으로 구성 옵션을 설정할 수 있어서 복잡성을 유발하기도 한다. 예를 들어 파이썬 3.8에서 애플리케이션을 테스트할 때는 성공했지만 다른 환경에서는 실패했다면 어떤 설정이 다른지 알아내야 한다.

이로 인해 환경 변수나 런타임 플래그 또는 sysconfig의 프로퍼티들까지 찾아봐야 할 수도 있다.

sysconfig의 컴파일된 구성들은 파이썬 배포판마다 다를 수 있다. 예를 들어 python.org의 macOS용 파이썬 3.8 구성은 홈브루 또는 아나콘다의 파이썬 3.8과 다르다.

어떤 입력 방식이든 파이썬 모듈을 생성한다. 다음 장에서는 입력에서 모듈을 생성하는 방법에 대해 알아볼 것이다.

6장

렉싱과 파싱

다양한 방식으로 입력된 텍스트 형태의 파이썬 코드는 파싱 단계를 거쳐 컴파일러에서 사용할 수 있는 구조로 변환된다.

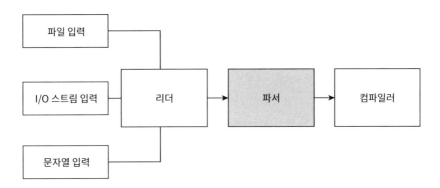

이번 장에서는 텍스트 형태의 소스 코드를 컴파일 가능한 논리적 구조로 파싱하는 방법에 대해 알아볼 것이다.

CPython은 코드를 파싱하기 위해 CST(concrete syntax tree)와 AST(abstract syntax tree) 두 가지 구조를 사용한다.

파싱 과정은 다음과 같다.

1. 파서-토크나이저 또는 렉서(lexer)가 CST를 생성한다.
2. 파서가 CST로부터 AST를 생성한다.

이 두 단계는 다른 프로그래밍 언어에서도 흔하게 사용되는 패러다임이다.

6.1 CST 생성

파스 트리라고도 부르는 CST는 문맥 자유 문법에서 코드를 표현하는 루트와 순서가 있는 트리다.

　토크나이저와 파서가 CST를 생성한다. 파서 생성기는 4장 '파이썬 언어와 문법'에서 살펴보았다. 파서 생성기는 문맥 자유 문법이 가질 수 있는 상태에 대한 결정적 유한 오토마타(deterministic finite automaton, DFA) 파싱 테이블을 생성한다.

 파이썬 창시자 히도 판로쉼은 CPython 3.9에서 기존 LL(1) 문법을 새로운 문맥 의존 문법인 PEG로 대체했다.
파이썬 3.9부터 PEG 파서를 사용할 수 있고 기존 LL(1) 문법은 3.10에서 완전히 제거된다.

4장 '파이썬 언어와 문법'에서 if_stmt나 with_stmt 등을 살펴보았다. CST에서 if_stmt 같은 심벌은 분기로, 토큰과 단말 기호는 리프 노드로 표시된다.
　예를 들어 다음은 산술 표현식 a + 1을 CST로 표현한 것이다.

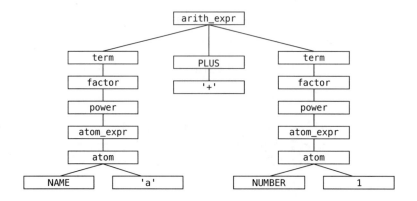

산술 표현식은 크게 좌측 항, 연산자, 우측 항으로 나뉜다.

파서는 입력 스트림으로 들어오는 토큰들이 문법적으로 허용되는 토큰과 상태인지 확인하며 CST를 생성한다.

CST를 구성하는 모든 심벌은 Grammar▶Grammar에서 정의한다.

```
arith_expr: term (('+'|'-') term)*
term: factor (('*'|'@'|'/'|'%'|'//') factor)*
factor: ('+'|'-'|'~') factor | power
power: atom_expr ['**' factor]
atom_expr: [AWAIT] atom trailer*
atom: ('(' [yield_expr|testlist_comp] ')' |
       '[' [testlist_comp] ']' |
       '{' [dictorsetmaker] '}' |
       NAME | NUMBER | STRING+ | '...' | 'None' | 'True' | 'False')
```

토큰은 Grammar▶Tokens에서 정의한다.

```
ENDMARKER
NAME
NUMBER
STRING
NEWLINE*
INDENT
DEDENT
LPAR                    '('
RPAR                    ')'
LSQB                    '['
RSQB                    ']'
COLON                   ':'
COMMA                   ','
SEMI                    ';'
PLUS                    '+'
MINUS                   '-'
STAR                    '*'
...
```

NAME 토큰은 변수나 함수, 클래스 모듈의 이름을 표현한다. 파이썬 문법에서 await, async 같은 예약어나 숫자 형식 또는 리터럴 타입 등은 NAME의 값으로 쓸 수 없다.

예를 들어 함수 이름으로 1을 사용하려고 하면 SytaxError가 발생한다.

```
>>> def 1():
  File "<stdin>", line 1
    def 1():
        ^
SyntaxError: invalid syntax
```

NUMBER는 다양한 숫자 형식 값을 표현하는 토큰이다. 숫자 형식 값을 표현하기 위해 다음과 같은 특수 문법들을 사용할 수 있다.

- 팔진수 값: 0o20
- 십육진수 값: 0x10
- 이진수 값: 0b10000
- 복소수 값: 10j
- 부동 소수점 값: 1.01
- 밑줄로 구분된 값: 1_000_000

파이썬에서 symbol과 token 모듈로 컴파일된 심벌과 토큰을 확인할 수 있다.

```
$ ./python
>>> import symbol
>>> dir(symbol)
['__builtins__', '__cached__', '__doc__', '__file__', '__loader__',
 '__name__', '__package__', '__spec__', '_main', '_name', '_value',
 'and_expr', 'and_test', 'annassign', 'arglist', 'argument',
 'arith_expr', 'assert_stmt', 'async_funcdef', 'async_stmt',
 'atom', 'atom_expr',
...
>>> import token
>>> dir(token)
['AMPER', 'AMPEREQUAL', 'AT', 'ATEQUAL', 'CIRCUMFLEX',
 'CIRCUMFLEXEQUAL', 'COLON', 'COMMA', 'COMMENT', 'DEDENT', 'DOT',
 'DOUBLESLASH', 'DOUBLESLASHEQUAL', 'DOUBLESTAR', 'DOUBLESTAREQUAL',
...
```

6.2 파서-토크나이저

렉서 구현은 프로그래밍 언어마다 다르다. 렉서 생성기로 파서 생성기를 보완하는 언어도 있다.

CPython의 파서-토크나이저는 C로 작성되었다.

6.2.1 연관된 소스 파일 목록

다음은 파서-토크나이저와 관련된 소스 파일들이다.

파일	설명
Python▸pythonrun.c	파서와 컴파일러 실행
Parser▸parsetok.c	파서와 토크나이저 구현
Parser▸tokenizer.c	토크나이저 구현
Parser▸tokenizer.h	토큰 상태 등의 데이터 모델을 정의하는 토크나이저 구현 헤더 파일
Include▸token.h	Tools▸scripts▸generate_token.py에 의해 생성되는 토큰 정의
Include▸node.h	토크나이저를 위한 CST 노드 인터페이스와 매크로

6.2.2 파일 데이터를 파서에 입력하기

파서-토크나이저의 진입점인 PyParser_ASTFromFileObject()는 파일 핸들과 컴파일러 플래그, PyArena 인스턴스를 받아 파일 객체를 모듈로 변환한다.

파일은 2단계로 변환된다.

1. PyParser_ParseFileObject()를 사용해 CST로 변환한다.
2. AST 함수 PyAST_FromNodeObject()를 사용해 CST를 AST 또는 모듈로 변환한다.

PyParser_ParseFileObject() 함수는 두 가지 중요한 작업을 수행한다.

1. PyTokenizer_FromFile()을 사용해 토크나이저 상태 tok_state를 초기화한다.
2. parsetok()을 사용해 토큰들을 CST(노드 리스트)로 변환한다.

6.2.3 파서-토크나이저의 흐름

파서-토크나이저는 커서가 텍스트 입력의 끝에 도달하거나 문법 오류가 발견될 때까지 파서와 토크나이저를 실행한다.

파서-토크나이저는 실행 전에 토크나이저에서 사용하는 모든 상태를 저장하는 임시 데이터 구조인 tok_state를 초기화한다. 토크나이저 상태는 커서의 현재 위치 같은 정보를 저장한다.

파서-토크나이저는 tok_get()으로 다음 토큰을 얻고 그 아이디를 파서로 전달한다. 파서는 파서 생성기 오토마타(DFA)로 CST에 노드를 추가한다.

640줄이 넘는 tok_get()은 CPython 소스 코드 중에서도 손꼽히게 복잡한 부분 중 하나다. 수십 년 동안 이어온 엣지 케이스와 신규 언어 기능, 구문을 포함하고 있다.

다음 그림은 루프에서 토크나이저와 파서를 호출하는 과정이다.

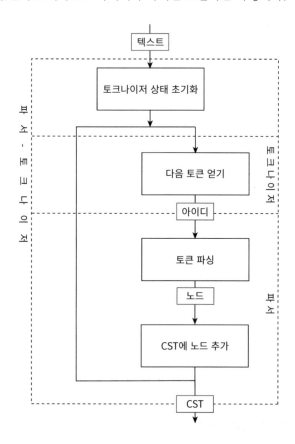

CST를 AST로 변환하려면 PyParser_ParseFileObject()에서 반환된 CST의 루트인 node가 필요하다.

노드 구조체는 Include▶node.h에서 정의한다.

```
typedef struct _node {
    short               n_type;
    char                *n_str;
    int                 n_lineno;
    int                 n_col_offset;
    int                 n_nchildren;
    struct _node        *n_child;
    int                 n_end_lineno;
    int                 n_end_col_offset;
} node;
```

CST는 구문, 토큰 아이디, 심벌을 모두 포함하기 때문에 컴파일러가 사용하기
에는 적합하지 않다.

AST를 살펴보기에 앞서 파서 단계의 결과를 확인하는 방법이 있다. CPython
표준 라이브러리의 parser 모듈은 C 함수의 파이썬 API를 제공한다.

parser 모듈의 출력은 숫자 형식으로, make regen-grammar 단계에서 Include
▶token.h 파일에 저장된 토큰과 심벌의 번호와 같다.

```
>>> from pprint import pprint
>>> import parser
>>> st = parser.expr('a + 1')
>>> pprint(parser.st2list(st))
[258,
 [332,
  [306,
   [310,
    [311,
     [312,
      [313,
       [316,
        [317,
         [318,
          [319,
           [320,
            [321, [322, [323, [324, [325, [1, 'a']]]]]],
            [14, '+'],
            [321, [322, [323, [324, [325, [2, '1']]]]]]]]]]]]]]]],
  [4, ''],
  [0, '']]
```

좀 더 보기 쉽게 symbol과 token 모듈의 모든 번호로 딕셔너리를 만든 후
parser.st2list()의 출력을 토큰과 심벌 이름으로 재귀적으로 바꿔 보자.

cpython-book-samples▶21▶lex.py

```python
import symbol
import token
import parser

def lex(expression):
    symbols = {v: k for k, v in symbol.__dict__.items()
                if isinstance(v, int)}
    tokens = {v: k for k, v in token.__dict__.items()
                if isinstance(v, int)}
    lexicon = {**symbols, **tokens}
    st = parser.expr(expression)
    st_list = parser.st2list(st)

    def replace(l: list):
        r = []
        for i in l:
            if isinstance(i, list):
                r.append(replace(i))
            else:
                if i in lexicon:
                    r.append(lexicon[i])
                else:
                    r.append(i)
        return r

    return replace(st_list)
```

lex()를 사용해 a + 1과 같은 간단한 표현식이 CST로 어떻게 표현되는지 확인
해 보자.

```python
>>> from pprint import pprint
>>> pprint(lex('a + 1'))

['eval_input',
 ['testlist',
  ['test',
   ['or_test',
    ['and_test',
     ['not_test',
```

```
    ['comparison',
     ['expr',
      ['xor_expr',
       ['and_expr',
        ['shift_expr',
         ['arith_expr',
          ['term',
           ['factor', ['power', ['atom_expr', ['atom',
['NAME', 'a']]]]]],
          ['PLUS', '+'],
          ['term',
           ['factor',
            ['power', ['atom_expr', ['atom', ['NUMBER',
'1']]]]]]]]]]]]]]]]]]],
  ['NEWLINE', ''],
  ['ENDMARKER', '']]
```

심벌은 arith_expr처럼 소문자로, 토큰은 NUMBER처럼 대문자로 출력된다.

6.3 추상 구문 트리

다음 단계는 파서가 생성한 CST를 실행 가능하면서 좀 더 논리적인 구조로 변환하는 단계다.

CST는 코드 파일의 텍스트를 있는 그대로 표현하는 구조로, 텍스트로부터 토큰을 추출하여 토큰 종류만 구분해 둔 상태에 불과하다. 이 단계에서는 어떻게 해석하느냐에 따라 완전히 다른 언어가 될 수도 있다. CST로 기본적인 문법 구조는 알 수 있지만 함수, 스코프, 루프 같은 파이썬 언어 사양에 대한 의미를 결정할 수는 없다.

코드를 컴파일하기 전에 CST를 실제 파이썬 언어 구조와 의미 요소를 표현하는 고수준 구조인 AST로 변환해야 한다.

예를 들어 AST에서 이항 연산은 표현식의 한 종류인 BinOp로 표현된다. 해당 표현식은 세 가지 요소로 이루어진다.

1. left: 왼쪽 항
2. op: 연산자(+, -, * 등)
3. right: 오른쪽 항

다음은 a + 1에 대한 AST다.

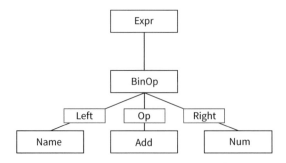

AST는 CPython 파싱 과정 중에 생성하지만 표준 라이브러리의 ast 모듈을 사용해서 파이썬 코드에서 AST를 생성할 수도 있다.

AST의 상세한 구현을 살펴보기 전에 파이썬 코드의 기본적인 요소들이 AST로 어떻게 표현되는지 알아보자.

6.3.1 연관된 소스 파일 목록

다음은 AST와 관련된 소스 파일들이다.

파일	용도
Include▸python-ast.h	Parser▸asdl_c.py로 생성한 AST 노드 타입 선언
Parser▸Python.asdl	도메인 특화 언어인 ASDL(abstract syntax description language) 5로 작성된 AST 노드 타입들과 프로퍼티 목록
Python▸ast.c	AST 구현

6.3.2 인스타비즈로 AST 시각화하기

인스타비즈(Instaviz)는 이 책을 위해 개발한 파이썬 패키지로 AST와 컴파일된 코드를 웹 인터페이스로 표시한다.

pip로 인스타비즈를 설치할 수 있다.

```
$ pip install instaviz
```

명령줄에서 인자 없이 python을 실행해서 REPL을 열자.

instaviz.show() 함수는 code object 타입의 인자 한 개를 받는다. 코드 객체에 대해서는 다음 장에서 알아볼 것이다. 일단은 함수를 하나 정의하고 함수 이름을 인자로 넘겨 보자.

```
$ python
>>> import instaviz
>>> def example():
        a = 1
        b = a + 1
        return b

>>> instaviz.show(example)
```

명령줄에서 웹 서버가 포트 8080에서 시작되었다는 출력을 볼 수 있을 것이다. 해당 포트를 사용 중이라면 instaviz.show(example, port=9090)처럼 비어 있는 포트 번호를 직접 지정하고 실행하자.

웹 브라우저에서 함수에 대한 자세한 분석을 볼 수 있다.

Code Object Properties

Field	Value
co_argcount	0
co_cellvars	()
co_code	64017d007c00640117007d017c015300
co_consts	(None, 1)
co_filename	test.py
co_firstlineno	4
co_freevars	()
co_kwonlyargcount	0
co_lnotab	b'\x00\x01\x04\x01\x08\x01'
co_name	foo
co_names	()
co_nlocals	2
co_stacksize	2
co_varnames	('a', 'b')

```
4 def foo():
5     a = 1
6     b = a + 1
7     return b
```

Graph direction: [Up-Down] [Down-Up] [Left-Right] [Right-Left]

다음 그래프는 REPL에서 선언한 함수를 AST로 표현한 모습이다. 트리의 각 노드의 타입은 AST 노드 클래스다. ast 모듈에서 찾을 수 있는 노드 클래스들은 모두 _ast.AST를 상속한다.

CST와 달리 AST의 노드들은 특정 프로퍼티들을 통해 자식 노드와 연결된다. b = a + 1이 선언된 줄과 연결된 Assign 노드를 클릭해 보자.

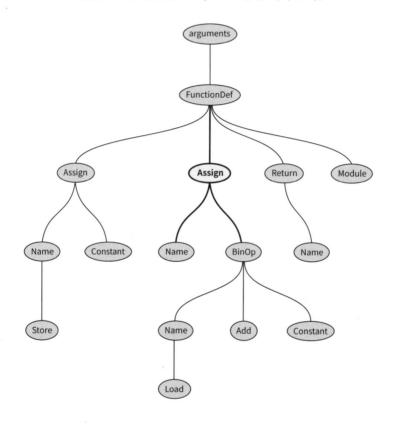

Assign 노드는 두 개의 프로퍼티를 가진다.

1. targets는 값이 할당될 이름의 목록이다. 언패킹을 통해 한 번에 여러 이름에 값을 할당할 수 있기 때문에 목록이 필요하다.
2. value는 이름에 할당할 값이다. 이 경우에는 BinOp 표현식 a + 1이 할당된다.

BinOp 노드는 세 개의 프로퍼티를 가진다.

- left: 왼쪽 항
- op: 연산자. 이 경우에는 더하기를 뜻하는 Add 노드(+)다.
- right: 오른쪽 항

Node Properties

Select a node on the AST graph to see properties.

json	object
left	object
id : 'a'	string
ctx	object
op	object
right	object
n : 1	number
lineno : 3	number

6.3.3 AST 컴파일

C에서 AST를 컴파일하는 것은 매우 복잡한 작업이다. Python▶ast.c 모듈은 5000줄이 넘는 코드로 이루어져 있다.

AST의 공개 API는 CST와 파일 이름, 컴파일러 플래그, 메모리 저장 영역을 인자로 받는다.

반환 타입은 파이썬 모듈을 표현하는 mod_ty 타입이다. 해당 타입은 Include ▶Python-ast.h에서 정의한다.

mod_ty는 다음 모듈 타입 중 하나를 담는 컨테이너 구조체다.

1. Module
2. Interactive
3. Expression
4. FunctionType

모듈 타입들은 Parser▶Pyhon.asdl에서 정의한다. 해당 파일에서 문장, 표현식, 연산자, 컴프리헨션(comprehension) 타입들도 찾을 수 있다.

AST가 생성하는 클래스들과 표준 라이브러리 ast 모듈의 클래스들은 Parser ▶Python.asdl에서 정의하는 타입들이다.

```
-- ASDL's 4 builtin types are:
-- identifier, int, string, constant

module Python
{
    mod = Module(stmt* body, type_ignore *type_ignores)
        | Interactive(stmt* body)
        | Expression(expr body)
        | FunctionType(expr* argtypes, expr returns)
```

ast 모듈은 문법을 다시 생성할 때 Include▶Python-ast.h를 임포트한다. 이 파일은 Parser▶Python.asdl에서 자동으로 생성된다. Include▶Python-ast.h의 파라미터와 이름은 Parser▶Python.asdl의 정의를 따른다.

　Include▶Python-ast.h의 mod_ty 타입은 Parser▶Python.asdl의 Module 정의로부터 생성된다.

```
enum _mod_kind {Module_kind=1, Interactive_kind=2, Expression_kind=3,
                FunctionType_kind=4};
struct _mod {
    enum _mod_kind kind;
    union {
        struct {
            asdl_seq *body;
            asdl_seq *type_ignores;
        } Module;

        struct {
            asdl_seq *body;
        } Interactive;

        struct {
            expr_ty body;
        } Expression;

        struct {
            asdl_seq *argtypes;
            expr_ty returns;
        } FunctionType;

    } v;
};
```

Python▶ast.c는 이 C 헤더 파일에서 제공하는 구조체들을 사용해 필요한 데이터를 가리키는 포인터를 담은 구조체들을 신속하게 생성한다.

　AST의 진입점인 PyAST_FromNodeObject()는 TYPE(n)에 대한 switch 문을 실행한다. TYPE()은 CST 노드의 타입을 결정하는 매크로다. 결과로 심벌 또는 토큰 타입을 반환한다.

　루트 노드의 타입은 항상 Module, Interactive, Expression, FunctionType 중하나다.

- file_input일 경우에는 Module 타입이다.
- REPL 등으로 들어오는 eval_input일 경우에는 Expression 타입이다.

Python▶ast.c에는 각 타입에 대응되는 ast_for_xxx C 함수들이 구현되어 있다. 이 함수들은 CST의 노드 중에서 해당 문에 대한 프로퍼티를 찾는다.

　간단한 예시로 2의 4제곱을 뜻하는 2 ** 4 같은 제곱에 대한 표현식을 살펴보자. ast_for_power()는 연산자가 Pow(제곱), 좌측은 e(2), 우측은 f(4)인 BinOp를 반환한다.

Python▶ast.c 2716행

```
static expr_ty
ast_for_power(struct compiling *c, const node *n)
{
    /* 제곱: 연속 별표* ('**' factor)*
     */
    expr_ty e;
    REQ(n, power);
    e = ast_for_atom_expr(c, CHILD(n, 0));
    if (!e)
        return NULL;
    if (NCH(n) == 1)
        return e;
    if (TYPE(CHILD(n, NCH(n) - 1)) == factor) {
        expr_ty f = ast_for_expr(c, CHILD(n, NCH(n) - 1));
        if (!f)
            return NULL;
        e = BinOp(e, Pow, f, LINENO(n), n->n_col_offset,
                n->n_end_lineno, n->n_end_col_offset, c->c_arena);
    }
    return e;
}
```

인스타비즈로 제곱에 대한 AST를 확인해 보자.

```
>>> def foo():
        2**4
>>> import instaviz
>>> instaviz.show(foo)
```

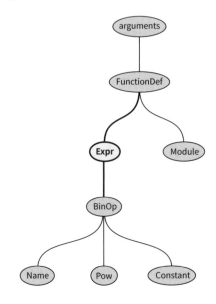

AST의 프로퍼티들도 확인해 보자.

Node Properties

Select a node on the AST graph to see properties.

json	object
value	object
left	object
n : 2	number
op	object
right	object
n : 4	number
lineno : 2	number

요약하자면 모든 타입의 문과 표현식에는 ast_for_*() 생성자 함수가 있다. 함수의 인자들은 Parser▶Python.asdl에서 정의하며 표준 라이브러리의 ast 모듈을 통해 외부에 제공된다.

표현식 또는 문이 자식 노드를 가지고 있으면 깊이 우선 탐색을 통해 자식 노드에 대한 ast_for_*() 함수를 먼저 호출한다.

6.4 중요한 용어들

다음은 이번 장에서 사용한 주요 용어들이다.

- AST: 파이썬 문법과 문장들에 대한 문맥 있는 트리 표현이다.
- CST: 토큰과 심벌에 대한 문맥 없는 트리 표현이다.
- 파스 트리: CST의 다른 이름이다.
- 토큰: 심벌의 종류 중 하나다(예: +).
- 토큰화: 텍스트를 토큰들로 변환하는 과정이다.
- 파싱: 텍스트를 CST나 AST로 변환하는 과정이다.

6.5 예제: '거의 같음' 비교 연산자 추가하기

파이썬에 새로운 문법을 추가하고 CPython을 컴파일해 보자. 비교 표현식은 둘 이상의 값을 비교한다.

```
>>> a = 1
>>> b = 2
>>> a == b
False
```

비교 표현식에는 <, >, ==, != 같은 비교 연산자를 사용한다.

 지금과 같은 데이터 모델에 대한 비교는 파이썬 2.1에 PEP 207로 제안되었다. PEP 207
은 사용자 지정 파이썬 타입에 비교 메서드를 구현하게 된 상황과 역사, 근거에 대한 내용
을 담고 있다.

~= 심벌을 사용하는 '거의 같음' 연산자를 새 비교 연산자로 추가해 보자. '거의 같음' 연산자는 다음과 같이 동작한다.

- 정수와 부동 소수점을 비교할 때 부동 소수점은 정수로 변환해 비교한다.
- 정수와 정수를 비교할 때는 일반 동등 연산자를 사용한다.

REPL에서 새 연산자를 사용하면 다음과 같은 결과를 볼 수 있어야 한다.

```
>>> 1 ~= 1
True
>>> 1 ~= 1.0
True
>>> 1 ~= 1.01
True
>>> 1 ~= 1.9
False
```

새 연산자를 추가하려면 먼저 CPython 문법을 변경해야 한다. 비교 연산자들은 Grammar▶python.gram 파일에 comp_op 심벌로 정의되어 있다.

```
comparison[expr_ty]:
    | a=bitwise_or b=compare_op_bitwise_or_pair+ ...
    | bitwise_or
compare_op_bitwise_or_pair[CmpopExprPair*]:
    | eq_bitwise_or
    | noteq_bitwise_or
    | lte_bitwise_or
    | lt_bitwise_or
    | gte_bitwise_or
    | gt_bitwise_or
    | notin_bitwise_or
    | in_bitwise_or
    | isnot_bitwise_or
    | is_bitwise_or
eq_bitwise_or[CmpopExprPair*]: '==' a=bitwise_or ...
noteq_bitwise_or[CmpopExprPair*]:
    | (tok='!=' {_PyPegen_check_barry_as_flufl(p) ? NULL : tok}) ...
lte_bitwise_or[CmpopExprPair*]: '<=' a=bitwise_or ...
lt_bitwise_or[CmpopExprPair*]: '<' a=bitwise_or ...
gte_bitwise_or[CmpopExprPair*]: '>=' a=bitwise_or ...
gt_bitwise_or[CmpopExprPair*]: '>' a=bitwise_or ...
notin_bitwise_or[CmpopExprPair*]: 'not' 'in' a=bitwise_or ...
in_bitwise_or[CmpopExprPair*]: 'in' a=bitwise_or ...
isnot_bitwise_or[CmpopExprPair*]: 'is' 'not' a=bitwise_or ...
is_bitwise_or[CmpopExprPair*]: 'is' a=bitwise_or ...
```

compare_op_bitwise_or_pair 식에 ale_bitwise_or를 허용하자.

```
compare_op_bitwise_or_pair[CmpopExprPair*]:
    | eq_bitwise_or
...
    | ale_bitwise_or
```

ale_bitwise_or 식을 is_bitwise_or 아래에 추가하자.

```
...
is_bitwise_or[CmpopExprPair*]: 'is' a=bitwise_or ...
ale_bitwise_or[CmpopExprPair*]: '~=' a=bitwise_or
    { _PyPegen_cmpop_expr_pair(p, AlE, a) }
```

이제 '~=' 단말 기호를 포함하는 ale_bitwise_or 식을 정의했다.

_PyPegen_cmpop_expr_pair(p, AlE, a) 함수 호출은 AST에서 '거의 같음' 연산자를 뜻하는 AlE(Almost Equal) 타입 cmpop 노드를 가져온다.

다음으로 Grammar▶Tokens에 토큰을 추가하자.

```
ATEQUAL                 '@='
RARROW                  '->'
ELLIPSIS                '...'
COLONEQUAL              ':='
# 여기에 추가하자.
ALMOSTEQUAL             '~='
```

변경한 문법과 토큰을 C 코드에 반영하려면 헤더를 다시 생성해야 한다.

macOS와 리눅스에서는 다음을 실행하자.

```
$ make regen-token regen-pegen
```

윈도우에서는 PCBuild 디렉터리에서 다음을 실행하자.

```
> build.bat --regen
```

헤더를 다시 생성하면 토크나이저도 자동으로 변경된다. Parser▶token.c를 열어 PyToken_TwoChars() 함수의 case가 변경된 것을 확인할 수 있다.

```
case '~':
    switch (c2) {
    case '=': return ALMOSTEQUAL;
    }
    break;
}
```

이제 CPython을 다시 컴파일하고 REPL을 실행해 보면 토크나이저는 새 토큰을 처리할 수 있지만 AST는 처리하지 못한다.

```
$ ./python
>>> 1 ~= 2
SystemError: invalid comp_op: ~=
```

Python▶ast.c의 ast_for_comp_op()는 ALMOSTEQUAL을 올바른 비교 연산자로 인식할 수 없기 때문에 예외를 발생시킨다.

　Parser▶Python.asdl에서 정의하는 Compare 표현식은 좌측 표현식 left, 연산자 목록인 ops, 비교할 표현식 목록인 comparators로 이루어져 있다.

```
| Compare(expr left, cmpop* ops, expr* comparators)
```

Compare 정의는 cmpop 열거형을 참조한다.

```
cmpop = Eq | NotEq | Lt | LtE | Gt | GtE | Is | IsNot | In | NotIn
```

이 열거형은 비교 연산자로 사용할 수 있는 AST 리프 노드의 목록이다. '거의 같음' 연산자를 비교 연산자로 사용하기 위해 AlE를 추가하자.

```
cmpop = Eq | NotEq | Lt | LtE | Gt | GtE | Is | IsNot | In | NotIn | AlE
```

AST를 다시 생성해서 AST 헤더 파일에 변경된 AST를 반영하자.

```
$ make regen-ast
```

Include▶Python-ast.h에서 비교 연산자를 정의하는 열거형인 _cmpop에 AlE가 추가된 것을 확인할 수 있다.

```
typedef enum _cmpop { Eq=1, NotEq=2, Lt=3, LtE=4, Gt=5, GtE=6, Is=7,
                      IsNot=8, In=9, NotIn=10, AlE=11 } cmpop_ty;
```

AST는 ALMOSTEQUAL 토큰이 비교 연산자 AlE라는 것을 아직 알 수 없다. 토큰을 연산자로 인식할 수 있게 AST C 코드를 수정하자.

Python▸ast.c의 ast_for_comp_op()로 이동해서 연산자 토큰에 대한 switch 문을 찾아보자. 해당 switch 문은 _cmpop 열거형 값 중 하나를 반환한다.

ALMOSTEQUAL 토큰일 경우 AlE 비교 연산자를 반환하는 case를 추가하자.

Python▸ast.c 1221행

```
static cmpop_ty
ast_for_comp_op(struct compiling *c, const node *n)
{
    /* comp_op: '<'|'>'|'=='|'>='|'<='|'!='|'in'|'not' 'in'|'is'
             |'is' 'not'
    */
    REQ(n, comp_op);
    if (NCH(n) == 1) {
        n = CHILD(n, 0);
        switch (TYPE(n)) {
            case LESS:
                return Lt;
            case GREATER:
                return Gt;
            case ALMOSTEQUAL: // ALMOSTEQUAL 토큰을 인식한다.
                return AlE;    // AST 노드 AlE를 반환한다.
```

이제 토크나이저와 AST 모두 코드를 파싱할 수 있지만 컴파일러는 아직 이 연산자를 실행하는 방법을 모르는 상태다.

AST로 나타낸 '거의 같음' 연산자를 확인해 보려면 ast.parse()가 반환한 값에서 첫 번째 연산자를 출력해 보자.

```
>>> import ast
>>> m = ast.parse('1 ~= 2')
>>> m.body[0].value.ops[0]
<_ast.AlE object at 0x10a8d7ee0>
```

AST가 코드를 올바르게 파싱했다면 비교 연산자 AlE 타입의 객체가 출력될 것이다.

다음 장에서는 CPython 컴파일러가 동작하는 방식을 알아보고 '거의 같음' 연산자의 동작을 구현할 것이다.

6.6 요약

높은 융통성과 저수준 실행 API 덕분에 CPython은 임베디드 스크립팅 엔진에 적합하다. 게임 디자인이나 3D 그래픽 도구, 시스템 자동화 도구 등 많은 사용자 인터페이스 애플리케이션에서 CPython을 사용한다.

CPython의 인터프리터 프로세스는 유연하면서도 효율적이다. 인터프리터 프로세스가 동작하는 방식을 이해했으면 다음으로는 컴파일러에 대해 알아보자.

7장

컴파일러

파이썬 코드를 파싱하면 파이썬 코드의 연산자, 함수, 클래스, 이름 공간을 포함하는 AST가 생성된다.

컴파일러의 역할은 이러한 AST를 CPU 명령으로 바꾸는 것이다.

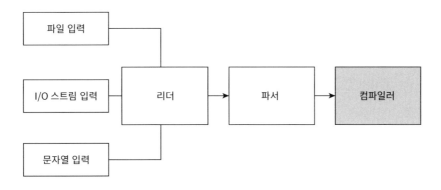

컴파일 작업은 두 부분으로 구성된다.

1. 컴파일러: AST를 순회하며 논리적 실행 순서를 나타내는 제어 흐름 그래프 (control flow graph, CFG)를 생성한다.
2. 어셈블러: CFG의 노드들을 실행 가능한 명령을 순차적으로 나열한 바이트 코드 형태로 변환한다.

다음은 컴파일 과정을 표현한 그림이다.

> **!** 이번 장을 읽을 때는 CPython의 컴파일 단위가 모듈이라는 것을 기억해야 한다. 프로젝트의 각 모듈마다 이번 장에서 소개하는 컴파일 과정이 실행된다.

이번 장에서는 AST 모듈을 코드 객체로 컴파일하는 과정에 대해 알아본다.

　　`PyAST_CompileObject()`는 CPython 컴파일러의 주 진입점이다. 이 함수는 파이썬 AST 모듈과 파일 이름, 인터프리팅 과정에서 생성된 지역과 전역을 비롯한 모든 **PyArena**를 인자로 받는다.

> **✓** 이제부터 수십 년의 오랜 개발 기간과 복잡한 컴퓨터 과학 이론을 배경으로 하는 CPython 컴파일러의 내부에 대해 알아볼 것이다. 컴파일러의 크기와 복잡성에 압도당하지 말고 먼저 컴파일러를 여러 논리적 단계로 나눠 보면 컴파일러에 대해 좀 더 쉽게 이해할 수 있다.

다음은 컴파일러와 관련된 소스 파일들이다.

파일	목적
Python▶compile.c	컴파일러 구현
Include▶compile.h	컴파일러 API와 타입 정의

이번 장에서는 독자들이 처음 접할지도 모르는 용어를 많이 사용한다.

- **컴파일러 상태**는 심벌 테이블을 담는 컨테이너 타입이다.
- 심벌 테이블은 **변수 이름**을 포함하고 추가로 하위 심벌 테이블을 포함할 수도 있다.
- 컴파일러 타입에는 **컴파일러 유닛**도 포함된다.
- 각 컴파일러 유닛은 이름, 변수 이름, 상수, 셀(cell) 변수들을 포함한다.
- 컴파일러 유닛은 **기본 프레임 블록**을 포함한다.

- 기본 프레임 블록은 **바이트코드 명령**을 포함한다.

컴파일러 상태 컨테이너와 컨테이너의 구성 요소를 그림으로 표현하면 다음과 같다.

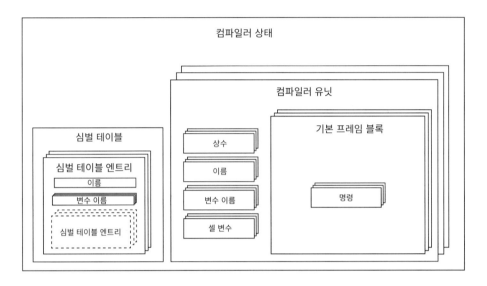

7.1 컴파일러 인스턴스 생성

컴파일러를 실행하기에 앞서 전역 컴파일러 상태가 생성된다. 컴파일러 상태 구조체인 compiler 타입은 컴파일러 플래그나 스택, PyArena 등 컴파일러를 위한 다양한 프로퍼티를 포함한다. 컴파일러 상태는 심벌 테이블 등의 다른 구조체도 포함한다.

다음은 컴파일러 상태의 필드들이다.

필드명	타입	용도
c_arena	PyArena *	메모리 할당 아레나에 대한 포인터
c_const_cache	PyObject * (dict)	names 튜플을 포함한 모든 상수를 담는 파이썬 dict
c_do_not_emit _bytecode	int	바이트코드 컴파일 비활성화 플래그
c_filename	PyObject * (str)	컴파일에 필요한 파일명

(다음 쪽에 이어짐)

c_flags	PyCompilerFlags *	상속받은 컴파일러 플래그들(7.2.3 '컴파일러 플래그' 참고)
c_future	PyFutureFeatures *	대화형 모드를 위한 모듈의 __future__ 플래그에 대한 포인터
c_interactive	int	대화형 모드 활성화 플래그
c_nestlevel	int	현재 깊이 레벨
c_optimize	int	최적화 레벨
c_st	symtable *	컴파일러의 심벌 테이블
c_stack	PyObject * (list)	compiler_unit에 대한 포인터를 담는 파이썬 리스트
u	compiler_unit*	현재 블록의 컴파일러 상태

PyAST_CompileObject()가 다음과 같이 컴파일러 상태를 초기화한다.

- 모듈에 문서화 문자열(__doc__)이 포함되어 있지 않다면 빈 문서화 문자열을 생성한다. __annotations__ 프로퍼티에 대해서도 같은 작업을 수행한다.
- 스택트레이스 및 예외 처리에 필요한 파일 이름을 컴파일러 상태에 설정한다.
- 인터프리터가 사용한 메모리 할당 아레나(arena)를 컴파일러의 메모리 할당 아레나로 설정한다. 메모리 할당자에 관해서는 9장 '메모리 관리'를 참고하자.
- 코드 컴파일 전에 퓨처 플래그들을 설정한다.

7.2 퓨처 플래그와 컴파일러 플래그

퓨처 플래그와 컴파일러 플래그는 컴파일러 기능을 설정한다. 이 플래그들은 다음 위치에서 설정할 수 있다.

1. 환경 변수와 명령줄 플래그를 담는 구성 상태
2. 모듈 소스 코드의 __future__ 문

구성 상태에 대해서는 5.1 '구성 상태'를 참고하자.

7.2.1 퓨처 플래그

퓨처 플래그는 특정 모듈에서 문법이나 언어 기능을 활성화하기 위해 사용된다. 예를 들어 파이썬 3.7에서는 annotations 퓨처 플래그로 타입 힌트의 평가를 지연시킬 수 있다.

```
from __future__ import annotations
```

이 퓨처 문 아래부터 결정되지 않은 타입 힌트를 사용할 수 있다. 만약 퓨처 문 없이 결정되지 않은 타입 힌트를 사용하면 이 모듈을 임포트할 수 없다.

7.2.2 파이썬 3.9의 퓨처 플래그 목록

파이썬 3.9에서는 퓨처 플래그 중 annotations, barry_as_FLUFL을 제외한 모든 플래그는 필수이며 자동으로 활성화된다.

플래그	용도
absolute_import	절대 임포트(PEP 328)
annotations	타입 애너테이션의 지연된 평가(PEP 563)
barry_as_FLUFL	이스터에그(PEP 401)
division	나누기 연산자 변경(PEP 238)
generator_stop	제너레이터 내부의 StopIteration 처리(PEP 479)
generators	단순 제너레이터(PEP 255)
nested_scopes	정적으로 중첩된 스코프(PEP 227)
print_function	print를 함수로 바꾸기(PEP 3105)
unicode_literals	유니코드 str 리터럴(PEP 3112)
with_statement	with 문(PEP 343)

 대부분의 __future__ 플래그는 파이썬 2와 3 간 이식 지원을 위해 사용되었다. 파이썬 4.0이 나온다면 더 많은 퓨처 플래그가 추가될 수 있다.

7.2.3 컴파일러 플래그

컴파일러 플래그는 실행 환경에 의존적이기 때문에 코드나 컴파일러의 실행 방식을 변경할 수 있다. __future__ 문과 달리 코드로 활성화되지는 않는다.

컴파일러 플래그 중 -O 플래그[1]는 디버그 용도[2]로 추가된 모든 assert 문을 비활성화하는 최적화를 실행한다. 이 플래그는 PYTHONOPTIMIZE=1 환경 변수로도 활성화할 수 있다.

7.3 심벌 테이블

코드를 컴파일하기 전에 PySymtable_BuildObject() API는 심벌 테이블을 생성한다.

심벌 테이블은 전역과 지역 등 이름 공간의 목록들을 컴파일러에 제공한다. 컴파일러는 심벌 테이블에서 얻은 이름 공간에서 스코프를 결정하고 참조를 실행한다.

7.3.1 연관된 소스 파일 목록

다음은 심벌 테이블과 관련된 소스 파일들이다.

파일	용도
Python▸symtable.c	심벌 테이블 구현
Include▸symtable.h	심벌 테이블 API와 타입 정의
Lib▸symtable.py	표준 라이브러리의 symtable 모듈

7.3.2 심벌 테이블 구조체

컴파일러는 컴파일러당 하나의 symtable 인스턴스만 사용하기 때문에 이름 공간 관리가 중요하다.

예를 들어 두 클래스가 동일한 이름의 메서드를 가지고 있을 경우 모듈에서 어떤 메서드를 호출할지 정해 주는 것이 symtable의 역할이다.

하위 스코프의 변수를 상위 스코프에서 사용하지 못하게 하는 것도 symtable의 역할이다.

---

1 *https://docs.python.org/3/using/cmdline.html#cmdoption-o*
2 *https://realpython.com/python-debugging-pdb/*

다음은 심벌 테이블 구조체 symtable의 필드들이다.

필드명	타입	용도
recursion_depth	int	현재 재귀 깊이
recursion_limit	int	RecursionError를 발생시키는 재귀 깊이 제한
st_blocks	PyObject * (dict)	AST 노드 주소와 심벌 테이블 엔트리 간의 매핑
st_cur	_symtable_entry	현재 심벌 테이블 엔트리
st_filename	PyObject * (str)	컴파일에 필요한 파일명
st_future	PyFutureFeatures	심벌 테이블에 영향을 끼치는 모듈의 퓨처 기능들
st_global	PyObject * (dict)	st_top의 심벌들에 대한 참조
st_nblocks	int	사용된 블록 개수
st_private	PyObject * (str)	현재 클래스 이름(선택적 값)
st_stack	PyObject * (list)	이름 공간 스택
st_top	_symtable_entry	모듈의 심벌 테이블 엔트리

7.3.3 symtable 모듈

symtable 모듈은 심벌 테이블의 C API 중 일부를 파이썬으로 제공한다.

PyPI에서 받을 수 있는 tabulate 모듈을 사용해 심벌 테이블을 출력해 볼 수도 있다.

심벌 테이블은 중첩될 수 있다. 모듈이 함수나 클래스를 포함하는 경우 함수나 클래스의 심벌 테이블이 모듈의 심벌 테이블에 포함된다.

symviz.py라는 이름의 스크립트를 만들고 show() 재귀 함수를 구현해 보자.

cpython-book-samples ▶ 30 ▶ symviz.py

```
import tabulate
import symtable

code = """
def calc_pow(a, b):
    return a ** b
a = 1
b = 2
c = calc_pow(a,b)
"""
```

```
_st = symtable.symtable(code, "example.py", "exec")

def show(table):
    print("Symtable {0} ({1})".format(table.get_name(),
                                       table.get_type()))
    print(
        tabulate.tabulate(
            [
                (
                    symbol.get_name(),
                    symbol.is_global(),
                    symbol.is_local(),
                    symbol.get_namespaces(),
                )
                for symbol in table.get_symbols()
            ],
            headers=["name", "global", "local", "namespaces"],
            tablefmt="grid",
        )
    )
    if table.has_children():
        [show(child) for child in table.get_children()]

show(_st)
```

스크립트를 실행해 보면 예제 코드의 심벌 테이블이 출력된다.

```
(venv) → instaviz git:(master) ✗ python symviz.py
Symtable top (module)
+----------+----------+---------+----------------------------------------------------------------+
| name     | global   | local   | namespaces                                                     |
+==========+==========+=========+================================================================+
| calc_pow | False    | True    | [<Function SymbolTable for calc_pow in example.py>]            |
+----------+----------+---------+----------------------------------------------------------------+
| a        | False    | True    | ()                                                             |
+----------+----------+---------+----------------------------------------------------------------+
| b        | False    | True    | ()                                                             |
+----------+----------+---------+----------------------------------------------------------------+
| c        | False    | True    | ()                                                             |
+----------+----------+---------+----------------------------------------------------------------+
Symtable calc_pow (function)
+----------+----------+---------+---------------+
| name     | global   | local   | namespaces    |
+==========+==========+=========+===============+
| a        | False    | True    | ()            |
+----------+----------+---------+---------------+
| b        | False    | True    | ()            |
+----------+----------+---------+---------------+
```

7.3.4 심벌 테이블 구현

심벌 테이블 구현은 Python▶symtable.c에서 찾을 수 있고, 주 인터페이스는 PySymtable_BuildObject()다.

　PySymtable_BuildObject()는 6.3.3 'AST 컴파일'에서 살펴본 PyAST_From NodeObject()와 비슷하다. PySymtable_BuildObject()는 mod_ty 타입(Module, Interactive, Expression, FunctionType)에 따라 모듈 내의 문장들을 순회한다.

　심벌 테이블은 mod_ty 타입인 AST의 노드와 분기를 재귀적으로 탐색하며 symtable의 엔트리로 추가한다.

Python▶symtable.c 260행

```
struct symtable *
PySymtable_BuildObject(mod_ty mod, PyObject *filename,
                       PyFutureFeatures *future)
{
    struct symtable *st = symtable_new();
    asdl_seq *seq;
    int i;
    PyThreadState *tstate;
    int recursion_limit = Py_GetRecursionLimit();
...
    st->st_top = st->st_cur;
    switch (mod->kind) {
    case Module_kind:
        seq = mod->v.Module.body;
        for (i = 0; i < asdl_seq_LEN(seq); i++)
            if (!symtable_visit_stmt(st,
                        (stmt_ty)asdl_seq_GET(seq, i)))
                goto error;
        break;
    case Expression_kind:
        ...
    case Interactive_kind:
        ...
    case FunctionType_kind:
        ...
    }
    ...
}
```

PySymtable_BuildObject()는 모듈의 각 문을 순회하며 symtable_visit_stmt()를 호출한다. symtable_visit_stmt()는 Parser▶Python.asdl에서 정의한 모든 문 타입에 대한 case를 가지고 있는 거대한 switch 문이다.

각 문 타입마다 심벌을 처리하는 함수가 존재한다. 함수 정의문(Function Def_kind) 타입을 처리하는 함수에는 다음을 처리하기 위한 로직들이 들어 있다.

- 현재 재귀 깊이가 재귀 제한을 넘지 않았는지 검사한다.
- 함수가 함수 객체로 넘겨지거나 호출될 수 있도록 함수 이름을 심벌 테이블에 추가한다.
- 기본 인자 중 리터럴이 아닌 인자를 심벌 테이블에서 찾는다.
- 타입 힌트를 처리한다.
- 함수 데코레이터를 처리한다.

마지막으로 symtable_enter_block()이 함수 블록을 방문해 인자와 함수 본문을 차례대로 처리한다.

> ⚠️ 파이썬 함수의 기본 인자가 가변인 이유를 symtable_visit_stmt()에서 찾을 수 있다. 인자의 기본값은 symtable의 변수에 대한 참조이며, 별도로 불변 타입 형태로 복사되지 않는다.

다음은 symtable_visit_stmt() 중 함수에 대한 symtable을 구축하는 C 코드의 일부다.

Python▶symtable.c 1171행

```c
static int
symtable_visit_stmt(struct symtable *st, stmt_ty s)
{
    if (++st->recursion_depth > st->recursion_limit) {
        PyErr_SetString(PyExc_RecursionError,
                        "maximum recursion depth exceeded during compilation");
        VISIT_QUIT(st, 0);
    }
    switch (s->kind) {
```

```
case FunctionDef_kind:
    if (!symtable_add_def(st, s->v.FunctionDef.name, DEF_LOCAL))
        VISIT_QUIT(st, 0);
    if (s->v.FunctionDef.args->defaults)
        VISIT_SEQ(st, expr, s->v.FunctionDef.args->defaults);
    if (s->v.FunctionDef.args->kw_defaults)
        VISIT_SEQ_WITH_NULL(st, expr, s->v.FunctionDef.args->kw_defaults);
    if (!symtable_visit_annotations(st, s->v.FunctionDef.args,
                                    s->v.FunctionDef.returns))
        VISIT_QUIT(st, 0);
    if (s->v.FunctionDef.decorator_list)
        VISIT_SEQ(st, expr, s->v.FunctionDef.decorator_list);
    if (!symtable_enter_block(st, s->v.FunctionDef.name,
                              FunctionBlock, (void *)s, s->lineno,
                              s->col_offset))
        VISIT_QUIT(st, 0);
    VISIT(st, arguments, s->v.FunctionDef.args);
    VISIT_SEQ(st, stmt, s->v.FunctionDef.body);
    if (!symtable_exit_block(st))
        VISIT_QUIT(st, 0);
    break;
case ClassDef_kind: {
    ...
}
case Return_kind:
    ...
case Delete_kind:
    ...
case Assign_kind:
    ...
case AnnAssign_kind:
    ...
```

생성된 심벌 테이블은 컴파일러로 넘겨진다.

7.4 핵심 컴파일 과정

PyAST_CompileObject()에 컴파일러 상태와 symtable, AST로 파싱된 모듈이 준비되면 컴파일이 시작된다.

코어 컴파일러는 두 가지 작업을 수행한다.

1. 컴파일러 상태와 심벌 테이블, AST를 제어 흐름 그래프로 변환한다.

2. 논리 오류나 코드 오류를 탐지해 실행 단계를 런타임 예외로부터 보호
   한다.

7.4.1 파이썬에서 컴파일러 사용하기

내장 함수인 compile()로 컴파일러를 직접 호출할 수 있다. compile()은 code
object를 반환한다.

```
>>> co = compile("b+1", "test.py", mode="eval")
>>> co
<code object <module> at 0x10f222780, file "test.py", line 1>
```

symtable() API처럼 단순 표현식의 경우에는 "eval" 모드를, 모듈이나 함수, 클
래스일 경우에는 "exec" 모드를 사용하자.

   컴파일된 코드는 코드 객체의 co_code 프로퍼티에 담긴다.

```
>>> co.co_code
b'e\x00d\x00\x17\x00S\x00'
```

표준 라이브러리의 바이트코드 역어셈블러 모듈 dis로 화면에 바이트코드를
출력하거나 Instruction 인스턴스 리스트를 얻을 수 있다.

---

 dis 모듈의 Instruction 타입은 C API의 instr 타입을 모사한 것이다.

---

dis를 임포트하고 코드 객체의 co_code 프로퍼티에 대해 dis()를 실행하면 역
어셈블러가 컴파일된 코드를 역어셈블한 후 REPL에 출력한다.

```
>>> import dis
>>> dis.dis(co.co_code)
          0 LOAD_NAME                0 (0)
          2 LOAD_CONST               0 (0)
          4 BINARY_ADD
          6 RETURN_VALUE
```

LOAD_NAME, LOAD_CONST, BINARY_ADD, RETURN_VALUE는 모두 바이트코드 명령이
다. 바이너리 형태에서 명령을 1바이트로 표현한다는 뜻으로 바이트코드란 이

름이 붙었지만 사실 파이썬 3.6부터 명령은 2바이트, 즉 워드로 표현되므로 지금은 바이트코드보다는 '워드코드'가 올바른 표현이다.

파이썬에서 제공하는 바이트코드 명령어 목록[3]은 버전마다 조금씩 다르다. 예를 들어 파이썬 3.7에서는 특정 메서드 호출 속도를 개선하기 위해 새로운 바이트코드 명령어가 추가되었다.

앞서 사용해 본 instaviz 패키지는 컴파일러를 실행하여 코드 객체와 코드 객체 내부의 바이트코드 명령을 시각화하는 기능도 포함하고 있다.

instaviz를 실행해서 REPL에서 정의한 함수의 코드 객체와 바이트코드를 확인해 보자.

```
>>> import instaviz
>>> def example():
        a = 1
        b = a + 1
        return b
>>> instaviz.show(example)
```

7.4.2 컴파일러 C API

AST 모듈 컴파일의 진입점인 compiler_mod()는 모듈 타입에 따라 다른 컴파일러 함수를 사용한다. mod가 Module일 경우 모듈은 컴파일러 유닛으로 컴파일되어 c_stack 프로퍼티에 저장된다. 이후 컴파일러 유닛 스택에서 PyCodeObject를 생성하기 위해 assemble()을 실행한다.

생성된 코드 객체는 인터프리터로 넘겨져 실행되거나 .pyc 파일에 캐시된다.

Python ▶ compile.c 1818행

```
static PyCodeObject *
compiler_mod(struct compiler *c, mod_ty mod)
{
    PyCodeObject *co;
    int addNone = 1;
    static PyObject *module;
    ...
    switch (mod->kind) {
```

3　https://docs.python.org/3/library/dis.html#python-bytecode-instructions

```
        case Module_kind:
            if (!compiler_body(c, mod->v.Module.body)) {
                compiler_exit_scope(c);
                return 0;
            }
            break;
        case Interactive_kind:
            ...
        case Expression_kind:
            ...
        ...
        co = assemble(c, addNone);
        compiler_exit_scope(c);
        return co;
}
```

compiler_body()는 모듈의 각 문을 순회하며 방문한다.

Python▶compile.c 1780행

```
static int
compiler_body(struct compiler *c, asdl_seq *stmts)
{
    int i = 0;
    stmt_ty st;
    PyObject *docstring;
    ...
    for (; i < asdl_seq_LEN(stmts); i++)
        VISIT(c, stmt, (stmt_ty)asdl_seq_GET(stmts, i));
    return 1;
}
```

AST 노드 타입을 확인하는 asdl_seq_GET() 호출을 통해 이 문의 타입이 결정된다.

VISIT 매크로는 각 문 타입에 해당하는 Python▶compile.c의 함수를 호출한다.

```
#define VISIT(C, TYPE, V) {\
    if (!compiler_visit_ ## TYPE((C), (V))) \
        return 0; \
}
```

모든 문을 포괄하는 stmt 타입의 경우 컴파일러는 compiler_visit_stmt()를 호출해 Parser▶Python.asdl에 정의된 하위 문 타입들로 전환한다.

Python▶compile.c 3383행

```c
static int
compiler_visit_stmt(struct compiler *c, stmt_ty s)
{
    Py_ssize_t i, n;

    /* 항상 다음 명령에 줄 번호를 할당한다. */
    SET_LOC(c, s);

    switch (s->kind) {
    case FunctionDef_kind:
        return compiler_function(c, s, 0);
    case ClassDef_kind:
        return compiler_class(c, s);
    ...
    case For_kind:
        return compiler_for(c, s);
    ...
    }

    return 1;
}
```

예시로 파이썬 for 문을 살펴보자.

```python
for i in iterable:
    # 블록
else:  # iterable이 False로 평가될 경우
    # 블록
```

for 문은 철도 다이어그램으로 다음과 같이 표현한다.

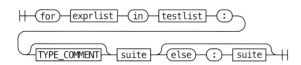

for 문일 경우 compiler_visit_stmt()는 compiler_for()를 호출한다. 모든 문과 표현식 타입에는 해당 타입에 대한 compiler_*() 함수가 존재한다. 간단한

타입들은 인라인으로 바이트코드 명령을 생성하지만 더 복잡한 문 타입들은 다른 함수를 호출하기도 한다.

7.4.3 명령

많은 문장이 다른 하위 문장을 포함한다. for 문은 본문 외에도 대입문이나 이 터레이터에 복잡한 표현식을 사용할 수 있다.

컴파일러는 일련의 명령을 담고 있는 블록을 컴파일러 상태로 내보낸다. 명령 구조체는 명령 코드와 인자, 문장이 위치한 줄 번호를 포함한다. 점프 명령일 경우 점프할 블록에 대한 포인터도 포함한다.

명령 타입

다음은 명령 타입 instr의 필드들이다.

필드명	타입	용도
i_jabs	unsigned	절대 주소 점프 명령 플래그
i_jrel	unsigned	상대 주소 점프 명령 플래그
i_lineno	int	이 명령이 생성된 줄 번호
i_opcode	unsigned char	이 명령의 명령 코드 번호(Include▸Opcode.h 참고)
i_oparg	int	명령 코드의 인자
i_target	basicblock*	i_jrel이 참일 경우 basicblock을 가리키는 포인터

점프 명령

점프 명령은 한 명령에서 다른 명령으로의 점프를 실행한다. 절대 점프 방식과 상대 점프 방식의 점프 명령을 사용할 수 있다.

절대 점프 명령은 컴파일된 코드 객체상에서 정확한 명령의 위치를 점프 대상으로 사용하고, 상대 점프 명령은 다른 명령을 기준으로 점프 대상을 지정한다.

7.4.4 기본 프레임 블록

다음은 기본 프레임 블록(basicblock 타입)의 필드들이다.

필드명	타입	용도
b_ialloc	int	명령 배열(b_instr)의 길이
b_instr	instr *	명령 배열을 가리키는 포인터
b_iused	int	사용된 명령의 개수(b_instr)
b_list	basicblock *	컴파일 유닛의 역순 정렬 블록 리스트
b_next	basicblock*	정상적인 제어 흐름에서의 다음 블록을 가리키는 포인터
b_offset	int	assemble_jump_offsets()로 계산된 블록에 대한 명령 오프셋
b_return	unsigned	RETURN_VALUE 명령 코드가 삽입되면 참으로 설정된다.
b_seen	unsigned	기본 블록들에 대한 깊이 우선 탐색에 사용된다(7.5 '어셈블리' 참고).
b_startdepth	int	stackdepth()가 계산한 블록의 스택 깊이

7.4.5 명령어와 인자

각 명령어는 각기 다른 인자를 요구한다. 예를 들어 ADDOP_JREL과 ADDOP_JABS는 각각 '상대 점프 명령 추가'와 '절대 점프 명령 추가'를 뜻한다.

또한 ADDOP_I 매크로는 정수 인자를 가지는 명령어를 추가하는 compiler_addop_i()를 호출하고, ADDOP_O 매크로는 PyObject 인자를 가지는 명령어를 추가하는 compiler_addop_o()를 호출한다.

7.5 어셈블리

컴파일 단계가 끝나면 프레임 블록 리스트가 완성된다. 각 프레임 블록은 일련의 명령 리스트와 다음 블록을 가리키는 포인터를 가진다. 어셈블러는 기본 프레임 블록들에 대해 깊이 우선 탐색(depth-first search, DFS)을 실행하고 명령들을 단일한 바이트코드 시퀀스로 병합한다.

7.5.1 어셈블러 구조체

다음은 어셈블러 상태 구조체 assembler의 필드들이다. 어셈블러 상태는 Python▶compile.c에서 정의한다.

필드명H	타입	용도
a_bytecode	PyObject * (str)	바이트코드를 담는 문자열
a_lineno	int	내보낸 명령의 마지막 lineno
a_lineno_off	int	마지막 lineno의 바이트코드 오프셋
a_lnotab	PyObject * (str)	lnotab(줄 번호 테이블)을 담는 문자열
a_lnotab_off	int	lnotab 오프셋
a_nblocks	int	도달 가능한 블록의 개수
a_offset	int	바이트코드 오프셋
a_postorder	basicblock **	DFS 후위 순회 방식으로 정렬된 블록 리스트

7.5.2 어셈블러의 깊이 우선 탐색 알고리즘

어셈블러는 기본 프레임 블록 그래프를 DFS로 탐색한다. DFS 알고리즘은 그
래프 탐색에 흔히 사용되는 알고리즘이다.

트리 구조인 CST와 AST와는 달리 컴파일러 상태는 노드가 명령을 담는 기본
프레임 블록인 그래프다.

기본 프레임 블록은 두 그래프에 연결된다. 첫 번째 그래프는 각 블록의 b_
list 프로퍼티를 기준으로 생성되며, 블록이 생성된 순서와 반대로 정렬된다.
순서대로 알파벳 A에서 O까지 이름이 붙은 일련의 기본 프레임 블록들은 다음
과 같이 표현된다.

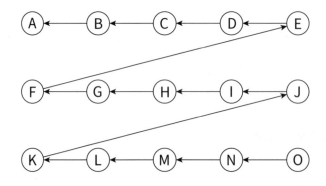

b_list에서 생성된 그래프를 통해 컴파일러 유닛의 모든 블록을 순차적으로
방문할 수 있다.

두 번째 그래프는 각 블록의 b_next 프로퍼티를 기준으로 생성된다. 이 그래프는 제어 흐름을 나타낸다. 그래프의 정점들은 compiler_use_next_block(c, next) 호출로 생성된다. next는 현재 블록(c->u->u_curblock)과 이어질 정점이 될 다음 블록이다.

for 반복문에 대한 노드 그래프는 다음과 같이 표현된다.

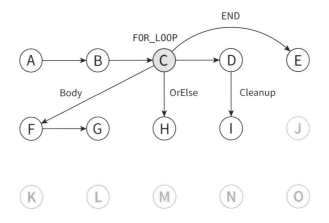

DFS 구현은 순차 그래프와 제어 흐름 그래프 중 제어 흐름 그래프만 사용한다.

7.5.3 어셈블러 C API

어셈블러 API의 진입점 assemble()은 다음 역할을 수행한다.

- 메모리 할당을 위해 블록 개수를 계산한다.
- 마지막 블록이 None을 반환하는지 확인한다.
- 모든 상대 주소 점프 명령의 오프셋을 계산한다.
- dfs() 호출로 블록에 대한 DFS를 실행한다.
- 컴파일러로 모든 명령을 전달한다.
- 컴파일러 상태를 인자로 해서 makecode()를 호출해 PyCodeObject를 생성한다.

Python▶compile.c 6018행

```
static PyCodeObject *
assemble(struct compiler *c, int addNone)
{
    ...
    if (!c->u->u_curblock->b_return) {
        NEXT_BLOCK(c);
        if (addNone)
            ADDOP_LOAD_CONST(c, Py_None);
        ADDOP(c, RETURN_VALUE);
    }
    ...
    dfs(c, entryblock, &a, nblocks);

    /* 점프 오프셋을 계산한 이후에는 바이트코드를 수정할 수 없다. */
    assemble_jump_offsets(&a, c);

    /* DFS 후위 순회 결과의 역순으로 코드를 내보낸다. */
    for (i = a.a_nblocks - 1; i >= 0; i--) {
        b = a.a_postorder[i];
        for (j = 0; j < b->b_iused; j++)
            if (!assemble_emit(&a, &b->b_instr[j]))
                goto error;
    }
    ...

    co = makecode(c, &a);
 error:
    assemble_free(&a);
    return co;
}
```

7.5.4 깊이 우선 탐색

Python▶compile.c의 dfs()는 각 블록의 b_next 포인터를 따라가며 블록의 b_seen 프로퍼티를 참으로 설정하고, 어셈블러의 a_postorder 리스트에 블록을 역순으로 추가하면서 DFS를 실행한다.

모든 블록을 탐색했으면 dfs()는 a_postorder 리스트를 다시 순회하고, 점프 명령을 찾을 때마다 dfs()를 재귀적으로 호출한다.

Python ▶ compile.c 5449행

```
static void
dfs(struct compiler *c, basicblock *b, struct assembler *a, int end)
{
    int i, j;

    /*  정상적인 제어 흐름을 위해 재귀를 제거한다.
        블록의 수는 한정되어 있기 때문에 a_postorder의
        사용되지 않은 공간(a_nblocks부터 끝까지)은
        정렬되지 않은 블록의 스택으로 사용할 수 있다. */
    for (j = end; b && !b->b_seen; b = b->b_next) {
        b->b_seen = 1;
        assert(a->a_nblocks < j);
        a->a_postorder[--j] = b;
    }
    while (j < end) {
        b = a->a_postorder[j++];
        for (i = 0; i < b->b_iused; i++) {
            struct instr *instr = &b->b_instr[i];
            if (instr->i_jrel || instr->i_jabs)
                dfs(c, instr->i_target, a, j);
        }
        assert(a->a_nblocks < j);
        a->a_postorder[a->a_nblocks++] = b;
    }
}
```

어셈블러가 DFS를 통해 그래프를 제어 흐름 그래프로 변환해야 코드 객체를
생성할 수 있다.

7.6 코드 객체 생성

makecode()는 컴파일러 상태와 어셈블러의 프로퍼티들을 확인하고 PyCode_
New()를 호출해 PyCodeObject에 컴파일러 상태와 어셈블러 프로퍼티를 추가
한다.

변수 이름과 상수들은 코드 객체의 프로퍼티로 추가된다.

Python ▶ compile.c 5901행

```
static PyCodeObject *
makecode(struct compiler *c, struct assembler *a)
```

```
{
...
    consts = consts_dict_keys_inorder(c->u->u_consts);
    names = dict_keys_inorder(c->u->u_names, 0);
    varnames = dict_keys_inorder(c->u->u_varnames, 0);
...
    cellvars = dict_keys_inorder(c->u->u_cellvars, 0);
...
    freevars = dict_keys_inorder(c->u->u_freevars,
                            PyTuple_GET_SIZE(cellvars));
...
    flags = compute_code_flags(c);
    if (flags < 0)
        goto error;

    bytecode = PyCode_Optimize(a->a_bytecode, consts,
                            names, a->a_lnotab);
...
    co = PyCode_NewWithPosOnlyArgs(
        posonlyargcount+posorkeywordargcount,
        posonlyargcount, kwonlyargcount, nlocals_int,
        maxdepth, flags, bytecode, consts, names,
        varnames, freevars, cellvars, c->c_filename,
        c->u->u_name, c->u->u_firstlineno, a->a_lnotab);
...
    return co;
}
```

PyCode_NewWithPosOnlyArgs()로 전송되기 전에 PyCode_Optimize()로 전송되는 바이트코드를 확인할 수 있다. 이 함수는 Python▶peephole.c가 제공하는 바이트코드 최적화 과정의 일부다.

핍홀(peephole)[4] 옵티마이저는 바이트코드 명령을 확인하고 특정 시나리오에 해당될 경우 해당 명령을 다른 명령으로 교체한다. 예를 들어 return 문 뒤의 도달할 수 없는 명령을 제거한다.

7.7 인스타비즈로 코드 객체 시각화하기

instaviz 모듈로 컴파일러의 모든 단계를 실행해 볼 수 있다.

---

4 (옮긴이) 작은 구멍이라는 뜻으로 여기서는 소규모의 명령 집합을 뜻한다. 핍홀 최적화는 이 소규모의 명령 집합을 동등하거나 더 나은 성능을 제공하는 하나의 명령어나 더 짧은 명령어로 변환하는 방식으로 이루어진다.

```
import instaviz

def foo():
    a = 2**4
    b = 1 + 5
    c = [1, 4, 6]
    for i in c:
        print(i)
    else:
        print(a)
    return c

instaviz.show(foo)
```

이 코드는 복잡하고 큰 AST를 생성한다. 이 코드에 대한 바이트코드 명령들을 순차적으로 확인할 수 있다.

Disassembled Code

OpCode	Operation Name	Numeric Arg	Resolved Arg Value	Argument description
100	LOAD_CONST	1	16	16
125	STORE_FAST	0	a	a
100	LOAD_CONST	2	6	6
125	STORE_FAST	1	b	b
100	LOAD_CONST	3	1	1
100	LOAD_CONST	4	4	4
100	LOAD_CONST	2	6	6
103	BUILD_LIST	3	3	

다음은 코드 객체와 변수 이름, 상수, 바이너리 형식의 co_code다.

Code Object Properties

Field	Value
co_argcount	0
co_cellvars	()
co_code	64017d0064027d0164036404640267037d02781c7c0244005d0c7d
co_consts	(None, 16, 6, 1, 4)
co_filename	test.py
co_firstlineno	4
co_freevars	()
co_kwonlyargcount	0
co_lnotab	b'\x00\x01\x04\x01\x04\x01\n\x01\n\x01\x0c\x02\x08\x01'

CPython 컴파일러와 코드 객체에 대해 더욱 자세히 알아보기 위해 더 복잡한 코드를 사용해 보자.

7.8 예제: '거의 같음' 연산자 구현하기

이번 장에서는 컴파일러와 바이트코드 명령, 어셈블러를 다뤘다. 이제 이전 장에서 문법에 추가한 '거의 같음' 연산자를 지원하도록 CPython을 수정해 보자.

먼저 PyObject의 비교 함수에서 참조할 수 있도록 Py_AlE 연산자에 대한 #define 정의를 추가해야 한다.

Include▸object.h를 열고 다음 #define 문들을 찾아보자.

```
/* 비교 연산 명령 코드 */
#define Py_LT 0
#define Py_LE 1
#define Py_EQ 2
#define Py_NE 3
#define Py_GT 4
#define Py_GE 5
```

값이 6인 PyAlE 정의를 추가하자.

```
/* 새로 추가한 '거의 같음'연산자 */
#define Py_AlE 6
```

바로 아래에 있는 Py_RETURN_RICHCOMPARE 매크로에 Py_AlE에 대한 case 문을 추가하자.

```
/*
 * 비교 연산을 구현하기 위한 매크로
 *
 * 어떠한 C 호환 타입이라도 사용할 수 있도록 매크로를 사용한다.
 */
#define Py_RETURN_RICHCOMPARE(val1, val2, op)
\
    do {
\
        switch (op) {
\
```

```
        case Py_EQ: if ((val1) == (val2)) Py_RETURN_TRUE; Py_RETURN_FALSE; \
        case Py_NE: if ((val1) != (val2)) Py_RETURN_TRUE; Py_RETURN_FALSE; \
        case Py_LT: if ((val1) < (val2)) Py_RETURN_TRUE; Py_RETURN_FALSE; \
        case Py_GT: if ((val1) > (val2)) Py_RETURN_TRUE; Py_RETURN_FALSE; \
        case Py_LE: if ((val1) <= (val2)) Py_RETURN_TRUE; Py_RETURN_FALSE; \
        case Py_GE: if ((val1) >= (val2)) Py_RETURN_TRUE; Py_RETURN_FALSE; \
/* + */ case Py_AlE: if ((val1) == (val2)) Py_RETURN_TRUE; Py_RETURN_FALSE; \
        default:                                                           \
            Py_UNREACHABLE();                                              \
        }                                                                  \
    } while (0)
```

Objcrt▸object.c에는 연산자가 0에서 5 사이의 값인지 확인하는 부분이 있다. 다음 assert가 Py_AlE의 값 6도 허용하도록 수정해야 한다.

Objects▸object.c 708행

```
PyObject *
PyObject_RichCompare(PyObject *v, PyObject *w, int op)
{
    PyThreadState *tstate = _PyThreadState_GET();

    assert(Py_LT <= op && op <= Py_GE);
```

마지막 줄을 다음과 같이 수정하자.

```
assert(Py_LT <= op && op <= Py_AlE);
```

다음으로 Py_AlE를 연산자 타입의 값으로 사용할 수 있도록 COMPARE_OP 명령 코드를 수정한다.

먼저 Objects▸object.c의 _Py_SwappedOp 리스트에 Py_AlE를 추가하자. 예를 들어 여러분이 만든 클래스가 매직 메서드로 == 비교 연산자를 재정의했지만, 그 반대인 != 연산자를 위한 매직 메서드를 정의하지 않았을 때 이 리스트를 사용해 역을 구한다.

예를 들어 Coordinate 클래스를 정의하고 __eq__ 매직 메서드를 구현하면 동등 연산자를 직접 정의할 수 있다.

```
class Coordinate:
    def __init__(self, x, y):
```

```
        self.x = x
        self.y = y

    def __eq__(self, other):
        if isinstance(other, Coordinate):
            return (self.x == other.x and self.y == other.y)
        return super(self, other).__eq__(other)
```

Coordinate에 __ne__(!=)를 구현하지 않았지만 CPython은 __eq__의 반대 결과를 대신 사용할 수 있다고 가정한다.

```
>>> Coordinate(1, 100) != Coordinate(2, 400)
True
```

Objects▶objects.c에서 _Py_SwappedOp 리스트를 찾아 Py_AlE를 끝에 추가하고 opstrings 리스트의 끝에도 '~='를 추가한다.

```
int _Py_SwappedOp[] = {Py_GT, Py_GE, Py_EQ, Py_NE, Py_LT, Py_LE, Py_AlE};

static const char * const opstrings[]
 = {"<", "<=", "==", "!=", ">", ">=", "~="};
```

Lib▶opcode.py의 비교 연산자 리스트도 수정한다.

```
cmp_op = ('<', '<=', '==', '!=', '>', '>=')
```

끝에 '~='를 추가한다.

```
cmp_op = ('<', '<=', '==', '!=', '>', '>=', '~=')
```

opstrings 리스트는 비교 연산자가 클래스에 구현되지 않았을 때 에러 메시지를 표시하는 데 사용된다.

이제 연산자가 PyCmp_AlE인 BinOp 노드를 처리할 수 있도록 컴파일러를 수정하자. Python▶compile.c에서 compiler_addcompare()를 찾는다.

Python▶compile.c 2478행

```
static int compiler_addcompare(struct compiler *c, cmpop_ty op)
{
    int cmp;
```

```
    switch (op) {
    case Eq:
        cmp = Py_EQ;
        break;
    case NotEq:
        cmp = Py_NE;
        break;
    case Lt:
        cmp = Py_LT;
        break;
    case LtE:
        cmp = Py_LE;
        break;
    case Gt:
        cmp = Py_GT;
        break;
    case GtE:
        cmp = Py_GE;
        break;
```

switch 문에 comp_op AST 열거형의 AlE와 PyCmp_AlE 명령 코드 비교 열거형을 짝짓는 case를 추가하자.

```
...
    case AlE:
        cmp = Py_AlE;
        break;
```

이제 '거의 같음' 연산자의 동작이 다음 시나리오와 일치하도록 프로그래밍하자.

- 1 ~= 2는 False다.
- 부동 소수점 반올림을 통해 1 ~= 1.01은 True다.

적은 양의 코드만 추가해도 주어진 시나리오를 만족하는 동작을 구현할 수 있다. 일단은 부동 소수점을 정수로 타입 변환해 비교해 보자.

CPython API는 PyLong(int)와 PyFloat(float)을 다루는 다양한 함수를 제공한다. API에 대한 자세한 내용은 11장 '객체와 타입'에서 다룬다.

Objects▸floatobject.c에서 float_richcompare()를 찾아 goto용 레이블 정의 Compare:에 다음 case를 추가하자.

Objects▸floatobject.c 357행

```
static PyObject*
float_richcompare(PyObject *v, PyObject *w, int op)
{
...
    case Py_GT:
        r = i > j;
        break;
    /* 새 코드 시작 */
    case Py_AlE: {
        double diff = fabs(i - j);
        double rel_tol = 1e-9; // 상대 허용 오차
        double abs_tol = 0.1;  // 절대 허용 오차
        r = (((diff <= fabs(rel_tol * j))  ||
              (diff <= fabs(rel_tol * i))) ||
              (diff <= abs_tol));
        }
        break;
    }
    /* 새 코드 끝 */
    return PyBool_FromLong(r);
```

이 코드는 '거의 같음' 연산자의 부동 소수점 수 비교를 처리한다. PEP 485에서 정의하는 math.isclose()와 비슷하게 구현하지만 절대 허용 오차는 0.1로 하드 코딩했다.

Python▸ceval.c에 있는 평가 루프의 보호 장치도 수정해야 한다. 평가 루프에 대해서는 바로 다음 장에서 다룬다.

다음 토막 코드를 찾아보자.

```
...
        case TARGET(COMPARE_OP): {
            assert(oparg <= Py_GE);
```

assert를 다음과 같이 바꾼다.

```
assert(oparg <= Py_AlE);
```

CPython을 다시 컴파일하고 REPL을 열어 구현한 연산자를 테스트해 보자.

```
$ ./python
>>> 1.0 ~= 1.01
True
>>> 1.02 ~= 1.01
True
>>> 1.02 ~= 2.01
False
>>> 1 ~= 1.01
True
>>> 1 ~= 1
True
>>> 1 ~= 2
False
>>> 1 ~= 1.9
False
>>> 1 ~= 2.0
False
>>> 1.1 ~= 1.101
True
```

이후에는 '거의 같음' 연산자 구현을 다른 타입으로 확장해 볼 것이다.

7.9 요약

이번 장에서는 파싱된 파이썬 모듈을 심벌 테이블과 컴파일러 상태로 변환하고 마지막으로 일련의 바이트코드 명령으로 변환하는 과정에 대해 알아보았다.

바이트코드 명령으로 변환된 모듈을 실행하는 것이 바로 CPython 인터프리터의 코어 평가 루프가 하는 역할이다. 다음 장에서 코드 객체를 실행하는 방법에 대해 알아보자.

8장

평가 루프

지금까지 파이썬 코드를 파싱해 AST를 생성하고 트리를 코드 객체로 컴파일하는 방법에 대해 알아보았다. 컴파일된 코드 객체는 바이트코드로 표현된 이산 (discrete) 연산 리스트를 포함한다.

코드 객체는 입력이 없으면 실행할 수 없다. 파이썬에서 입력은 전역·지역 변수의 형태를 취한다.

이번 장에서는 값 스택이라는 개념을 소개한다. 컴파일된 코드 객체의 바이트코드 연산들은 값 스택에서 변수를 생성하고 변경, 사용한다.

CPython에서 코드는 평가 루프라는 중심 루프에서 실행된다. CPython 인터프리터는 마셜링된 .pyc 파일이나 컴파일러가 전달한 코드 객체를 평가하고 실행한다.

평가 루프는 스택 프레임 기반 시스템을 사용해 바이트코드 명령을 실행한다.[1]

---

1 *https://realpython.com/cpython-stack-frame*

> ✅ 스택 프레임은 파이썬뿐 아니라 다양한 런타임에서도 사용되는 데이터 형식이다. 함수를 호출하고 함수 간에 변수를 반환하는 데 스택 프레임을 사용한다. 스택 프레임은 인자와 지역 변수, 상태 정보를 포함한다.
>
> 모든 함수 호출은 스택 프레임을 가지며 호출 순서에 따라 쌓인다. 처리되지 않은 예외가 발생하면 CPython 스택 프레임을 볼 수 있다.
>
> ```
> Traceback (most recent call last):
>   File "example_stack.py", line 8, in <module>  <--- 프레임
>     function1()
>   File "example_stack.py", line 5, in function1 <--- 프레임
>     function2()
>   File "example_stack.py", line 2, in function2 <--- 프레임
>     raise RuntimeError
> RuntimeError
> ```

다음은 평가 루프와 관련된 소스 파일들이다.

파일	용도
Python▶ceval.c	평가 루프 구현 핵심
Python▶ceval-gil.h	GIL 정의와 제어 알고리즘

다음은 이번 장에서 사용할 주요 용어들이다.

- 평가 루프는 **코드 객체**를 입력받아 일련의 **프레임 객체**를 변환한다.
- 인터프리터는 최소 한 개의 **스레드**를 가진다.
- 각 스레드는 **스레드 상태**를 가진다.
- 프레임 객체는 **프레임 스택**에서 실행된다.
- **값 스택**에서 변수를 참조할 수 있다.

8.1 스레드 상태 생성하기

프레임을 실행하려면 스레드에 연결해야 한다. CPython은 한 인터프리터 내에서 동시에 여러 스레드를 실행할 수 있다. 인터프리터 상태는 인터프리터 내의 스레드들을 연결 리스트로 관리한다.

CPython은 최소 한 개 이상의 스레드를 실행하며 각 스레드는 스레드 상태를 가진다.

 스레딩에 대해서는 10장 '병렬성과 동시성'에서 더 자세하게 다룬다.

8.1.1 스레드 상태

PyThreadState 스레드 상태 타입은 서른 개가 넘는 프로퍼티를 가지고 있다.

- 고유 식별자
- 다른 스레드 상태와 연결된 연결 리스트
- 스레드를 스폰(spawn)한 인터프리터의 상태
- 현재 실행 중인 프레임
- 현재 재귀 깊이
- 선택적 추적 함수들
- 현재 처리 중인 예외
- 현재 처리 중인 비동기 예외
- 여러 예외가 발생할 때의 예외 스택(예: except 블록 내)
- GIL(global interpreter lock) 카운터
- 비동기 제너레이터 카운터

8.1.2 연관된 소스 파일 목록

다음은 스레드 상태에 관련된 소스 파일들이다. 스레드 상태에 대한 소스 코드는 여러 파일에 분산되어 있다.

파일	용도
Python▸thread.c	스레드 API 구현
Include▸threadstate.h	스레드 상태 API와 타입 정의
Include▸pystate.h	인터프리터 상태 API와 타입 정의
Include▸pythread.h	스레딩 API
Include▸cpython▸pystate.h	스레드와 인터프리터 상태 API

8.2 프레임 객체 생성하기

컴파일된 코드 객체는 프레임 객체에 삽입된다. 파이썬 타입인 프레임 객체는 C와 파이썬 코드 양쪽에서 참조할 수 있다.

프레임 객체는 코드 객체의 명령을 실행하는 데 필요한 런타임 데이터를 포함한다. 런타임 데이터에는 전역·지역 변수, 내장 모듈 등이 포함된다.

8.2.1 프레임 객체

프레임 객체 타입 PyFrameObject가 가진 프로퍼티는 다음과 같다.

Field	Type	Purpose
f_back	PyFrameObject *	스택의 이전 프레임에 대한 포인터. 첫 번째 프레임일 경우 NULL이다.
f_blockstack	PyTryBlock[]	for와 try, loop 블록의 열
f_builtins	PyObject * (dict)	builtin 모듈 심벌 테이블
f_code	PyCodeObject *	실행할 코드 객체
f_executing	char	프레임이 실행 중인지 표시하는 플래그
f_gen	PyObject *	제너레이터에 대한 빌린 참조 또는 NULL
f_globals	PyObject * (dict)	전역 심벌 테이블(PyDictObject)
f_iblock	int	f_blockstack 내에서 현재 프레임의 인덱스
f_lasti	int	호출되었을 경우 마지막 명령
f_lineno	int	현재 줄 번호
f_locals	PyObject *	지역 심벌 테이블(어떤 매핑이라도 사용 가능하다)
f_localsplus	PyObject *[]	locals + stack
f_stacktop	PyObject **	f_valuestack의 빈 슬롯
f_trace	PyObject *	사용자 지정 추적 함수를 가리키는 포인터 (8.3.1 '프레임 실행 추적' 참고)
f_trace_lines	char	사용자 지정 추적 함수를 통한 줄 번호 수준 추적 활성화 토글
f_trace_opcodes	char	사용자 지정 추적 함수를 통한 명령 코드 수준 추적 활성화 토글
f_valuestack	PyObject **	값 스택의 맨 아래 슬롯에 대한 포인터

8.2.2 연관된 소스 파일 목록

다음은 프레임 객체와 관련된 소스 파일들이다.

파일	용도
Objects▶frameobject.c	프레임 객체 구현과 파이썬 API
Include▶frameobject.h	프레임 객체 API와 타입 정의

8.2.3 프레임 객체 초기화 API

프레임 객체를 초기화하는 API인 PyEval_EvalCode()는 코드 객체를 평가하기 위한 진입점이다. PyEval_EvalCode()는 내부 함수 _PyEval_EvalCode()를 감싸는 래퍼 함수다.

 _PyEval_EvalCode()는 인터프리터 루프와 프레임 객체 동작의 상당 부분을 정의하는 복잡한 함수다. CPython 인터프리터 설계의 원리에 대해 알고 싶다면 이 함수를 이해하는 것이 중요하다.

이번 절에서는 _PyEval_EvalCode()의 로직을 순차적으로 살펴볼 것이다.

_PyEval_EvalCode()는 다양한 인자를 정의한다.

- tstate: 코드를 평가할 스레드의 상태를 가리키는 PyThreadState *
- _co: 프레임 객체에 삽입할 코드를 담는 PyCodeObject*
- globals: 변수 이름을 키로 사용하는 PyObject* (dict)
- locals: 변수 이름을 키로 사용하는 PyObject* (dict)

 파이썬에서 지역·전역 변수들은 딕셔너리에 저장된다. 내장 함수 locals()와 globals()로 변수를 저장하는 딕셔너리에 접근할 수 있다.

```
>>> a = 1
>>> print(locals()["a"])
1
```

이 외의 인자들은 선택적이며 기본 API에서는 사용되지 않는다.

- argcount: 위치 인자의 개수
- args: 정렬된 위치 인잣값 PyObject* (tuple)
- closure: 코드 객체의 co_freevars 필드에 병합할 문자열을 담는 튜플
- defcount: 위치 인자용 기본값 개수
- defs: 위치 인자의 기본값 리스트
- kwargs: 키워드 인잣값 리스트
- kwcount: 키워드 인자 개수
- kwdefs: 키워드 인자의 기본값 딕셔너리
- kwnames: 키워드 인자 이름 리스트
- name: 문자열로 표시한 평가문의 이름
- qualname: 문자열로 표시한 평가문의 정규화된 이름

_PyFrame_New_NoTrack() 호출은 새 프레임을 생성한다. 이 API는 PyFrame_New() C API로 공개되어 있다. _PyFrame_New_NoTrack()은 다음 단계를 따라 새 PyFrameObject를 생성한다.

1. 프레임의 f_back 프로퍼티를 스레드 상태의 마지막 프레임으로 설정한다.
2. f_builtins 프로퍼티를 설정하고 PyModule_GetDict()로 builtins 모듈에서 내장 함수들을 불러온다.
3. f_code 프로퍼티에 평가 중인 코드 객체를 설정한다.
4. f_valuestack 프로퍼티에 빈 값 스택을 설정한다.
5. f_stackpop에 f_valuestack을 가리키는 포인터를 설정한다.
6. 전역 이름 공간 프로퍼티인 f_globals에 인자로 받은 globals를 설정한다.
7. 지역 이름 공간 프로퍼티인 f_locals에 새 딕셔너리를 설정한다.
8. 트레이스백에 줄 번호를 표시하기 위해 f_lineno를 코드 객체의 co_firstlineno로 설정한다.
9. 나머지 프로퍼티는 기본값으로 설정한다.

새 PyFrameObject 객체는 프레임 객체 인자들을 다음과 같이 구성한다.

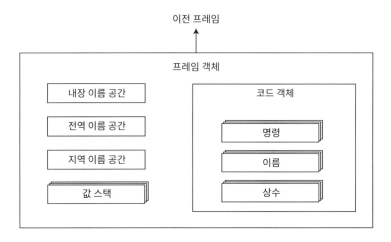

키워드 매개 변수들을 딕셔너리로 변환하기

함수 정의는 어떤 매개 변수에도 해당하지 않는 키워드 인자들을 받아들이는 **kwargs 가변 키워드 인자를 포함하기도 한다.

```
def example(arg, arg2=None, **kwargs):
    print(kwargs["x"], kwargs["y"]) # 딕셔너리 키로 변환된다.
example(1, x=2, y=3) # 2 3
```

앞의 시나리오에서는 새 딕셔너리가 생성된 후 매개 변수에 연결되지 않은 인자들이 딕셔너리에 복사된다. 그 후 프레임의 지역 스코프에 변수 kwargs가 설정된다.

위치 인자들을 변수로 변환하기

각 위치 인자는 지역 변수들로 설정된다. 파이썬에서 함수 인자들은 함수 본문의 지역 변수다. 위치 인자를 기본값과 함께 정의한 경우 함수 스코프 안에서 사용할 수 있다.

```
def example(arg1, arg2):
    print(arg1, arg2)
example(1, 2) # 1 2
```

변수에 대한 레퍼런스 카운터가 증가하므로 가비지 컬렉터는 함수가 완료되어 반환되는 경우처럼 프레임 평가가 끝날 때까지 해당 변수를 제거하지 않는다.

위치 인자들을 *args로 패킹하기

**kwargs처럼 앞에 *를 붙인 함수 인자는 어떤 매개 변수에도 해당하지 않는 위치 인자들을 튜플로 받아들여 지역 변수로 설정한다.

```
def example(arg, *args):
    print(arg, args[0], args[1])

example(1,2,3) #1 2 3
```

키워드 인자 불러오기

함수 호출이 키워드 인자를 포함할 때 호출자가 전달한 키워드 인자들 중 어떤 키워드나 위치 인자에도 해당되지 않는 인자들이 딕셔너리에 채워진다.

예를 들어 인자 e는 어떤 키워드나 위치 인자에도 해당하지 않기 때문에 **remaining에 추가된다.

```
>>> def my_function(a, b, c=None, d=None, **remaining):
        print(a, b, c, d, remaining)

>>> my_function(a=1, b=2, c=3, d=4, e=5)
(1, 2, 3, 4, {"e": 5})
```

 위치 전용 인자는 파이썬 3.8의 새로운 기능이다. PEP 570으로 추가된 위치 전용 인자는 API 사용자가 위치 인자를 키워드 인자로 호출하는 것을 막을 수 있는 방법이다.

예를 들어 다음에 나오는 간단한 함수는 화씨를 섭씨로 변환한다. 위치 전용 인자를 구분하는 데 특별한 인자로 슬래시(/)를 쓰는 것에 주목하자.

```
def to_celsius(fahrenheit, /, options=None):
    return (fahrenheit-32)*5/9
```

/ 왼쪽의 모든 인자는 위치 인자로만 호출할 수 있다. 오른쪽의 인자들은 그대로 위치와 키워드 인자 둘 다로 사용할 수 있다.

```
>>> to_celsius(110)
```

함수를 호출할 때 위치 전용 인자를 키워드 인자로 호출하면 TypeError가 발생한다.

```
>>> to_celsius(fahrenheit=110)
Traceback (most recent call last):
  File "<stdin>", line 1, in <module>
TypeError: to_celsius() got some positional-only arguments
  passed as keyword arguments: 'fahrenheit'
```

키워드 인자 딕셔너리는 다른 모든 인자가 언패킹된 후에 만들어진다. PEP 570의 위치 전용 인자는 키워드 인자 루프를 통해 co_posonlyargcount에 표시된다. / 심벌이 세 번째 인자라면 co_posonlyargcount의 값은 2가 된다.

locals 딕셔너리에 각 인자를 추가하기 위해 PyDict_SetItem()이 호출된다. 호출될 때 각 키워드 인자는 스코프 안의 지역 변수가 된다.

기본값이 있는 키워드 인자들도 스코프 안에서 사용할 수 있다.

```
def example(arg1, arg2, example_kwarg=None):
    print(example_kwarg) # example_kwarg는 이미 지역 변수다.
```

누락된 위치 인자 추가하기

함수 호출로 전달된 위치 인자가 위치 인자 리스트의 어떤 인자에도 해당하지 않을 경우 해당 위치 인자는 *args 튜플에 추가된다. 이 튜플이 없으면 예외가 발생한다.

누락된 키워드 인자 추가하기

함수 호출에 전달된 키워드 인자가 키워드 인자 목록의 어떤 인자에도 해당하지 않을 경우 해당 키워드 인자는 **kwargs 딕셔너리에 추가된다. 이 딕셔너리가 없으면 예외가 발생한다.

클로저 해체하기

클로저(closure)의 이름들을 코드 객체의 자유 변수 목록에 추가한다.

제너레이터와 코루틴, 비동기 제너레이터 생성하기

평가된 코드 객체에 제너레이터나 코루틴, 비동기 제너레이터임을 의미하는

플래그가 설정되어 있으면, 제너레이터나 코루틴 또는 비동기 라이브러리의
특별한 메서드를 사용해 새 프레임을 생성하고, 현재 프레임을 생성된 프레임
의 프로퍼티로 추가한다.

 제너레이터와 코루틴, 비동기 프레임 구현과 API에 대해서는 10장 '병렬성과 동시성'에
서 다룬다.

새로 생성된 프레임이 반환되고 원래 프레임은 평가되지 않는다. 원래 프레임
은 제너레이터나 코루틴, 비동기 메서드가 호출되어 대상을 실행할 때만 평가
된다.

마지막으로 새 프레임을 인자로 _PyEval_EvalFrame()을 호출한다.

8.3 프레임 실행

6장 '렉싱과 파싱', 7장 '컴파일러'에서 살펴봤듯이 코드 객체는 실행할 바이트
코드를 이진 인코딩한 결과와 심벌 테이블, 변수 목록을 포함한다.

변수가 지역인지 전역인지는 함수나 모듈 또는 블록이 호출된 방법에 따라
런타임에 결정된다. 이 정보는 _PyEval_EvalCode()에 의해 프레임에 추가된다.

코루틴 데코레이터처럼 프레임을 다른 방법으로 사용할 수도 있다. 코루틴
데코레이터는 적용 대상 함수를 변수로 사용해 프레임을 동적으로 생성한다.

공개 API PyEval_EvalFrameEx()는 인터프리터의 eval_frame 프로퍼티에 구
성된 프레임 평가 함수를 호출한다. 사용자 정의 프레임 평가는 파이썬 3.7에
PEP 523으로 추가되었다.

_PyEval_EvalFrameDefault()는 기본 프레임 평가 함수이며 CPython과 함께
제공되는 유일한 옵션이다.

이 핵심 함수가 모든 것을 통합하고 코드를 살아 숨 쉬게 한다. 단 한 줄의 코
드라도 CPython 전체의 성능에 상당한 영향을 미칠 수 있기 때문에 이 함수는
수십 년에 걸친 최적화를 포함하고 있다.

CPython에서 실행되는 모든 것은 프레임 평가 함수를 통해 실행된다.

Python▸ceval.c 파일을 읽다 보면 C 매크로가 상당히 많이 사용되는 걸 볼 수 있다. C 매크로는 함수 호출 오버헤드 없이 재사용 가능한 코드를 만드는 방법 중 하나다. 컴파일러는 매크로에서 C 코드를 생성한 후 생성된 코드를 컴파일한다.

비주얼 스튜디오 코드에 공식 C/C++ 확장을 설치하면 인라인 매크로 펼치기 기능을 사용할 수 있다.

```
1122        dtrace_function_entry(f);
1123
1124    co = f->f_code;
1125    names = co->co_names;
1126    consts = co->co_consts;
1127    fastlocals = f->f_localsplus;
1128    freevars = f->f_localsplus + co->co_nlocals;
1129    assert(   #define _Py_IS_ALIGNED(p,a) (!((uintptr_t)(p) & (uintptr_t)((a) - 1)))
1130    assert(
1131    assert(   Check if pointer "p" is aligned to "a"-bytes boundary.
1132    assert(_Py_IS_ALIGNED(PyBytes_AS_STRING(co->co_code), sizeof(_Py_CODEUNIT)));
1133    first_instr = (_Py_CODEUNIT *) PyBytes_AS_STRING(co->co_code);
1134    /*
1135        f->f_lasti refers to the index of the last instruction,
1136        unless it's -1 in which case next_instr should be first_instr.
1137
1138        YIELD_FROM sets f_lasti to itself, in order to repeatedly yield
1139        multiple values.
1140
1141    When the PREDICT() macros are enabled, some opcode pairs follow in
```

CLion에서는 매크로를 선택한 채로 'Alt+스페이스'를 눌러 매크로 정의로 이동할 수 있다.

8.3.1 프레임 실행 추적

파이썬 3.7 이상부터는 현재 스레드에서 추적 어트리뷰트를 활성화하여 단계적으로 프레임을 실행할 수 있다. PyFrameObject 타입은 PyObject * 타입의 f_trace 프로퍼티를 가지는데 이 프로퍼티의 값은 파이썬 함수를 가리키는 포인터다.

다음 코드 예제는 전역 추적 함수로 my_trace()를 설정하여 현재 프레임에서 스택을 가져오고, 역어셈블된 명령 코드를 출력하며, 디버깅을 위한 정보를 추가한다.

cpython-book-samples▸31▸my_trace.py

```python
import sys
import dis
import traceback
import io


def my_trace(frame, event, args):
```

```
    frame.f_trace_opcodes = True
    stack = traceback.extract_stack(frame)
    pad = "    "*len(stack) + "|"
    if event == 'opcode':
        with io.StringIO() as out:
            dis.disco(frame.f_code, frame.f_lasti, file=out)
            lines = out.getvalue().split('\\n')
            [print(f"{pad}{l}") for l in lines]
    elif event == 'call':
        print(f"{pad}Calling {frame.f_code}")
    elif event == 'return':
        print(f"{pad}Returning {args}")
    elif event == 'line':
        print(f"{pad}Changing line to {frame.f_lineno}")
    else:
        print(f"{pad}{frame} ({event} - {args})")
    print(f"{pad}--------------------------------")
    return my_trace
sys.settrace(my_trace)

# 데모용 코드 실행
eval('"-".join([letter for letter in "hello"])')
```

sys.settrace()는 인자로 전달받은 함수를 현재 스레드 상태의 기본 추적 함수
로 설정한다. 이 호출 이후 생성된 모든 새 프레임의 **f_trace**가 전달된 함수로
설정된다.

이 토막 코드는 각 스택에서 코드를 출력하고 실행 전에 다음 명령을 가리킨
다. 프레임이 값을 반환하면 반환문을 출력한다.

```
→ cpython git:(master) x ./python.exe my_trace.py
    |Calling <code object <module> at 0x104cdc110, file "<string>", line 1>
    |--------------------------------
    |Changing line to 1
    |--------------------------------
    | 1 --->      0 LOAD_CONST              0 ('-')
                  2 LOAD_METHOD             0 (join)
                  4 LOAD_CONST              1 (<code object <listcomp> at 0x104cdcee0, file "<string>", line 1>)
                  6 LOAD_CONST              2 ('<listcomp>')
                  8 MAKE_FUNCTION           0
                 10 LOAD_CONST              3 ('hello')
                 12 GET_ITER
                 14 CALL_FUNCTION           1
                 16 CALL_METHOD             1
                 18 RETURN_VALUE

    |--------------------------------
    | 1           0 LOAD_CONST              0 ('-')
    --->          2 LOAD_METHOD             0 (join)
                  4 LOAD_CONST              1 (<code object <listcomp> at 0x104cdcee0, file "<string>", line 1>)
                  6 LOAD_CONST              2 ('<listcomp>')
                  8 MAKE_FUNCTION           0
                 10 LOAD_CONST              3 ('hello')
                 12 GET_ITER
                 14 CALL_FUNCTION           1
                 16 CALL_METHOD             1
                 18 RETURN_VALUE
```

전체 바이트코드 명령 목록은 dis 모듈 문서에서 찾을 수 있다.[2]

8.4 값 스택

값 스택은 코어 평가 루프 안에서 생성된다. 이 스택은 PyObject 인스턴스를 가리키는 포인터가 들어 있는 리스트다. 값 스택의 포인터는 변수나 함수 참조(파이썬에서는 함수 또한 객체다) 등 어떠한 파이썬 객체라도 가리킬 수 있다.

평가 루프에서 바이트코드 명령은 값 스택으로부터 입력을 취한다.

8.4.1 바이트코드 명령 예제: BINARY_OR

지금까지 살펴보았던 이항 연산들은 단일 명령으로 컴파일된다. 예를 들어 or 문을 사용한 파이썬 코드를 살펴보자.

```
if left or right:
    pass
```

컴파일러는 이 or 문을 BINARY_OR 명령으로 컴파일한다.

```
static int
binop(struct compiler *c, operator_ty op)
{
    switch (op) {
    case Add:
        return BINARY_ADD;
    ...
    case BitOr:
        return BINARY_OR;
```

평가 루프는 BINARY_OR일 경우에 값 스택에서 left와 right 두 개의 값을 꺼낸 후 꺼낸 객체들을 인자로 PyNumber_Or를 호출한다. 그 후 연산 결과인 res를 스택의 맨 위에 추가한다.

```
    ...
    case TARGET(BINARY_OR): {
        PyObject *right = POP();
```

---

2 *https://docs.python.org/3/library/dis.html#python-bytecode-instructions*

```
    PyObject *left = TOP();
    PyObject *res = PyNumber_Or(left, right);
    Py_DECREF(left);
    Py_DECREF(right);
    SET_TOP(res);
    if (res == NULL)
        goto error;
    DISPATCH();
}
```

8.4.2 값 스택 시뮬레이션

평가 루프를 이해하려면 값 스택을 이해해야 한다.

값 스택은 원판을 꽂을 수 있는 일종의 나무 막대로 이해할 수 있다. 이 나무 막대에는 한 번에 한 원판만 넣거나 뺄 수 있고, 넣고 빼는 것은 맨 위에서만 가능하다.

CPython에서 값 스택에 객체를 추가하려면 PUSH(a) 매크로를 사용해야 한다. 이때 a는 PyObject 타입을 가리키는 포인터다.

예를 들어 값이 10인 PyLong 객체를 값 스택에 추가해 보자.

```
PyObject *a = PyLong_FromLong(10);
PUSH(a);
```

이 연산은 다음과 같은 결과를 만들어 낸다.

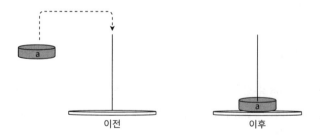

이전   이후

스택에 추가한 값을 꺼내려면 POP() 매크로를 사용하여 스택의 맨 위에 있는 값을 꺼내면 된다.

```
PyObject *a = POP(); // a는 값이 10인 PyLongObject
```

이 연산은 스택의 맨 위에 있는 값을 반환해서 스택을 비운다.

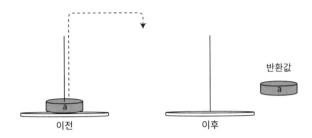

이번엔 두 개의 값을 스택에 추가해 보자.

```
PyObject *a = PyLong_FromLong(10);
PyObject *b = PyLong_FromLong(20);
PUSH(a);
PUSH(b);
```

값은 추가한 순서대로 스택에 추가되기 때문에 a는 스택의 위에서 두 번째에
위치하게 된다.

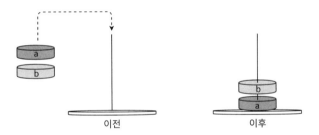

마지막으로 추가된 값이 맨 위에 위치하기 때문에 스택의 맨 위에 있는 값을
꺼내면 b를 가리키는 포인터를 얻는다.

```
PyObject *val = POP(); // b를 가리키는 포인터를 반환한다.
```

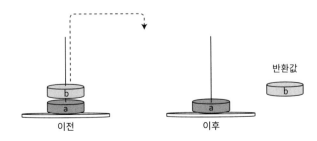

값을 꺼내지 않고 스택의 맨 위에 있는 값을 얻으려면 PEEK(v)를 사용하자. v는 스택에서 확인할 위치다.

```
PyObject *first = PEEK(0);
```

0은 스택의 맨 위를 뜻한다. 1은 두 번째를 뜻한다.

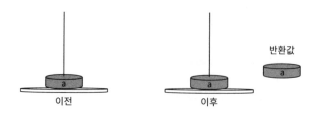

DUP_POP() 매크로를 사용하면 스택의 맨 위에 있는 값이 복제된다.

```
DUP_TOP();
```

이 연산은 최상위 값을 복사해 같은 객체를 가리키는 두 개의 포인터를 만든다.

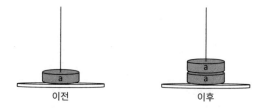

ROT_TWO 교환 매크로는 첫 번째 값과 두 번째 값의 위치를 바꾼다.

```
ROT_TWO();
```

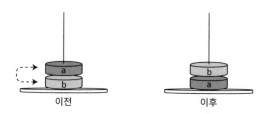

8.4.3 스택 효과

각 명령 코드에는 스택 효과가 미리 정의되어 있다. 이 스택 효과들은 Python▶ compile.c의 stack_effect()에 의해 계산된다. 이 함수는 각 명령 코드에 대해 스택 크기의 변화량을 반환한다.

스택 효과의 값은 음수, 양수, 0 모두 가능하다. 연산이 수행된 후 실제 스택의 변화량이 스택 효과와 일치하지 않으면 예외가 발생한다.

8.5 예제: 리스트에 요소를 추가하기

파이썬에서 리스트를 만들려면 리스트 객체의 append() 메서드를 사용할 수 있다.

```
my_list = []
my_list.append(obj)
```

앞의 예시에서 obj는 리스트 끝에 추가하려는 객체다.

리스트 추가 연산은 다음 두 연산을 포함한다.

1. LOAD_FAST: obj를 프레임의 locals에서 값 스택의 맨 위로 올린다.
2. LIST_APPEND: 객체를 리스트에 추가한다.

LOAD_FAST는 5단계로 이루어진다.

1. GETLOCAL()로 스택에 추가할 obj를 가리키는 포인터를 불러온다. 변수를 가리키는 포인터 리스트는 PyFrame 어트리뷰트인 f_localplus의 복사본인 fastlocals에 저장되고 GETLOCAL()의 인자는 fastlocals 배열 포인터의 인덱스를 가리키는 숫자다. 즉, 파이썬은 변수 이름을 조회할 필요 없이 포인터 복사를 통해 지역 변수를 불러온다.
2. 변수가 존재하지 않는다면 언바운드 지역 변수 에러가 발생한다.
3. value(이 경우엔 obj)의 레퍼런스 카운터를 하나 증가시킨다.
4. obj를 가리키는 포인터를 값 스택의 맨 위에 추가한다.

5. FAST_DISPATCH 매크로를 호출한다. 계산된(computed) goto[3]를 사용할 수
   있고 별도로 추적이 설정되지 않았으면 다음 명령 코드를 가져온 후 바로
   다음 명령으로 점프한다. 계산된 goto를 사용할 수 없거나 추적이 설정된
   경우 fast_next_opcode로 점프해 루프의 맨 위로 이동한다.

다음은 LOAD_FAST를 처리하는 코드다.

```
...
   case TARGET(LOAD_FAST): {
       PyObject *value = GETLOCAL(oparg);              // 1.
       if (value == NULL) {
           format_exc_check_arg(
               PyExc_UnboundLocalError,
               UNBOUNDLOCAL_ERROR_MSG,
               PyTuple_GetItem(co->co_varnames, oparg));
           goto error;                                 // 2.
       }
       Py_INCREF(value);                               // 3.
       PUSH(value);                                    // 4.
       FAST_DISPATCH();                                // 5.
   }
...
```

obj에 대한 포인터를 값 스택의 맨 위에 추가하면 다음 명령인 LIST_APPEND가
실행된다.

대부분의 바이트코드 연산은 PyUnicode나 PyNumber 같은 기본 타입을 참조
한다. 예를 들어 LIST_APPEND는 객체를 리스트의 끝에 더하기 위해 값 스택에
서 포인터를 하나 꺼내고, 꺼낸 포인터를 스택에 남겨진 마지막 객체에 반환
한다.

pop() 매크로를 펼치면 다음과 같다.

```
PyObject *v = (*--stack_pointer);
```

이제 obj에 대한 포인터를 v에 저장했다. 리스트를 가리키는 포인터는 PEEK
(oparg)로 불러온다.

---

3 (옮긴이) CPU의 분기 예측 성공률을 높이기 위한 최적화 테크닉이다. 자세한 내용은 *https://gcc.gnu.
org/onlinedocs/gcc/Labels-as-Values.html*을 참고하자.

다음으로는 list와 v를 인자로 사용해 파이썬 리스트 C API를 호출한다. 리스트 C API는 Objects▶listobject.c에 구현되어 있다. 리스트 C API에 대해서는 11장 '객체와 타입'에서 자세히 소개한다.

다음으로 PREDICT가 호출된다. PREDICT는 다음 명령이 JUMP_ABSOLUTE일 것이라고 예측한다. 이 매크로는 바로 다음에 실행될 것으로 예측되는 연산의 case 문으로 점프하도록 컴파일러가 생성한 goto 문을 포함한다.

즉, CPU가 루프를 돌지 않고 예측한 명령으로 바로 점프할 수 있다.

```
...
    case TARGET(LIST_APPEND): {
        PyObject *v = POP();
        PyObject *list = PEEK(oparg);
        int err;
        err = PyList_Append(list, v);
        Py_DECREF(v);
        if (err != 0)
            goto error;
        PREDICT(JUMP_ABSOLUTE);
        DISPATCH();
    }
...
```

✓ 자주 함께 등장하는 명령 코드들에 대해서는 첫 번째 명령을 실행할 때 두 번째 명령을 예측할 수 있다. 예를 들어 COMPARE_OP 실행 후에는 POP_JUMP_IF_FALSE 또는 POP_JUMP_IF_TRUE가 실행되는 경우가 많다.
명령 코드에 대한 통계를 수집하려면 두 가지 선택지가 있다.

1. 예측을 활성화하고 일부 명령 코드가 조합된 것처럼 결과를 해석한다.
2. 예측을 비활성화하고 각 명령 코드에 대한 실행 빈도 카운터가 독립적으로 갱신되도록 한다.

계산된 goto를 사용할 수 있으면 CPU가 각 명령 코드에 대해 별도의 분기 예측 정보를 기록할 수 있기 때문에 CPython 단에서의 명령 코드 예측은 비활성화된다.

CALL_FUNCTION이나 CALL_METHOD 같은 일부 명령은 컴파일된 다른 함수에 대한 참조를 인자로 받는다. 이 경우 새 프레임이 스레드의 프레임 스택에 추가되고 호출된 함수가 완료될 때까지 해당 함수에 대한 평가 루프가 실행된다.

프레임이 새로 생성되고 스택에 추가될 때 새 프레임의 **f_back**은 새 프레임이 생성되기 이전 프레임, 즉 현재 프레임으로 설정된다. 이렇게 중첩된 프레임들은 스택트레이스에서 명확히 확인할 수 있다.

cpython-book-samples▶31▶example_stack.py

```python
def function2():
    raise RuntimeError

def function1():
    function2()

if __name__ == '__main__':
    function1()
```

다음은 앞의 코드를 명령줄에서 실행했을 경우 나오는 결과다.

```
$ ./python example_stack.py
Traceback (most recent call last):
  File "example_stack.py", line 8, in <module>
    function1()
  File "example_stack.py", line 5, in function1
    function2()
  File "example_stack.py", line 2, in function2
    raise RuntimeError
RuntimeError
```

Lib▶traceback.py의 walk_stack()을 사용해 트레이스백을 얻을 수 있다.

```python
def walk_stack(f):
    """ 스택을 탐색하며 프레임과 프레임에 해당하는 줄 번호를 산출(yield)한다.

    주어진 프레임의 f.f_back을 따라 탐색한다. 프레임이 주어지지 않았을 경우
    현재 스택을 탐색한다.
    주로 StackSummary.extract와 함께 사용된다.
    """
    if f is None:
        f = sys._getframe().f_back.f_back
    while f is not None:
        yield f, f.f_lineno
        f = f.f_back
```

트레이스백에 walk_stack()이나 print_stack()이 표시되는 것을 막기 위해 부모의 부모 프레임(sys._getframe().f_back.f_back)이 시작 프레임으로 설정된다. f_back 포인터는 콜스택의 맨 위쪽까지 이어진다.

sys._getframe()은 현재 스레드의 frame 어트리뷰트를 가져오는 파이썬 API다.

다음은 각각 코드 객체를 가지는 3개의 프레임으로 이루어진 프레임 스택과 그중 현재 프레임을 가리키는 스레드 상태를 표현한 것이다.

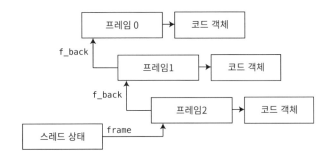

8.6 요약

이번 장에서는 CPython의 두뇌인 평가 루프에 대해 알아보았다. 코어 평가 루프는 컴파일된 파이썬 코드 그리고 기반이 되는 C 확장 모듈과 라이브러리, 시스템 호출 간의 인터페이스다.

이번 장의 주제 중 일부는 이후에 더 자세히 다룰 예정이기 때문에 간추려서 설명했다. 예를 들어 CPython 인터프리터는 코어 평가 루프 이외에도 병렬적이든 동시적이든 여러 루프를 동시에 실행할 수 있다.

CPython은 여러 프레임을 다수의 평가 루프에서 실행할 수 있다. 멀티코어 또는 멀티 CPU에서 실행되는 CPython에서 프레임 스택 시스템이 어떻게 사용되는지는 10장 '병렬성과 동시성'에서 소개한다. 또한 CPython의 프레임 객체 API를 사용하면 비동기 프로그래밍의 형태로 프레임을 일시 중지했다가 재개할 수도 있다.

값 스택을 사용하여 변수를 불러오려면 메모리 할당과 관리가 필요하다. CPython이 제대로 실행되려면 견고한 메모리 관리 프로세스가 필수다. 다음 장에서는 메모리 관리 프로세스에 대해 알아보고 이 관리 프로세스가 평가 루프에서 사용하는 PyObject 포인터와 어떤 관련이 있는지 소개한다.

9장

C P y t h o n I n t e r n a l s

메모리 관리

CPU와 메모리는 컴퓨터에서 가장 중요한 부분이다. CPU와 메모리 모두 혼자 서는 동작할 수 없다. CPU와 메모리를 효율적으로 사용하는 것은 매우 중요 하다.

프로그래밍 언어를 설계할 때 언어 설계자는 사용자가 메모리를 관리할 방 법을 정해야 한다. 언어 설계자는 단순한 인터페이스를 원하는지, 이기종 호환 성 대응을 원하는지, 안정성보다는 성능에 중점을 둘 것인지에 따라 다양한 메 모리 관리 방법 중 어떤 방식을 사용할지 선택한다.

파이썬 설계자들은 여러분을 위해 많은 부분을 정해 두었지만 여러분이 스 스로 결정을 내릴 수 있는 몇 가지 부분도 남겨 두었다.

이번 장에서는 CPython의 기반이 되는 C에서 어떻게 메모리를 관리하는지 알아볼 것이다. 다음은 파이썬 메모리 관리에서 중요한 두 가지 관점이다.

1. 참조 카운팅
2. 가비지 컬렉션

이번 장을 다 읽으면 CPython이 운영 체제에서 메모리를 할당하는 방법, 객체 메모리를 할당하고 해제하는 방법, CPython이 메모리 누수를 관리하는 방법에 대해 이해하게 될 것이다.

9.1 C 메모리 할당

C에서 변수를 사용하기 위해서는 운영 체제로부터 메모리를 할당받아야 한다. C는 세 가지 메모리 관리 방식을 제공한다.

1. 정적 메모리 할당: 필요한 메모리는 컴파일 시간에 계산되고 실행 파일이 실행될 때 할당된다.
2. 자동 메모리 할당: 스코프에 필요한 메모리는 프레임에 진입할 때 콜스택 내에 할당되고 프레임이 끝나면 해제된다.
3. 동적 메모리 할당: 메모리 할당 API를 호출해 런타임에 메모리를 동적으로 요청하고 할당한다.

9.1.1 정적 메모리 할당

C에서는 타입 크기가 고정되어 있다. 컴파일러는 모든 정적·전역 변수에 필요한 메모리를 계산한 후 필요한 메모리의 양을 애플리케이션에 컴파일해 넣는다.

```
static int number = 0;
```

sizeof()로 C 타입의 크기를 확인할 수 있다. GCC를 실행하는 64비트 macOS 시스템에서는 int 타입의 크기가 4바이트다. C의 기본 타입은 아키텍처와 컴파일러에 따라 크기가 다를 수 있다.

배열 크기는 정적으로 정해진다. 다음은 정수 10개를 담는 배열이다.

```
static int numbers[10] = {0,1,2,3,4,5,6,7,8,9};
```

C 컴파일러는 이 구문을 sizeof(int) * 10바이트만큼의 메모리 할당으로 변환한다.

C 컴파일러는 시스템 콜을 이용해 메모리를 할당한다. 메모리 할당 시스템 콜은 시스템 메모리 페이지에서 메모리를 할당받기 위해 커널에 요청하는 저수준 함수로, 운영 체제에 따라 다르다.

9.1.2 자동 메모리 할당

정적 메모리 할당 방식처럼 자동 메모리 할당 방식도 컴파일 시간에 필요한 메모리를 계산한다.

다음 예제는 화씨 100도를 섭씨로 변환한다.

cpython-book-samples ▶ 32 ▶ automatic.c

```c
#include <stdio.h>

static const double five_ninths = 5.0/9.0;

double celsius(double fahrenheit){
    double c = (fahrenheit - 32) * five_ninths;
    return c;
}

int main() {
    double f = 100;
    printf("%f F is %f C\n", f, celsius(f));
    return 0;
}
```

이 예제에는 정적 메모리 할당과 자동 메모리 할당이 모두 사용된다.

- const 값인 five_ninths는 static 키워드가 붙어 있기 때문에 정적으로 할당된다.
- celsius()의 변수 c는 celsius()가 호출될 때 자동으로 할당되고, 완료되면 해제된다.
- main()의 변수 f는 main()이 호출될 때 자동으로 할당되고, 완료되면 해제된다.
- celsius(f)의 반환값은 자동으로 할당된다.
- main()에 자동으로 할당된 메모리는 main()이 완료되면 해제된다.

9.1.3 동적 메모리 할당

많은 경우 정적 메모리 할당과 자동 메모리 할당만으로는 필요한 메모리를 다 할당할 수 없다. 예를 들어 사용자 입력에 따라 필요한 메모리가 결정되는 프로그램은 컴파일 시간에 필요한 메모리를 계산할 수 없다.

　이런 경우엔 메모리를 동적 할당하게 된다. C 메모리 할당 API를 호출하면 메모리를 동적으로 할당할 수 있다. 운영 체제는 프로세스가 메모리를 동적으로 할당할 수 있도록 시스템 메모리의 일부를 예약해 두는데 이 공간을 힙(heap)이라고 한다.

　다음 예제에서 화씨 값 배열과 섭씨 값 배열은 동적으로 메모리에 할당된다. 프로그램은 사용자가 원하는 개수만큼의 화씨 값을 섭씨 값으로 변환한다.

cpython-book-samples▸32▸dynamic.c

```c
#include <stdio.h>
#include <stdlib.h>

static const double five_ninths = 5.0/9.0;

double celsius(double fahrenheit){
    double c = (fahrenheit - 32) * five_ninths;
    return c;
}

int main(int argc, char** argv) {
    if (argc != 2)
        return -1;
    int number = atoi(argv[1]);
    double* c_values = (double*)calloc(number, sizeof(double));
    double* f_values = (double*)calloc(number, sizeof(double));
    for (int i = 0 ; i < number ; i++ ){
        f_values[i] = (i + 10) * 10.0 ;
        c_values[i] = celsius((double)f_values[i]);
    }
    for (int i = 0 ; i < number ; i++ ){
        printf("%f F is %f C\n", f_values[i], c_values[i]);
    }
    free(c_values);
    free(f_values);

    return 0;
}
```

프로그램의 인자로 4를 넘기면 다음과 같은 결과가 출력된다.

```
100.000000 F is 37.777778 C
110.000000 F is 43.333334 C
120.000000 F is 48.888888 C
130.000000 F is 54.444444 C
```

이 예제는 동적 메모리 할당을 사용해서 힙에 메모리 블록을 할당하고 더 이상 필요하지 않게 되면 메모리를 반환한다. 동적으로 할당한 메모리를 제대로 반환하지 않으면 메모리 누수가 발생한다.

9.2 파이썬 메모리 관리 시스템의 설계

C 기반인 CPython은 C 메모리 할당 방식들의 제약 조건을 따라야 하는데 파이썬의 언어 설계 중 일부는 이러한 제약 조건을 지키며 구현하기 쉽지 않다.

1. 파이썬은 동적 타입 언어다. 변수의 크기를 컴파일 시간에 계산할 수 없다.
2. 코어 타입의 크기는 대부분 동적이다. 리스트 타입은 크기를 정할 수 없고 딕셔너리는 제한 없이 키를 가질 수 있으며 심지어 정수 또한 동적이다. 사용자는 이러한 타입의 크기를 결정할 필요가 없어야 한다.
3. 값의 타입이 달라도 같은 이름을 재사용할 수 있다.

```
>>> a_value = 1
>>> a_value = "Now I'm a string"
>>> a_value = ["Now" , "I'm", "a", "list"]
```

C 메모리 할당 방식의 제약을 극복하기 위해 CPython은 동적 메모리 할당에 크게 의존하면서 가비지 컬렉션과 참조 카운팅 알고리즘을 사용해 메모리를 자동으로 해제하는 안전장치를 추가했다.

파이썬 객체 메모리는 개발자가 직접 할당하는 대신 하나의 통합 API를 통해 자동으로 할당된다. 이러한 메모리 관리 설계로 인해 CPython 표준 라이브러리와 C로 작성된 코어 모듈 전체는 이 통합 API를 사용해야 한다.

9.2.1 할당자 도메인

CPython은 세 가지 동적 메모리 할당자 도메인을 제공한다.

1. 저수준 도메인: 시스템 힙이나 대용량 메모리 또는 비객체 메모리를 할당하는 데 사용한다.

2. 객체 도메인: 파이썬 객체와 관련된 메모리를 할당하는 데 사용한다.

3. PyMem 도메인: PYMEM_DOMAIN_OBJ와 동일하며 레거시 API 용도로 제공된다.

각 도메인은 다음과 같은 동일한 인터페이스를 구현한다.

- _Alloc(size_t size): size 바이트만큼 메모리를 할당하고 포인터를 반환한다.
- _Calloc(size_t nelem, size_t elsize): nelem개의 elsize 크기 요소들을 할당하고 포인터를 반환한다.
- _Realloc(void *ptr, size_t new_size): new_size 크기로 메모리를 재할당한다.
- _Free(void *ptr): ptr 위치의 메모리를 해제하고 힙으로 반환한다.

PyMemAllocatorDomain 열거형은 PYMEM_DOMAIN_RAW와 PYMEM_DOMAIN_OBJ, PYMEM_DOMAIN_MEM으로 CPython의 세 가지 할당자 도메인을 표현한다.

9.2.2 메모리 할당자
CPython은 두 가지 메모리 할당자를 사용한다.

1. malloc: 저수준 메모리 도메인을 위한 운영 체제 할당자
2. pymalloc: PyMem 도메인과 객체 메모리 도메인을 위한 CPython 할당자

 CPython 할당자 pymalloc은 기본으로 CPython에 같이 컴파일된다. pyconfig.h에 WITH_PYMALLOC = 0을 설정하고 파이썬을 다시 컴파일하면 pymalloc을 제거할 수 있다. pymalloc을 제거하면 PyMem과 객체 메모리 도메인 API도 시스템 할당자를 사용한다.

CPython을 디버깅 옵션을 사용해 컴파일할 경우(macOS나 리눅스는 --with-pydebug를, 윈도우는 Debug 타깃을 사용한다) 각 메모리 할당자에 디버그용 구

현체가 사용된다. 예를 들어 메모리 할당 요청 시 _PyMem_Alloc() 대신 _PyMem_DebugAlloc()이 사용된다.

9.3 CPython 메모리 할당자

CPython 메모리 할당자는 시스템 메모리 할당자 위에 구축된 할당자로, 독자적인 할당 알고리즘을 구현한다. 이 알고리즘은 시스템 할당자와 비슷하지만 CPython에 특화되어 있다.

- 대부분의 메모리 할당 요청은 고정된 크기의 작은 메모리를 요구한다. PyObject는 16바이트, PyASCIIObject는 42바이트, PyCompactUnicodeObject 는 72바이트, PyLongObject는 32바이트 크기다.
- pymalloc 할당자로는 메모리 블록을 최대 256KB까지 할당할 수 있고 그보다 큰 할당 요청은 시스템 할당자로 처리한다.
- pymalloc 할당자는 GIL로 시스템의 스레드 안전성 체크 기능을 대신한다.

파이썬 메모리 할당 알고리즘을 가상의 축구 구단인 CPython FC의 홈구장으로 비유해 보자. 관중을 통제하기 위해 CPython FC는 경기장을 각각 A 구역에서 E 구역까지로 나누고 각 구역은 1열부터 40열까지로 나눴다.

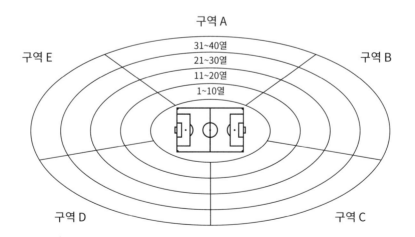

1열에서 10열까지는 각 열당 80석인 더 넓은 프리미엄 좌석이고, 뒤의 31열부터 40열은 각 열당 150석인 이코노미 좌석이다.

파이썬 메모리 할당 알고리즘도 비슷한 특성을 가진다.

- pymalloc 알고리즘의 블록은 경기장의 좌석과 같다.
- 프리미엄, 레귤러, 이코노미 좌석이 정해져 있는 것처럼 메모리 블록도 정해진 크기로 고정되어 있다.
- 같은 크기의 좌석들로 각 열이 이뤄지는 것처럼 같은 크기의 블록들로 각 풀(pool)이 이뤄진다.

경기장 좌석을 관리하는 것처럼 중앙 레지스터가 블록 위치와 사용 가능한 블록 개수를 관리한다. 경기장의 한 열이 꽉 차면 다음 열이 사용되듯이 한 풀이 꽉 차면 다음 풀이 사용된다. 또한 경기장에서 여러 열을 구역으로 묶는 것처럼 풀들은 아레나로 묶인다.

이 방식은 여러 가지 장점을 가지고 있다.

1. 이 알고리즘은 CPython에서 주로 만들어지는 작고 수명이 짧은 객체에 적합하다.
2. 시스템 스레드 잠금 검사 기능 대신에 GIL을 사용한다.
3. 힙 할당 대신 메모리 맵(mmap())을 사용한다.

9.3.1 연관된 소스 파일 목록

다음은 메모리 할당자와 관련된 소스 파일들이다.

파일	용도
Include▸pymem.h	PyMem 할당자 API
Include▸cpython▸pymem.h	PyMem 할당자 구성 API
Include▸internal▸pycore_mem.h	가비지 컬렉터 구조체와 내부 API
Objects▸obmalloc.c	도메인 할당자 구현과 pymalloc 구현

9.3.2 중요한 용어들

다음은 이번 장에서 사용되는 중요한 용어들이다.

- 메모리 할당은 **블록** 크기에 맞추어 이루어진다.
- 동일한 메모리 **풀**에는 같은 크기의 블록들이 저장된다.
- **아레나**로 풀들을 묶는다.

9.3.3 블록, 풀, 아레나

아레나는 가장 큰 단위의 메모리 그룹이다. CPython은 아레나를 할당할 때 256KB 단위로 할당하고 시스템 페이지 크기에 맞춰 정렬한다. 시스템 페이지 경계는 고정 길이의 연속 메모리 청크다.

현대의 고속 메모리에서도 단편화된 메모리보다는 연속적인 메모리를 불러오는 게 더 빠르다. 메모리는 연속적으로 유지하는 게 좋다.

아레나

아레나는 시스템 힙에 할당되며 익명 메모리 매핑을 지원하는 시스템에서는 mmap()[1]으로 할당한다. 메모리 매핑은 아레나의 힙 단편화를 줄이는 데 도움이 된다.

다음은 4개의 아레나가 배치된 시스템 힙을 표현한 그림이다.

시스템 힙			
아레나 256KB	아레나 256KB	아레나 256KB	아레나 256KB

다음은 아레나 구조체 arenaobject다.

---

1 *http://man7.org/linux/man-pages/man2/mmap.2.html*

필드명	타입	용도
address	uintptr_t	아레나의 메모리 주소
pool_address	block *	다음 할당에 사용할 풀에 대한 포인터
nfreepools	uint	사용 가능한 풀 개수(빈 풀과 할당되지 않은 풀)
ntotalpools	uint	전체 풀 개수
freepools	pool_header*	사용 가능한 풀에 대한 단방향 연결 리스트
nextarena	arena_object*	다음 아레나
prevarena	arena_object*	이전 아레나

 아레나들은 nextarena와 prevarena 포인터를 사용해서 아레나 구조체 안에서 서로를 이중 연결 리스트로 연결한다.

할당되지 않은 아레나의 nextarena 멤버는 전역 변수인 단방향 연결 리스트 unused_arena_objects를 구성한다.

한 블록이라도 사용된 아레나의 nextarena와 prevarena는 이중 연결 리스트 usable_arenas를 구성한다. 이 리스트는 nfreepools의 순서를 증가시키면서 관리된다.

풀

아레나에서 풀에 담을 수 있는 블록의 최대 크기는 512바이트다. 32비트 시스템에서는 블록 크기가 8바이트 단위로 증가하기 때문에 64가지 블록 크기를 사용할 수 있다.

할당 요청된 크기	할당된 블록 크기	크기 인덱스
1–8	8	0
9–16	16	1
17–24	24	2
25–32	32	3
…	…	…
497–504	504	62
505–512	512	63

64비트 시스템에서는 블록 크기가 16바이트 단위로 증가하므로 32가지 블록 크기를 사용할 수 있다.

할당 요청된 크기	할당된 블록 크기	크기 인덱스
1–16	16	0
17–32	32	1
33–48	48	2
49–64	64	3
…	…	…
480–496	496	30
496–512	512	31

풀의 크기는 4096바이트(4KB)로 고정되어 있고 아레나당 풀 개수도 64개로 고정되어 있다.

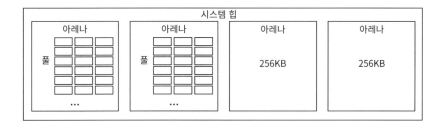

풀은 요청이 들어오면 할당된다. 요청된 크기 인덱스에 맞는 사용 가능한 풀이 없을 경우 새 풀을 생성한다. 아레나는 얼마나 많은 풀이 만들어졌는지 기록하는 최고 수위선을 가지고 있다.

풀은 세 가지 상태를 가질 수 있다.

1. 포화: 풀의 모든 블록이 할당되었다.
2. 사용 중: 풀이 할당된 상태이고 일부 블록이 사용되었지만 여전히 빈 블록이 있다.
3. 미사용: 풀은 할당된 상태지만 어떤 블록도 사용되지 않았다.

아레나에서 최고 수위선은 마지막으로 할당된 풀에 표시된다.

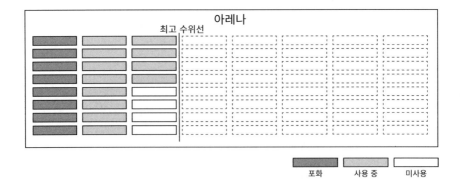

| 포화 | 사용 중 | 미사용 |

풀의 poolp 구조체는 정적 할당된 pool_header 구조체다. 다음은 pool_header 구조체의 필드들이다.

필드	타입	용도
ref	uint	사용 중인 블록 개수
freeblock	block *	자유 블록 리스트의 헤드를 가리키는 포인터
nextpool	pool_header*	같은 크기의 다음 풀을 가리키는 포인터
prevpool	pool_header*	같은 크기의 이전 풀을 가리키는 포인터
arenaindex	uint	사용 가능한 풀들을 연결한 단일 연결 리스트
szidx	uint	풀의 크기 인덱스
nextoffset	uint	미사용 블록까지의 바이트 오프셋
maxnextoffset	uint	풀이 포화될 때까지 nextoffset이 될 수 있는 최댓값

풀은 같은 단위의 이전 풀과 다음 풀에 연결되어 이중 연결 리스트를 구성한다. 할당 작업 시 이 리스트를 사용해 같은 단위의 풀들을 쉽게 탐색할 수 있다.

풀 테이블

아레나의 풀들은 풀 테이블에 등록된다. 풀 테이블은 헤드가 있는 원형 이중 연결 리스트이며 사용 중인 풀들로 이루어진다.

풀 테이블은 크기 인덱스 i로 분할되어 있다. 인덱스가 i일 때 usedpools[i + i]는 크기 단위가 i인 사용 중인 풀 리스트의 헤더를 가리킨다.

풀 테이블은 다음과 같은 특징을 지닌다.

- 풀이 포화 상태가 되면 usedpools[] 리스트에서 제거된다.
- 포화된 풀에서 블록이 할당 해제되면 다시 사용 중인 상태로 돌아간다. 사용 중인 상태로 돌아간 풀은 적절한 usedpools[] 리스트의 맨 앞에 배치되어 다음 할당 요청에 사용된다.
- 풀의 모든 블록이 할당 해제되어 미사용 상태로 돌아가면 풀은 usedpools[] 리스트에서 제거되고 아레나의 freepools 단일 연결 리스트 맨 앞에 추가된다.

블록

풀의 메모리는 블록 단위로 할당된다. 블록은 다음과 같은 특징을 지닌다.

- 풀에서 블록은 고정 크기로 할당, 해제된다.
- 사용되지 않은 블록은 풀 내부의 freeblock 단일 연결 리스트에 연결된다.
- 할당 해제된 블록은 freeblock 리스트의 맨 앞에 추가된다.
- 풀이 초기화될 때 첫 두 블록은 freeblock 리스트에 연결된다.
- 풀이 '사용 중' 상태인 동안에는 할당 가능한 블록이 존재한다.

다음은 할당된 블록과 해제된 블록, 사용되지 않은 블록들을 포함한 사용 중인 풀을 묘사한 그림이다.

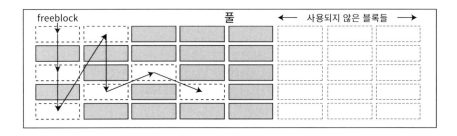

9.3.4 블록 할당 API

pymalloc을 사용하는 메모리 도메인은 메모리 블록을 요청받으면 pymalloc_

alloc()을 호출한다. 이 함수에 중단점을 추가하면 아레나, 풀, 블록 구조를 직접 확인해 볼 수 있다.

Objects▶obmalloc.c 1589행

```
static inline void*
pymalloc_alloc(void *ctx, size_t nbytes) {
...
```

nbyte = 30 크기의 요청은 0과 SMALL_REQUEST_THRESHOLD 값인 512보다 작은 크기의 요청이다.

```
if (UNLIKELY(nbytes == 0)) {
    return NULL;
}
if (UNLIKELY(nbytes > SMALL_REQUEST_THRESHOLD)) {
    return NULL;
}
```

64비트 시스템에서 크기 인덱스를 계산하면 결과는 1이다. 인덱스 1은 17바이트에서 32바이트 범위인 두 번째 크기 단위를 뜻한다.

usedpools[1 + 1](usedpools[2]) 풀이 할당 대상으로 결정된다.

```
uint size = (uint)(nbytes - 1) >> ALIGNMENT_SHIFT;
poolp pool = usedpools[size + size];
block *bp;
```

다음으로 크기에 맞고 사용 가능한('used') 풀이 있는지 확인한다. freeblock 리스트가 풀 끝에 있으면(할당 해제된 블록이 없으면) 사용되지 않은 블록을 사용하게 된다.

freeblock 리스트를 확장하려면 pymalloc_pool_extend()를 호출한다.

```
if (LIKELY(pool != pool->nextpool)) {
    /*
     * 사용 가능한 풀이 있다.
     * freeblock 리스트의 첫 블록을 사용한다.
     */
    ++pool->ref.count;
    bp = pool->freeblock;
```

```
    assert(bp != NULL);

    if (UNLIKELY((pool->freeblock = *(block **)bp) == NULL)) {
        // freeblock 리스트가 소진되었으면 freeblock 리스트를 확장한다.
        pymalloc_pool_extend(pool, size);
    }
}
```

더 이상 사용 가능한 풀이 없으면 새 풀을 생성하고 새 풀의 첫 블록을 반환한다. allocate_from_new_pool()은 새 풀을 usedpools 리스트에 자동으로 추가한다.

```
    else {
        /* 현재 사용 가능한 풀이 없음:
         * 새 풀을 사용한다.
         */
        bp = allocate_from_new_pool(size);
    }

    return (void *)bp;
}
```

마지막으로 새 블록의 주소를 반환한다.

9.3.5 파이썬 디버그 API 사용하기

sys 모듈은 각 크기 단위의 풀이 가지고 있는 블록 개수를 출력하는 내부용 함수인 _debugmallocstats()를 포함한다. 이 함수는 할당된 아레나의 개수와 사용된 블록의 총개수도 출력한다.

이 함수로 현재 메모리 사용량을 확인할 수 있다.

```
$ ./python -c "import sys; sys._debugmallocstats()"

Small block threshold = 512, in 32 size classes.

class   size   num pools   blocks in use   avail blocks
-----   ----   ---------   -------------   ------------
    0     16           1             181             72
    1     32           6             675             81
    2     48          18            1441             71
  ...
```

```
2 free 18-sized PyTupleObjects * 168 bytes each =                  336
3 free 19-sized PyTupleObjects * 176 bytes each =                  528
```

크기 인덱스 테이블과 할당 상태를 비롯한 다양한 통계 정보가 출력된다.

9.4 객체와 PyMem 메모리 할당자 도메인

파이썬의 세 가지 할당자 도메인 중 가장 먼저 알아볼 도메인은 CPython 객체 메모리 할당자다. 객체 메모리 할당자는 딕셔너리 키나 값, 리스트 항목 같은 새 객체 헤더와 값 등 파이썬 객체와 관련된 메모리를 할당한다. 컴파일러, AST, 파서, 평가 루프에서도 객체 메모리 할당자를 사용한다. PyLongObject(int) 타입 생성자인 PyLong_New()는 객체 메모리 할당자의 좋은 사용 예시다.

- 새 int가 생성되면 객체 할당자를 사용해서 메모리를 할당한다.
- PyLongObject 구조체의 크기와 숫자들을 저장하는 데 필요한 메모리의 크기를 더한 만큼을 할당 요청한다.

파이썬의 long은 C의 long과는 다르다. 파이썬의 long은 숫자 리스트다. 파이썬은 숫자 12378562834를 [1,2,3,7,8,5,6,2,8,3,4]와 같이 숫자 리스트로 표현한다. 이런 메모리 구조로 파이썬은 32비트나 64비트 정수 크기 제약을 받지 않고 큰 숫자들을 표현한다.

PyLong 생성자를 들여다보면서 객체 메모리 할당에 대해 알아보자.

```
PyLongObject *
_PyLong_New(Py_ssize_t size)
{
    PyLongObject *result;
    /* 필요한 바이트 수: offsetof(PyLongObject, ob_digit) + sizeof(digit)*size
       이전 구현에서는 offsetof 대신 sizeof(PyVarObject)를 사용했지만
       PyVarObject 헤더와 숫자 사이에 패딩이 있는 경우 오류 발생 위험이
       있었다. */
    if (size > (Py_ssize_t)MAX_LONG_DIGITS) {
        PyErr_SetString(PyExc_OverflowError,
                        "too many digits in integer");
        return NULL;
    }
```

```
    result = PyObject_MALLOC(offsetof(PyLongObject, ob_digit) +
                             size*sizeof(digit));
    if (!result) {
        PyErr_NoMemory();
        return NULL;
    }
    return (PyLongObject*)PyObject_INIT_VAR(result, &PyLong_Type, size);
}
```

_PyLong_New(2) 호출은 다음과 같이 size_t를 계산한다.

값	바이트
sizeof(숫자)	4
크기	2
헤더 오프셋	26
총합	32

size_t 값인 32만큼 PyObject_MALLOC()으로 메모리 할당을 요청한다.

내 환경에서 long으로 표현할 수 있는 최대 자릿수 MAX_LONG_DIGITS는 23058 43009213693945다(정말 엄청나게 큰 수다). _PyLong_New(2305843009213693945) 를 호출하면 size_t의 값인 9223372036854775804바이트(85억 8993만 4592GB) 만큼 PyObject_MALLOC()으로 메모리 할당을 요청하는데 이는 내 환경에 설치 된 램의 크기를 훨씬 뛰어넘는 크기다.

9.4.1 tracemalloc 모듈 사용하기

표준 라이브러리의 tracemalloc 모듈로 객체 할당자의 메모리 할당 동작을 디 버깅할 수 있다. 이 모듈은 객체 할당 위치나 할당된 메모리 블록의 개수 등에 대한 정보를 제공한다. 디버그 도구인 tracemalloc은 코드를 실행할 때 사용되 는 메모리의 양을 예상하거나 메모리 누수를 감지하는 데도 도움이 된다.

메모리 추적을 활성화하려면 파이썬을 실행할 때 -X tracemalloc=1 옵션 을 추가하면 된다. 여기서 1은 추적할 프레임의 수다. 환경 변수 PYTHONTRACE MALLOC=1로도 활성화할 수 있다. 1 대신 다른 값을 사용하여 추적할 프레임 수 를 늘릴 수 있다.

take_snapshot()을 호출하여 스냅샷 인스턴스를 생성하고 compare_to()를 사용하여 여러 스냅샷을 비교할 수 있다. tracedemo.py 파일을 만들어 확인해 보자.

cpython-book-samples ▶ 32 ▶ tracedemo.py

```python
import tracemalloc

tracemalloc.start()

def to_celsius(fahrenheit, /, options=None):
    return (fahrenheit-32)*5/9

values = range(0, 100, 10)  # 0, 10, 20, ... 90 까지의 값

for v in values:
    c = to_celsius(v)

after = tracemalloc.take_snapshot()

tracemalloc.stop()
after = after.filter_traces([tracemalloc.Filter(True, '**/tracedemo.py')])
stats = after.statistics('lineno')

for stat in stats:
    print(stat)
```

실행해 보면 사용량이 높은 순대로 각 줄에서 사용한 메모리를 출력한다.

```
$ ./python -X tracemalloc=2 tracedemo.py

/Users/.../tracedemo.py:5: size=712 B, count=2, average=356 B
/Users/.../tracedemo.py:13: size=512 B, count=1, average=512 B
/Users/.../tracedemo.py:11: size=480 B, count=1, average=480 B
/Users/.../tracedemo.py:8: size=112 B, count=2, average=56 B
/Users/.../tracedemo.py:6: size=24 B, count=1, average=24 B
```

실제 계산이 일어난 return (fahrenheit-32)*5/9가 가장 많은 메모리를 사용한 것을 확인할 수 있다.

9.5 저수준 메모리 할당자 도메인

저수준 메모리 할당자 도메인은 직접 사용되거나 다른 두 할당자 도메인이 512KB 이상의 크기를 요청받았을 때 호출된다. 저수준 메모리 할당자는 바이트 단위로 할당 요청을 받아 malloc(size)를 호출한다. 0이 할당 요청되면 일부 시스템은 malloc(0)의 결과로 오류를 의미하는 널을 반환하거나 pymalloc을 고장 낼 수도 있는 어떠한 메모리도 가리키지 않는 포인터를 반환한다.

이러한 경우를 해결하기 위해 _PyMem_RawMalloc()은 malloc()을 호출하기 전에 추가 바이트를 더한다.

> **!** 기본으로 PyMem 도메인 할당자는 객체 할당자를 사용한다. PyMem_Malloc()과 PyObject_Malloc()의 실행 경로는 동일하다.

9.6 사용자 지정 도메인 할당자

CPython에서는 모든 도메인의 할당자 구현을 재정의할 수 있다. 여러분의 시스템 환경에 맞춤형 메모리 검사나 할당 알고리즘이 필요한 경우 새 할당자 함수 집합을 런타임에 연결할 수 있다.

할당자를 재정의하려면 typedef struct로 정의된 PyMemAllocatorEx의 모든 메서드 멤버를 구현해야 한다.

```
typedef struct {
    /* 4개 함수의 첫 번째 인자로 넘겨지는 사용자 콘텍스트 */
    void *ctx;

    /* 메모리 블록을 할당한다. */
    void* (*malloc) (void *ctx, size_t size);

    /* 0으로 초기화된 메모리 블록을 할당한다. */
    void* (*calloc) (void *ctx, size_t nelem, size_t elsize);

    /* 메모리 블록을 할당하거나 크기를 조정한다. */
    void* (*realloc) (void *ctx, void *ptr, size_t new_size);

    /* 메모리 블록을 해제한다. */
    void (*free) (void *ctx, void *ptr);
} PyMemAllocatorEx;
```

PyMem_GetAllocator() 메서드 API를 사용하여 기존 구현을 가져올 수 있다.

```
PyMemAllocatorEx * existing_obj;
PyMem_GetAllocator(PYMEM_DOMAIN_OBJ, existing_obj);
```

> ❗ 다음은 사용자 지정 할당자가 지켜야 할 몇 가지 중요한 설계 원칙이다.
>
> - 0바이트를 요청해도 새 할당자는 널이 아닌 고유한 포인터를 반환해야 한다.
> - PYMEM_DOMAIN_RAW 도메인에서 할당자는 스레드 안전해야 한다.

PyMemAllocatorEx의 시그너처를 따라 My_Malloc(), My_Calloc(), My_Realloc(), My_Free()를 구현했다면 PYMEM_DOMAIN_OBJ 등 어느 도메인이든 재정의할 수 있다.

```
PyMemAllocatorEx my_allocators =
    {NULL, My_Malloc, My_Calloc, My_Realloc, My_Free};
PyMem_SetAllocator(PYMEM_DOMAIN_OBJ, &my_allocators);
```

9.7 사용자 지정 메모리 할당 검사기

메모리 할당 검사기는 메모리를 할당하기 위한 시스템 콜과 커널 함수 사이에 위치하는 추가 알고리즘으로, 특정한 안정성 제약이나 높은 보안성이 요구되는 환경 또는 메모리 할당 버그 디버깅에 사용된다.

여러 가지 메모리 할당 검사기를 사용해 CPython을 컴파일할 수 있는데 이는 컴파일러 라이브러리의 기능이며 CPython 전용으로 개발된 것은 아니다. 대개 검사기는 CPython 성능을 현저히 떨어뜨리고 다른 검사기와 혼용할 수 없다. 일반적으로 손상된 메모리 접근을 방지하는 것이 중요한 디버깅 시나리오나 환경에서 사용된다.

9.7.1 AddressSanitizer

AddressSanitizer는 메모리 오류를 빠르게 감지해 많은 런타임 메모리 관련 버그를 감지해 낼 수 있다.

- 힙과 스택, 전역 범위를 넘어서는 접근
- 할당 해제된 메모리에 대한 접근
- 이중 해제 또는 올바르지 않은 해제

다음 명령으로 AddressSanitizer를 활성화할 수 있다.

```
$ ./configure --with-address-sanitizer ...
```

> **!** AddressSanitizer는 애플리케이션 속도를 2배 가까이 떨어뜨리고 메모리는 3배 가까이 더 소비한다.

AddressSanitizer는 다음 운영 체제에서 사용할 수 있다.

- 리눅스
- macOS
- NetBSD
- FreeBSD

자세한 정보는 공식 문서[2]에서 확인할 수 있다.

9.7.2 MemorySanitizer

MemorySanitizer는 초기화되지 않은 읽기를 감지한다. 주소 공간을 초기화(또는 할당)하기 전에 참조하면 메모리를 읽기 전에 프로세스를 중단한다.

다음 명령으로 MemorySanitizer를 활성화할 수 있다.

```
$ ./configure --with-memory-sanitizer ...
```

> **!** MemorySanitizer는 애플리케이션 속도를 2배 가까이 떨어뜨리고 메모리는 2배 가까이 더 소비한다.

MemorySanitizer는 다음 운영 체제에서 사용할 수 있다.

---

2   *https://clang.llvm.org/docs/AddressSanitizer.html*

- 리눅스
- NetBSD
- FreeBSD

자세한 정보는 공식 문서[3]에서 확인할 수 있다.

9.7.3 UndefinedBehaviorSanitizer

UndefinedBehaviorSanitizer(UBSan)는 다양한 미정의 동작(undefined behavior, UB)을 실행 중에 빠르게 감지해 낸다.

- 정렬되지 않은 포인터와 널 포인터
- 부호 있는 정수 오버플로
- 부동 소수점에서 변환하거나 부동 소수점을 변환하는 동작

다음 명령으로 UBSan을 활성화할 수 있다.

```
$ ./configure --with-undefined-behavior-sanitizer ...
```

UBSan은 다음 운영 체제에서 사용할 수 있다.

- 리눅스
- macOS
- NetBSD
- FreeBSD

자세한 정보는 공식 문서[4]에서 확인할 수 있다.

UBSan은 다양한 구성 옵션을 지원한다. --with-undefined-behavior-sanitizer 옵션은 프로파일을 undefined로 설정한다. nullability 등의 다른 프로파일을 사용하려면 ./configure를 사용자 지정 CFLAGS와 같이 실행하자.

---

3 *https://clang.llvm.org/docs/MemorySanitizer.html*
4 *https://clang.llvm.org/docs/UndefinedBehaviorSanitizer.html*

```
$ ./configure CFLAGS="-fsanitize=nullability" \
    LDFLAGS="-fsanitize=nullability"
```

CPython을 재컴파일하면 이 구성으로 UndefinedBehaviorSanitizer를 사용하는 CPython 바이너리가 생성된다.

9.8 PyArena 메모리 아레나

이 책을 읽는 동안 PyArena 객체를 자주 마주칠 것이다. PyArena는 컴파일러와 프레임 평가 등 객체 할당 API 이외의 부분에서 사용되는 별도의 아레나 할당 API다.

PyArena는 아레나 구조체 내에 별도로 할당된 객체 리스트를 유지한다. PyArena로 할당된 메모리는 가비지 컬렉션 대상이 아니다.

메모리가 PyArena 인스턴스에 할당되면 인스턴스는 할당된 모든 블록의 개수를 캡처하고 PyMem_Alloc을 호출한다. PyArena는 할당 요청을 받으면 512KB 이하의 블록에는 객체 메모리 할당자를 사용하고 더 큰 블록이 필요하면 저수준 할당자를 사용한다.

9.8.1 연관된 파일 목록

다음은 PyArena와 관련된 파일들이다.

파일	용도
Include▶pyarena.h	PyArena API와 타입 정의
Python▶pyarena.c	PyArena 구현

9.9 참조 카운팅

앞서 소개했듯이 CPython은 C의 동적 메모리 할당 시스템 위에 구축됐다. 메모리 요구 사항은 런타임에 결정되고 PyMem API를 사용하여 메모리를 시스템에 할당한다.

이 시스템은 파이썬 개발자들을 위해 추상화, 단순화되어 있다. 개발자들은 메모리 할당과 해제에 대해 크게 걱정하지 않아도 된다.

메모리 관리를 단순화하기 위해 파이썬은 다음과 같은 객체 메모리 관리 전략을 도입했다.

1. 참조 카운팅
2. 가비지 컬렉션

자세한 내용은 이어지는 절에서 설명한다.

9.9.1 파이썬에서 변수 생성 과정

파이썬에서 변수를 생성하려면 고유한 이름을 가지는 변수에 값을 할당해야 한다.

```
my_variable = ["a", "b", "c"]
```

파이썬에서 변수에 값을 할당할 때는 변수 이름이 지역 또는 전역 스코프에 이미 존재하는지 확인한다.

앞의 예시에서 my_variable은 locals()나 globals() 딕셔너리에 존재하지 않으므로 새 list 객체가 생성되고 그 포인터가 locals() 딕셔너리에 저장된다.

이제 my_variable은 참조되고 있다. 리스트 객체에 할당된 메모리는 유효한 참조가 존재하는 한 해제되지 않아야 한다. 참조가 존재하는 상태에서 메모리가 해제되면 my_variable 포인터는 올바르지 않은 메모리 공간을 참조하게 되고 CPython은 충돌할 것이다.

CPython C 소스 코드에서 Py_INCREF()와 Py_DECREF() 매크로 호출을 자주 발견할 수 있다. 이 매크로는 파이썬 객체의 참조 카운트를 증감시키는 주요 API다. 어딘가에서 값에 의존하게 될 때마다 참조 카운트는 증가하고, 의존하지 않게 되면 참조 카운트도 감소한다.

참조 카운트가 0이 되면 이 메모리가 더는 필요하지 않다는 뜻이기 때문에 메모리는 자동으로 해제된다.

9.9.2 참조 카운트 증가시키기

모든 PyObject 인스턴스는 ob_refcnt 프로퍼티를 가진다. 이 프로퍼티는 이 객체의 참조 카운터다.

객체 참조는 다양한 시나리오에서 증가할 수 있다. CPython 소스 코드는 3000개가 넘는 Py_INCREF() 호출부를 가지고 있다. 참조 증가 매크로는 다음과 같은 객체 관련 작업에서 가장 빈번하게 호출된다.

- 변수 이름에 할당될 때
- 함수나 메서드 인자로 참조될 때
- 함수에서 반환되거나 산출될 때

Py_INCREF 매크로는 매우 간단하다. 단순히 ob_refcnt의 값을 1 증가시킨다.

```
static inline void _Py_INCREF(PyObject *op)
{
#ifdef Py_REF_DEBUG
    _Py_RefTotal++;
#endif
    op->ob_refcnt++;
}
```

디버그 모드로 컴파일된 CPython에서는 _Py_INC_REFTOTAL이 전역 참조 카운터 _Py_RefTotal을 증가시킨다.

 CPython 디버그 빌드를 실행할 때 -X showrefcount 플래그를 추가해서 전역 참조 카운터를 출력할 수 있다.

```
$ ./python -X showrefcount -c "x=1; x+=1; print(f'x is {x}')"
x is 2
[18497 refs, 6470 blocks]
```

괄호 안의 첫 번째 숫자는 프로세스 실행 중에 만들어진 모든 참조의 개수이고 두 번째 숫자는 할당된 블록의 개수다.

9.9.3 참조 카운트 감소시키기

변수가 선언된 스코프를 벗어나면 객체에 대한 참조는 감소한다. 파이썬에서 스코프는 보통 함수나 메서드, 콤프리헨션, 람다를 뜻한다. 이러한 명시적 스코프 이외에도 함수 호출 시 변수 전달 등 다양한 암시적 스코프가 존재한다.

Py_DECREF()는 참조 카운트가 0이 됐을 경우 메모리를 해제해야 하기 때문에 Py_INCREF()보다는 복잡하다.

```
static inline void _Py_DECREF(
#ifdef Py_REF_DEBUG
    const char *filename, int lineno,
#endif
    PyObject *op)
{
#ifdef Py_REF_DEBUG
    _Py_RefTotal--;
#endif
    if (--op->ob_refcnt != 0) {
#ifdef Py_REF_DEBUG
        if (op->ob_refcnt < 0) {
            _Py_NegativeRefcount(filename, lineno, op);
        }
#endif
    }
    else {
        _Py_Dealloc(op);
    }
}
```

Py_DECREF()는 참조 카운터(ob_refcnt)의 값이 0이 되면 _Py_Dealloc(op)를 통해 객체 파괴자를 호출하고 할당된 모든 메모리를 해제한다.

Py_INCREF()처럼 CPython을 디버그 모드로 컴파일하면 몇 가지 기능이 추가된다.

참조 카운트 증가 연산은 감소 연산과 짝을 이뤄야 한다. 참조 카운트가 음수가 되면 증가 연산과 감소 연산의 짝이 맞지 않는다는 뜻이다. 참조가 없는 객체의 참조 카운트를 줄이려고 시도하면 다음과 같은 오류 메시지가 출력된다.

```
<file>:<line>: _Py_NegativeRefcount: Assertion failed:
    object has negative ref count
Enable tracemalloc to get the memory block allocation traceback
```

```
object address  : 0x109eaac50
object refcount : -1
object type     : 0x109cadf60
object type name: <type>
object repr     : <refcnt -1 at 0x109eaac50>
```

파이썬 언어나 컴파일러, 연산을 변경할 때는 항상 객체 참조를 주의해야 한다.

9.9.4 바이트코드 연산에서의 참조 카운팅

대부분의 참조 카운팅 연산은 Python▶ceval.c의 바이트코드 연산 중에 실행된다.

다음 예제에서 변수 y의 참조를 세어 보자.

```
y = "hello"

def greet(message=y):
    print(message.capitalize() + " " + y)

messages = [y]

greet(*messages)
```

처음에 변수 y에는 4개의 참조가 있다고 생각할 수 있다.

1. 최상위 스코프에서 변수로 참조되고 있다.
2. 키워드 인자 message의 기본값으로 참조되고 있다.
3. greet() 호출에서 참조되고 있다.
4. messages 리스트의 항목으로 참조되고 있다.

예제에 다음 코드 토막을 추가해서 실행해 보자.

```
import sys
print(sys.getrefcount(y))
```

4개가 아니라 6개의 참조가 존재하는 것을 확인할 수 있다.

한 함수에서 모든 경우의 수를 처리하는 대신 참조 증감 연산 로직을 작은 부분으로 분할해 증감을 실행한다.

바이트코드 연산도 인자로 받아들인 객체에 대한 참조 카운터에 영향을 끼친다.

예를 들어 프레임 평가 루프에서 LOAD_FAST 연산은 주어진 이름으로 객체를 로드한 후 값 스택의 맨 위에 추가한다. 여기서 oparg로 들어온 변수 이름을 GETLOCAL()로 확인할 때 참조 카운터가 증가한다.

```
...
  case TARGET(LOAD_FAST): {
      PyObject *value = GETLOCAL(oparg);
      if (value == NULL) {
          format_exc_check_arg(tstate, PyExc_UnboundLocalError,
                               UNBOUNDLOCAL_ERROR_MSG,
                               PyTuple_GetItem(co->co_varnames, oparg));
          goto error;
      }
      Py_INCREF(value);
      PUSH(value);
      FAST_DISPATCH();
  }
```

연산을 가지고 있는 다수의 AST 노드에서 LOAD_FAST 연산이 컴파일된다.

예를 들어 두 변수 a, b를 선언하고 a와 b를 곱한 값을 할당받는 변수 c를 선언해 보자.

```
a = 10
b = 20
c = a * b
```

세 번째 연산 c = a * b에서 우측에 있는 표현식 a * b는 세 가지 연산으로 분해된다.

1. LOAD_FAST: 변수 a를 확인하고 값 스택에 추가한 후 변수의 참조를 1 증가시킨다.
2. LOAD_FAST: 변수 b를 확인하고 값 스택에 추가한 후 변수의 참조를 1 증가시킨다.
3. BINARY_MULTIPLY: 왼쪽 값에 오른쪽 값을 곱하고 값 스택에 추가한다.

이항 곱셈 연산자 `BINARY_MULTIPLY`는 연산에 필요한 왼쪽 값과 오른쪽 값이 스택의 첫 번째 값과 두 번째 값으로 추가되어 있다고 가정하며, 동시에 각 값이 `LOAD_FAST` 연산을 통해 참조 카운트가 증가했으리라고 가정한다.

`BINARY_MULTIPLY` 구현을 살펴보면 결과를 계산하고 a(left)와 b(right)에 대한 참조를 감소시킨다.

```
case TARGET(BINARY_MULTIPLY): {
    PyObject *right = POP();
    PyObject *left = TOP();
    PyObject *res = PyNumber_Multiply(left, right);
    Py_DECREF(left);
    Py_DECREF(right);
    SET_TOP(res);
    if (res == NULL)
        goto error;
    DISPATCH();
}
```

계산된 결과 res의 참조 카운트는 값 스택의 맨 위로 추가되기 전까지 1이다.

9.9.5 CPython 참조 카운터의 장점

CPython 참조 카운터는 단순함과 속도, 효율성을 제공한다. 하지만 그 대신에 모든 연산의 효과를 고려해 신중하게 균형을 맞춰 주어야 한다는 단점 또한 지니고 있다.

바로 전에 확인해 본 것처럼 바이트코드 연산이 카운터를 증가시키면 동등한 연산을 실행해서 카운터를 적절하게 감소시켜 주어야 한다. 예상치 못한 오류가 있으면 어떻게 될까? 가능한 시나리오를 모두 테스트해 봤을까?

지금까지 살펴본 내용은 대부분 CPython 런타임의 범위 내였다. 파이썬 개발자들은 이 동작들을 거의 제어할 수 없다.

참조 카운팅 방식은 중대한 결함을 하나 가지고 있는데 바로 순환 참조다.

다음 예제를 확인해 보자.

```
x = []
x.append(x)
del x
```

스스로를 참조하고 있기 때문에 x의 참조 카운트는 1이 유지된다.

이러한 복잡성과 순환 참조 같은 메모리 누수를 해결하기 위해 CPython은 가비지 컬렉션이라는 또 다른 메모리 관리 방식을 사용한다.

9.10 가비지 컬렉션

여러분은 쓰레기를 얼마나 자주 수거하는가? 매주 아니면 2주에 한 번 수거하는가?

예를 들어 밥을 먹고 난 다음에 나온 쓰레기가 있으면 여러분은 보통 그것을 쓰레기통에 버릴 것이다. 하지만 그 쓰레기는 바로 수거되지 않고 쓰레기 트럭이 와서 수거해 가기를 기다려야 한다.

CPython은 가비지 컬렉션 알고리즘에 동일한 원리를 적용했다. CPython 가비지 컬렉터는 더 이상 존재하지 않는 객체가 사용하고 있는 메모리를 할당 해제한다. 가비지 컬렉션은 기본적으로 활성화되어 있고 백그라운드에서 실행된다.

가비지 컬렉션 알고리즘은 참조 카운팅보다 훨씬 복잡하기 때문에 항상 실행되지는 않는다. 가비지 컬렉션이 참조 카운팅만큼 자주 일어난다면 엄청난 양의 CPU 자원을 소모할 것이다. 가비지 컬렉션은 정해진 양만큼의 연산이 일어났을 때 주기적으로 실행된다.

9.10.1 연관된 소스 파일 목록

다음은 가비지 컬렉터와 관련된 소스 파일들이다.

파일	용도
Modules▸gcmodule.c	가비지 컬렉터 모듈과 알고리즘 구현
Include▸internal▸pycore_mem.h	가비지 컬렉터 구조체와 내부 API

9.10.2 가비지 컬렉터 설계

이전 절에서 보았듯이 모든 파이썬 객체는 객체에 대한 참조 카운트를 전부 기록하는 카운터를 가지고 있다. 카운터가 0에 도달하면 객체의 수명이 끝나고 메모리에서 해제된다.

리스트나 튜플, 딕셔너리, 집합 등의 컨테이너 타입은 순환 참조를 일으킬 수 있다. 참조 카운터는 순환 참조를 일으킬 수도 있는 객체들을 완벽하게 처리할 수 없다.

컨테이너 타입에 순환 참조를 만드는 것은 피해야 하지만 표준 라이브러리와 코어 모듈에서도 많은 순환 참조가 일어난다. 다음은 컨테이너 타입(class)이 자기 자신을 참조하는 흔한 예다.

cpython-book-samples ▶ 32 ▶ user.py

```python
__all__ = ['User']

class User(BaseUser):
    name: 'str' = ""
    login: 'str' = ""

    def __init__(self, name, login):
        self.name = name
        self.login = login
        super(User).__init__()

    def __repr__(self):
        return ""

class BaseUser:
    def __repr__(self):
        # 여기서 순환 참조가 일어난다.
        return User.__repr__(self)
```

앞의 예시에서 User 인스턴스는 User 인스턴스를 역으로 참조하는 BaseUser를 참조하고 있다. 가비지 컬렉터의 목표는 도달할 수 없는 객체들을 찾아 쓰레기라고 표시하는 것이다.

'표시하고 쓸기(mark and sweep)' 또는 '멈추고 옮기기(stop and copy)' 등의 일부 가비지 컬렉션 알고리즘은 시스템의 루트에서 탐색을 시작해서 도달할 수 있는 모든 객체를 찾는다. CPython은 이러한 접근 방식을 사용하기 어렵다. C 확장 모듈이 독립적으로 객체를 관리할 수 있기 때문이다. locals()와 globals()만으로는 모든 객체를 확인할 수 없다.

장기 실행 프로세스나 대량 데이터를 처리하는 작업들은 메모리가 부족하면 큰 문제가 생길 수 있다.

CPython 가비지 컬렉터는 도달할 수 있는 객체들을 찾는 대신 참조 카운터와 특수한 가비지 컬렉션 알고리즘을 사용하여 도달할 수 없는 객체들을 찾는다. CPython 가비지 컬렉터의 역할은 참조 카운터를 활용하여 특정한 컨테이너 타입에서 순환 참조를 찾는 것이다.

9.10.3 가비지 컬렉션 대상인 컨테이너 타입

가비지 컬렉터의 대상은 타입 정의에 Py_TPFLAGS_HAVE_GC 플래그가 정의되어 있는 타입들이다. 타입 정의에 대해서는 '11장 객체와 타입'에서 더 자세히 알아볼 것이다.

다음은 가비지 컬렉션 대상인 타입들이다.

- 클래스, 메서드, 함수 객체
- 셀 객체
- 바이트와 바이트열, 유니코드 문자열
- 딕셔너리
- 어트리뷰트의 디스크립터 객체
- 열거형 객체
- 예외
- 프레임 객체
- 리스트, 튜플, 네임드 튜플, 집합
- 메모리 객체
- 모듈과 이름 공간
- 타입과 약한 참조 객체
- 이터레이터와 제너레이터
- 피클 버퍼

모든 타입이 포함되지는 않았음을 발견할 수 있을 것이다. 부동 소수점, 정수, 불, NoneType은 가비지 컬렉션 대상이 아니다.

C 확장 모듈이 정의한 타입들도 가비지 컬렉터 C API[5]를 사용하여 가비지 컬렉션 대상으로 표시할 수 있다.

9.10.4 추적에서 제외할 수 있는 객체들과 가변성

가비지 컬렉터는 몇몇 타입의 프로퍼티 변경을 추적해서 도달할 수 없는 객체를 알아낸다.

불변인 일부 컨테이너 인스턴스들은 변경 추적 대상이 아니다. 가비지 컬렉터 API는 추적 제외 메커니즘을 제공한다. 가비지 컬렉터가 추적하는 객체가 적을수록 빠르고 효과적인 가비지 컬렉션이 이루어진다.

예를 들어 튜플은 추적 제외가 적용될 수 있는 객체다. 튜플은 불변이며 튜플은 생성된 이후에 변경할 수 없다. 하지만 튜플은 불변이어도 튜플의 항목들은 리스트나 딕셔너리 같은 가변 객체일 수도 있다.

파이썬의 이런 설계는 많은 부수 작용을 만들어 냈고 가비지 컬렉터에도 영향을 끼쳤다. 튜플이 생성될 때 빈 튜플이 아니면 튜플도 추적 대상으로 표시된다.

가비지 컬렉터가 실행될 때 모든 튜플은 포함하고 있는 인스턴스들이 불변(추적 제외) 인스턴스인지 확인한다. 이 작업은 `_PyTuple_MaybeUntrack()`이 처리한다. 튜플은 불과 정수 타입 같은 불변 타입만 포함하고 있으면 `_PyObject_GC_UNTRACK()`을 호출해서 스스로를 가비지 컬렉션 추적 대상에서 제외한다.

딕셔너리는 생성될 때는 비어 있어서 추적되지 않는다. 항목이 딕셔너리에 추가될 때, 추가된 항목이 추적되고 있는 객체일 경우 딕셔너리는 가비지 컬렉션 추적을 요청한다.

객체가 추적되고 있는지 확인해 보려면 `gc.is_tracked(obj)`를 호출해 보자.

9.10.5 가비지 컬렉션 알고리즘

다음으로는 가비지 컬렉션 알고리즘에 대해 알아볼 것이다. CPython 코어 개발자들은 여러분이 참고할 수 있는 자세한 가이드 문서[6]를 작성해 두었다.

---

5 *https://docs.python.org/3.9/c-api/gcsupport.html*
6 *https://devguide.python.org/garbage_collector/*

초기화

진입점 PyGC_Collect()는 다음 5단계 프로세스를 따라서 가비지 컬렉터를 시작하고 정지한다.

1. 가비지 컬렉션 상태 GCState를 인터프리터로부터 얻는다.
2. 가비지 컬렉터 활성화 여부를 확인한다.
3. 가비지 컬렉터가 이미 실행 중인지 확인한다.
4. 수거 함수 collect()를 수거 상태 콜백과 함께 실행한다.
5. 가비지 컬렉션이 완료됐다고 표시한다.

gc.callbacks 리스트를 사용해 수거 단계가 실행되고 완료될 때마다 실행될 콜백을 지정할 수 있다. 콜백은 f(stage: str, info: dict): 형태의 시그너처가 있어야 한다.

```
Python 3.9 (tags/v3.9:9cf67522, Oct 5 2020, 10:00:00)
[Clang 6.0 (clang-600.0.57)] on darwin
Type "help", "copyright", "credits" or "license" for more information.
>>> import gc
>>> def gc_callback(phase, info):
...     print(f"GC phase:{phase} with info:{info}")
...
>>> gc.callbacks.append(gc_callback)
>>> x = []
>>> x.append(x)
>>> del x
>>> gc.collect()
GC phase:start with info:{'generation': 2,'collected': 0,'uncollectable': 0}
GC phase:stop with info:{'generation': 2,'collected': 1,'uncollectable': 0} 1
```

수거 단계

메인 가비지 컬렉션 함수 collect()는 세 세대 중 한 세대에서만 쓰레기를 수거한다. 세대에 대해 더 자세히 알아보기 전에 수거 알고리즘을 이해하는 것이 중요하다.

가비지 컬렉터는 수거 시마다 PyGC_HEAD 타입을 연결한 이중 연결 리스트를 이용한다. 가비지 컬렉터는 모든 컨테이너 타입을 찾는 대신, 가비지 컬렉션 대상인 컨테이너 타입의 추가 헤더를 이용해 모든 컨테이너 타입을 이중 연결 리스트로 연결한다.

컨테이너 타입은 생성될 때 수거 대상 리스트에 추가되고 해제될 때 제거된다.

다음은 cellobject.c에서 확인할 수 있는 예시다.

Objects ▶ cellobject.c 6행

```
PyObject *
PyCell_New(PyObject *obj)
{
    PyCellObject *op;

    op = (PyCellObject *)PyObject_GC_New(PyCellObject, &PyCell_Type);
    if (op == NULL)
        return NULL;
    op->ob_ref = obj;
    Py_XINCREF(obj);

    _PyObject_GC_TRACK(op);
    return (PyObject *)op;
}
```

셀은 가변 객체이기 때문에 _PyObject_GC_TRACK()을 호출하여 새 셀을 추적 대상으로 지정한다.

셀 객체가 삭제될 때는 cell_dealloc()이 호출되는데 이 함수는 다음 세 단계를 수행한다.

1. 파괴자(destructor)는 _PyObject_GC_UNTRACK()을 호출해 더 이상 이 인스턴스를 추적하지 말라고 가비지 컬렉터에 요청한다. 이 인스턴스는 삭제됐기 때문에 다음 수거 때 확인할 필요가 없다.

2. Py_XDECREF는 파괴자들이 참조 카운터 감소를 위해 사용하는 표준 호출이다. 초기화됐을 때 객체의 참조 카운터가 1부터 시작했기 때문에 이 연산이 필요하다.

3. PyObject_GC_Del()은 gc_list_remove()를 호출해 가비지 컬렉션 대상 리스트에서 객체를 제거하고 PyObject_FREE()로 메모리를 해제한다.

다음은 cell_dealloc() 소스 코드다.

Objects ▶ cellobject.c 78행

```
static void
cell_dealloc(PyCellObject *op)
{
    _PyObject_GC_UNTRACK(op);
    Py_XDECREF(op->ob_ref);
    PyObject_GC_Del(op);
}
```

수거가 시작되면 컬렉터는 어린 세대를 현재 세대와 병합한다. 예를 들어 2세대 수거가 진행 중일 때 컬렉터는 gc_list_merge()로 1세대 객체들을 수거 대상 리스트에 병합한다. 그 후 컬렉터는 현재 수거 대상인 young 세대에서 도달할 수 없는 객체들을 알아낸다.

deduce_unreachable()로 도달할 수 없는 객체를 알아낸다. 이 함수는 다음 단계들을 실행한다.

1. 해당 세대의 모든 객체에 대해 참조 카운트값 ob->ob_refcnt를 ob->gc_ref로 복사한다.
2. 모든 객체의 gc_refs에서 내부(순환) 참조를 제외해서 얼마나 많은 쓰레기 객체를 수거할지 결정한다. gc_refs가 0이 된 객체들은 도달할 수 없는 객체들이다.
3. 도달할 수 없는 객체 리스트를 만들고 2단계에서 도달할 수 없다고 판단된 객체들을 해당 리스트에 추가한다.
4. 2단계에서 도달할 수 없다고 판단된 객체들을 수거 대상 세대 리스트에서 모두 제거한다.

순환 참조를 감지하는 단일한 방법은 존재하지 않기 때문에 각 타입은 tp_traverse 슬롯에 traverseproc 시그너처를 가지는 함수를 정의해야 한다. 2단계에서 deduce_unreachable()은 substract_refs()로 각 컨테이너 객체의 순회 함수를 호출한다. 순회 함수는 컨테이너가 포함하고 있는 모든 객체에 대해 visit_decref() 콜백을 실행한다.

Modules ▶ gcmodule.c 461행

```
static void
subtract_refs(PyGC_Head *containers)
{
    traverseproc traverse;
    PyGC_Head *gc = GC_NEXT(containers);
    for (; gc != containers; gc = GC_NEXT(gc)) {
        PyObject *op = FROM_GC(gc);
        traverse = Py_TYPE(op)->tp_traverse;
        (void) traverse(FROM_GC(gc),
                        (visitproc)visit_decref,
                        op);
    }
}
```

순회 함수는 Objects 디렉터리 안에 있는 각 객체의 소스 코드에서 찾을 수 있다. 예를 들어 tuple 타입의 순회 함수 tupletraverse()는 포함하고 있는 모든 항목에 대해 visit_decref()를 호출한다. 딕셔너리 타입은 모든 키와 값에 대해 visit_decref()를 호출한다.

unreachable 리스트로 이동되지 않은 객체들은 다음 세대로 이동한다.

객체 해제하기

도달 불가능하다고 결정된 객체들은 다음 단계들을 따라 (조심스럽게) 해제된다. 해제 방식은 타입이 파이널라이저(finalizer)를 새 형식 슬롯에 구현하는지, 예전 형식 슬롯에 구현하는지에 따라 달라진다.

1. 객체가 레거시 tp_del 슬롯에 파이널라이저를 구현했을 경우 해당 객체는 안전하게 삭제될 수 없고 해제할 수 없다고 표시된다. 이러한 객체들은 gc.garbage 리스트에 추가되고 개발자가 수동으로 삭제해야 한다.
2. 객체가 tp_finalize 슬롯에 파이널라이저를 구현했을 경우 객체는 중복 해제를 막기 위해 완료 상태로 표시된다.
3. 2단계의 객체가 다시 초기화되어 살아난다면 가비지 컬렉터는 수거 사이클을 다시 실행한다.
4. 모든 해제 대상 객체의 tp_clear 슬롯을 호출하면 해당 슬롯은 참조 카운트 ob_refcnt를 0으로 설정해서 메모리 해제를 트리거한다.

9.10.6 세대별 가비지 컬렉션

세대별 가비지 컬렉션은 대부분의 객체(80% 이상)가 생성된 직후 파괴된다는 관측에 근거한 기법이다.

CPython 가비지 컬렉터는 각각 수거 트리거 임곗값이 설정되어 있는 총 세 가지 세대를 사용한다. 가장 젊은 0세대는 수거 루프가 너무 빈번하게 실행되는 것을 막기 위해 높은 임곗값이 설정되어 있다. 객체가 가비지 컬렉션에서 살아남으면 2세대로 이동하고, 그다음 수거에서도 살아남으면 3세대로 이동한다.

수거 함수는 한 번에 하나의 세대에서만 쓰레기를 수거하지만 실행 전에 이전 세대를 현재 세대로 병합한다. 1세대에서 collect()를 실행하면 0세대도 수거된다. 마찬가지로 2세대에서 collect()를 실행하면 0세대와 1세대도 수거된다.

객체가 인스턴스화되면 세대 카운터도 증가한다. 세대 카운터가 사용자가 지정한 수거 트리거 임곗값에 도달하면 collect()가 자동으로 실행된다.

9.10.7 파이썬에서 가비지 컬렉터 API 사용하기

CPython의 표준 라이브러리 모듈이 제공하는 파이썬 모듈 gc는 아레나와 가비지 컬렉터의 파이썬 인터페이스다. 다음은 디버그 모드에서 gc 모듈을 활용하는 예시다.

```
>>> import gc
>>> gc.set_debug(gc.DEBUG_STATS)
```

앞의 명령을 실행하면 가비지 컬렉터가 실행될 때마다 수치들이 표시된다.

```
gc: collecting generation 2...
gc: objects in each generation: 3 0 4477
gc: objects in permanent generation: 0
gc: done, 0 unreachable, 0 uncollectable, 0.0008s elapsed
```

gc.DEBUG_COLLECTABLE을 사용하면 가비지 컬렉션 시점을 확인할 수 있다. gc.DEBUG_SAVEALL 디버그 플래그를 함께 사용하면 수거된 객체들이 gc.garbage 리스트로 이동된다.

```
>>> import gc
>>> gc.set_debug(gc.DEBUG_COLLECTABLE | gc.DEBUG_SAVEALL)
>>> z = [0, 1, 2, 3]
>>> z.append(z)
>>> del z
>>> gc.collect()
gc: collectable <list 0x10d594a00>
>>> gc.garbage
[[0, 1, 2, 3, [...]]]
```

get_threshold()를 호출해서 가비지 컬렉션 실행 임곗값을 확인할 수 있다.

```
>>> gc.get_threshold()
(700, 10, 10)
```

또 다른 메서드로는 현재 임곗값 수치를 얻을 수도 있다.

```
>>> gc.get_count()
(688, 1, 1)
```

마지막으로 특정 세대의 쓰레기를 수동으로 수거할 수도 있다.

```
>>> gc.collect(0)
24
```

수거할 세대를 지정하지 않으면 0세대와 1세대가 병합되는 2세대 수거가 실행
된다.

```
>>> gc.collect()
20
```

9.11 요약

이번 장에서는 CPython이 메모리를 할당하고 관리하고 해제하는 방식에 대해
알아보았다. 이러한 작업들은 매우 간단한 파이썬 스크립트의 수명 주기 동안
에도 수천 번씩 실행된다. 두 줄짜리 스크립트 실행부터 세계에서 가장 인기
있는 웹 사이트를 실행하는 데까지 파이썬을 확장할 수 있는 건 CPython 메모
리 관리 시스템의 안정성과 확장성 덕분이다.

이번 장에서 살펴본 객체와 저수준 메모리 할당 시스템들은 C 확장 모듈을 개발할 때 유용하게 참고할 수 있다. C 확장 모듈을 개발할 때는 CPython 메모리 관리 시스템에 대한 상세한 지식이 필요하다. 단 하나의 Py_INCREF()만 빼먹어도 메모리 누수나 시스템 충돌을 유발할 수 있다.

순수한 파이썬 코드를 작성할 때도 가비지 컬렉터에 대한 지식은 장기적으로 실행되는 파이썬 코드를 설계하는 데 유용하다. 몇 시간이나 며칠 또는 그보다도 오래 실행되는 단일 함수를 설계할 때는 실행 시스템의 제약 사항에 맞춰 메모리를 신중하게 관리하도록 설계해야 한다.

이번 장에서 알아본 몇 가지 기법을 사용해 가비지 컬렉션 세대 설정을 조정해 보며 코드와 필요한 메모리 공간을 최적화해 볼 수도 있다.

10장

병렬성과 동시성

최초의 컴퓨터는 한 번에 한 작업만 실행하도록 설계됐고 주로 계산 수학 분야의 작업을 처리했다. 시간이 지나며 컴퓨터는 다양한 종류의 입력을 처리하게 됐고 때로는 굉장히 먼 곳에서 들어오는 입력을 처리하기도 한다. 그 결과 컴퓨터 애플리케이션은 버스나 입력, 메모리 위치, 연산, API, 원격 리소스 등의 응답을 기다리며 허송세월하게 되기도 한다.

또 다른 혁신은 바로 단일 사용자 터미널에서 멀티태스킹 운영 체제로 이동한 것이다. 네트워크에서 들어오는 데이터를 수신하고 응답하거나 마우스 커서 등의 사용자 입력을 처리하려면 백그라운드에서 애플리케이션이 실행 중이어야 한다.

멀티태스킹은 현대의 다중 코어 CPU가 등장하기 이전에도 필요했기 때문에 운영 체제들은 이전부터 여러 프로세스끼리 시스템 자원을 공유하는 방법을 제공해 왔다.

모든 운영 체제의 핵심 기능은 실행 중인 프로세스를 관리하는 것이다. 모든 프로세스는 주인을 가지고 있고 이전 장에서 알아본 것처럼 메모리와 CPU 같은 자원을 요청할 수 있다.

CPU의 경우 프로세스는 작업으로 실행되기 위해 CPU 시간을 요청한다. 운영 체제는 CPU 시간을 프로세스에 할당해 주고 우선순위에 따라 스케줄링하며 어떤 프로세스가 CPU를 사용할지 제어한다.

동시성 모델

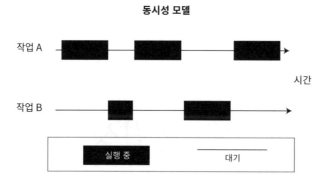

한 프로세스가 여러 작업을 동시에 실행해야 할 때도 있다. 예를 들어 워드 프로세서는 여러분이 타자를 하는 동안에도 맞춤법을 확인해야 한다. 현대의 애플리케이션들은 스레드 여러 개를 동시에 실행하고 리소스를 처리하면서 작동한다.

동시성은 멀티태스킹 구현에 알맞은 해결책이다. 하지만 CPU를 나눠 쓰기에도 한계가 있기 때문에 일부 고성능 컴퓨터는 여러 코어 또는 여러 CPU로 작업을 분산한다. 이를 위해 운영 체제가 프로세스를 여러 CPU에 스케줄링하는 방법을 제공한다.

병렬성 모델

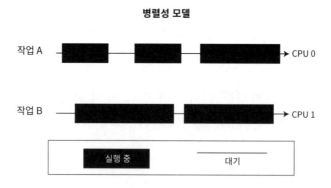

요약하면 컴퓨터는 병렬성과 동시성을 활용해 멀티태스킹을 처리한다.

- 병렬성을 사용하려면 CPU와 같은 연산 유닛이 다수 필요하다.
- 동시성을 사용하려면 유휴 상태의 리소스가 자원을 점유하고 있지 않도록 작업을 스케줄링할 수 있어야 한다.

CPython의 많은 부분이 이런 운영 체제의 복잡함을 추상화해서 개발자들에게 간단한 API를 제공하도록 설계됐다. 병렬성과 동시성에 대해서도 CPython은 복잡함을 추상화해 간단한 API를 제공한다.

10.1 병렬성과 동시성 모델

CPython은 병렬성과 동시성에 대해 다양한 접근 방식을 제공한다. 주어진 상황에 따라 적절한 방식을 고르면 된다. 또한 CPython이 발전해 오면서 동일한 상황에서 사용할 수 있는 방식이 여러 가지 존재하기도 한다.

저마다의 장단점이 있는 각각의 동시성 구현을 주어진 상황에 따라 선택해서 사용할 수 있다.

CPython은 기본적으로 네 가지 모델을 제공한다.

접근 방식	모듈명	동시 실행	병렬 실행
스레딩	threading	○	×
멀티프로세싱	multiprocessing	○	○
비동기	asyncio	○	×
서브인터프리터	subinterpreters	○	○

10.2 프로세스의 구조

윈도우나 macOS, 리눅스 같은 운영 체제는 실행 중인 프로세스를 제어할 책임이 있다. 프로세스는 브라우저나 통합 개발 환경 같은 사용자 인터페이스 애플리케이션일 수도 있고 네트워크 서비스나 운영 체제 서비스처럼 백그라운드로 동작할 수도 있다.

운영 체제는 프로세스를 제어하기 위해 새 프로세스를 시작하는 API를 제공한다. 프로세스가 생성되면 프로세스는 운영 체제에 등록되어 운영 체제가 실행 중인 프로세스를 알 수 있게 된다. 프로세스는 저마다 고유한 아이디인 PID를 부여받고, 운영 체제에 따라 여러 가지 부가적인 프로퍼티가 추가되기도 한다.

POSIX 프로세스는 운영 체제에 등록된 최소한의 프로퍼티를 가진다.

- 제어 터미널
- 현재 작업 디렉터리
- 유효 그룹 아이디와 사용자 아이디
- 파일 디스크립터와 파일 모드 생성 마스크
- 프로세스 그룹 아이디와 프로세스 아이디
- 실제 그룹 아이디와 사용자 아이디
- 루트 디렉터리

macOS나 리눅스에서는 **ps** 명령으로 실행 중인 프로세스들의 어트리뷰트들을 확인할 수 있다.

 IEEE POSIX 표준(1003.1-2017)은 프로세스 및 스레드의 인터페이스와 표준 동작을 정의한다.

윈도우 프로세스도 비슷한 프로퍼티를 가지고 있지만 자체적인 표준을 따른다. 윈도우의 파일 권한, 디렉터리 구조, 프로세스 레지스트리는 POSIX와 전혀 다르다.

Win32_Process 타입의 윈도우 프로세스는 작업 관리자 또는 WMI(Windows Management Instrumentation runtime)로 조회할 수 있다.

프로세스가 시작되면 다음과 같은 항목들이 부여된다.

- 서브루틴을 호출하기 위한 메모리 스택
- 힙(9.1.3 '동적 메모리 할당' 참고)
- 파일이나 잠금 또는 소켓 접근 권한

컴퓨터의 CPU는 프로세스를 실행할 때 다음과 같은 추가 데이터가 필요하다.

- 실행 중인 명령이나 명령을 실행하는 데 필요한 다른 데이터를 보관하는 레지스터
- 프로그램 시퀀스의 어떤 명령을 실행 중인지 저장하는 프로그램 카운터(명령 포인터)

CPython 프로세스는 컴파일된 CPython 인터프리터와 모듈로 구성된다. 모듈을 런타임에 불러들여서 CPython 평가 루프를 통해 명령으로 변환한다.

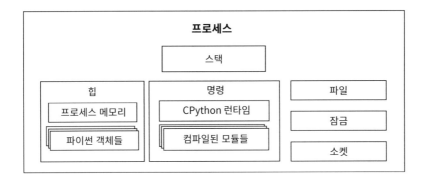

프로그램 레지스터와 프로그램 카운터는 프로세스에 저장된 명령 중 한 명령만 가리킨다. 즉, 한 번에 하나의 명령만 실행할 수 있다. 다시 말해 CPython은 한 번에 하나의 파이썬 바이트코드 명령만 실행할 수 있다.

프로세스의 명령을 병렬로 실행하려면 주로 다음 두 가지 방법을 사용할 수 있다.

1. 다른 프로세스를 포크(fork)하기
2. 스레드를 스폰하기

지금까지 프로세스를 구성하는 요소들에 대해 알아보았다. 다음으로는 자식 프로세스를 포크하고 스폰하는 방법에 대해 알아보자.

10.3 멀티프로세스를 활용한 병렬 실행

POSIX 시스템은 포크 API를 제공한다. 어떤 프로세스든 이 API를 사용해 자식 프로세스를 포크할 수 있다. 프로세스 포크는 실행 중인 프로세스가 호출할 수 있는 저수준 운영 체제 API다.

포크 호출이 일어나면 운영 체제는 현재 실행 중인 프로세스의 모든 어트리뷰트를 복제해 새 프로세스를 생성한다. 이때 부모의 힙과 레지스터, 카운터 위치도 새 프로세스로 복제된다. 자식 프로세스는 포크 시점에 부모 프로세스에 존재하던 모든 변수를 읽을 수 있다.

10.3.1 POSIX에서 프로세스 포크하기

예를 들어 9.1.3 '동적 메모리 할당'에서 사용했던 화씨-섭씨 변환 프로그램이 순차적으로 값을 변환하는 대신 fork()를 사용해 자식 프로세스를 스폰하게 바꿔 보자. 각 자식 프로세스는 포크 호출 뒤에서부터 실행을 이어 나간다.

cpython-book-samples▶33▶thread_celsius.c

```c
#include <stdio.h>
#include <stdlib.h>
#include <unistd.h>

static const double five_ninths = 5.0/9.0;

double celsius(double fahrenheit){
    return (fahrenheit - 32) * five_ninths;
}

int main(int argc, char** argv) {
    if (argc != 2)
        return -1;
    int number = atoi(argv[1]);
    for (int i = 1 ; i <= number ; i++ ) {
        double f_value = 100 + (i*10);
        pid_t child = fork();
        if (child == 0) { // 자식 프로세스에서는 0이다.
            double c_value = celsius(f_value);
            printf("%f F is %f C (pid %d)\n", f_value, c_value, getpid());
            exit(0);
        }
    }
    printf("Spawned %d processes from %d\n", number, getpid());
    return 0;
}
```

이 프로그램을 명령줄에서 실행해 보면 다음과 같은 결과가 출력된다.

```
$ ./thread_celsius 4
110.000000 F is 43.333333 C (pid 57179)
120.000000 F is 48.888889 C (pid 57180)
Spawned 4 processes from 57178
130.000000 F is 54.444444 C (pid 57181)
140.000000 F is 60.000000 C (pid 57182)
```

부모 프로세스(57178)가 자식 프로세스 4개를 스폰했다. 각 자식 프로세스는 child = fork() 이후부터 프로그램 실행을 이어 간다. 이때 child에는 0이 할당된다. 이후 계산을 완료하면 값을 출력한 후 프로세스를 종료한다. 마지막으로 부모 프로세스는 스폰한 프로세스의 수와 자신의 PID를 출력한다.

부모 프로세스의 최종 출력보다 세 번째와 네 번째 자식 프로세스의 출력이 느린 것을 볼 수 있는데, 이는 세 번째와 네 번째 프로세스가 완료되는 데 걸린 시간이 부모 프로세스가 완료되기까지 걸린 시간보다 더 길었기 때문이다.

부모 프로세스는 자식 프로세스가 완료되기 전에 별도의 종료 코드와 함께 종료될 수 있다. 운영 체제는 관련된 프로세스들을 쉽게 제어하기 위해 프로세스 그룹에 자식 프로세스를 추가한다.

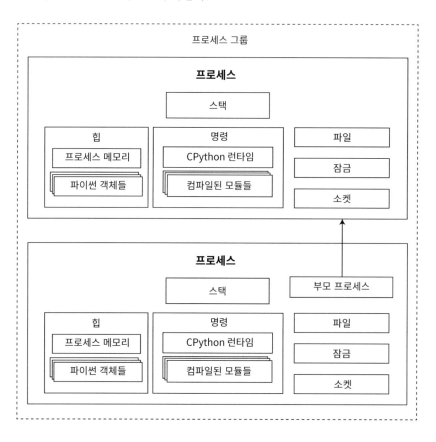

멀티프로세스를 활용한 병렬 실행의 가장 큰 단점은 자식 프로세스가 부모 프로세스의 완벽한 복제본이란 것이다.

CPython의 경우 프로세스를 포크하면 두 개 이상의 CPython 인터프리터가 실행되고 각 인터프리터가 따로 모듈과 라이브러리를 불러들이면서 상당한 오버헤드가 발생한다. 멀티프로세스는 처리 중인 작업의 크기가 프로세스를 포크할 때의 오버헤드보다 클 때 사용하는 것이 좋다.

또 다른 단점은 포크된 프로세스의 힙이 부모 프로세스로부터 격리되어 있다는 것이다. 즉, 자식 프로세스는 부모 프로세스의 메모리 공간에 쓰기를 수행할 수 없다.

자식 프로세스가 생성되면 자식 프로세스는 부모의 힙을 읽어 들일 수 있지만[1] 부모 프로세스에 정보를 다시 보낼 때는 IPC(프로세스 간 통신)를 활용해야 한다.

 os 모듈은 fork() 래퍼를 제공한다.

10.3.2 윈도우에서의 멀티프로세싱

지금까지 POSIX 모델에 대해 알아보았다. 윈도우는 fork() 같은 API를 제공하지 않지만 파이썬은 리눅스, macOS, 윈도우에서 최대한 동일한 API를 제공해야 한다.

이런 제약을 극복하기 위해 파이썬은 CreateProcessW() API로 새 python.exe 프로세스를 -c 명령줄 인자와 함께 스폰한다. 이 단계를 프로세스 스폰이라고 하며 POSIX 시스템에서도 사용할 수 있다. 이후 계속해서 프로세스 스폰에 대해 보게 될 것이다.

10.3.3 multiprocessing 패키지

CPython은 간편한 멀티프로세스 기반 병렬 실행 API를 제공한다. 이 API는 운영 체제의 프로세스 포크 API에 기반을 둔다.

---

1 (옮긴이) 부모 프로세스의 주소 영역에 접근하는 것이 아닌 복사된 데이터에 접근할 수 있다는 의미다.

이 API는 multiprocessing 패키지가 제공한다. 이 패키지는 프로세스 풀링, 대기열, 포크, 공유 메모리 힙 생성, 프로세스 연결 등을 위한 광범위한 기능을 제공한다.

10.3.4 연관된 소스 파일 목록

다음은 멀티프로세싱과 관련된 소스 파일 목록이다.

File	Purpose
Lib▶multiprocessing	multiprocessing 패키지의 파이썬 소스 파일
Modules▶_posixsubprocess.c	POSIX fork() 시스템 콜을 래핑하는 C 확장 모듈
Modules▶_winapi.c	윈도우 커널 API를 래핑하는 C 확장 모듈
Modules▶_multiprocessing	multiprocessing 패키지가 사용하는 C 확장 모듈
PC▶msvcrtmodule.c	마이크로소프트 비주얼 C 런타임 라이브러리의 파이썬용 인터페이스

10.3.5 프로세스 스폰과 포크

multiprocessing 패키지는 세 가지 병렬 프로세스 시작 방법을 제공한다.

1. 인터프리터 포크(POSIX 전용)
2. 새 인터프리터 프로세스 스폰(POSIX/윈도우)
3. 포크 서버를 실행한 후에 원하는 만큼의 프로세스를 포크하기(POSIX 전용)

 윈도우와 macOS에서는 스폰을 기본으로 사용하고 리눅스에서는 포크를 사용한다. multiprocessing.set_start_method()를 사용해 변경할 수 있다.

파이썬의 프로세스 시작 API는 콜러블인 target과 해당 콜러블의 인자로 전달할 튜플 args를 인자로 받는다.

다음은 화씨-섭씨 변환을 위해 새 프로세스를 스폰하는 예제다.

cpython-book-samples▶33▶spawn_process_celsius.py

```
import multiprocessing as mp
import os

def to_celsius(f):
    c = (f - 32) * (5/9)
    pid = os.getpid()
    print(f"{f}F is {c}C (pid {pid})")

if __name__ == '__main__':
    mp.set_start_method('spawn')
    p = mp.Process(target=to_celsius, args=(110,))
    p.start()
```

multiprocessing API는 한 프로세스뿐 아니라 여러 개의 프로세스를 시작하고 프로세스에 데이터를 제공할 수 있는 편리한 방법들을 제공한다. Pool 클래스도 그중 하나다.

이전 예제를 확장해서 여러 값을 별도의 프로세스에서 계산해 보자.

cpython-book-samples▶33▶pool_process_celsius.py

```
import multiprocessing as mp
import os

def to_celsius(f):
    c = (f - 32) * (5/9)
    pid = os.getpid()
    print(f"{f}F is {c}C (pid {pid})")

if __name__ == '__main__':
    mp.set_start_method('spawn')
    with mp.Pool(4) as pool:
        pool.map(to_celsius, range(110, 150, 10))
```

출력에 동일한 PID가 표시된다. CPython 인터프리터는 상당한 오버헤드가 있기 때문에 Pool은 풀의 각 프로세스를 워커로 사용해서 작업을 완료하면 재사용한다.

설정을 바꾸려면 다음 줄을 변경하면 된다.

```
with mp.Pool(4) as pool:
```

다음과 같이 바꿔 보자.

```
with mp.Pool(4, maxtasksperchild=1) as pool:
```

실행해 보면 이전과 비슷한 내용이 출력되지만 출력에서 새로 스폰된 프로세스의 PID들과 계산 결과를 확인할 수 있다.[2]

```
$ python pool_process_celsius.py
110F is 43.333333333333336C (pid 5654)
120F is 48.88888888888889C (pid 5653)
130F is 54.44444444444445C (pid 5652)
140F is 60.0C (pid 5655)
```

자식 프로세스 생성 과정

지금까지 살펴본 스크립트들은 새 파이썬 인터프리터를 생성하고 pickle을 통해 데이터를 전송했다.

---

 pickle 모듈은 파이썬 객체용 직렬화 패키지다. 자세한 내용은 리얼 파이썬의 'The Python Pickle Module: How to Persist Objects in Python'[3]을 참고하자.

POSIX 시스템에서 multiprocessing 모듈이 자식 프로세스를 생성하는 방식은 다음 명령과 동일하다. <i>는 파일 핸들 디스크립터, <j>는 파이프 핸들 디스크립터다.

```
$ python -c 'from multiprocessing.spawn import spawn_main; \
  spawn_main(tracker_fd=<i>, pipe_handle=<j>)' --multiprocessing-fork
```

윈도우에서는 tracker_fd 대신 부모의 PID를 사용한다. <k>는 부모의 PID, <j>는 파이프 핸들 디스크립터다.

```
> python.exe -c 'from multiprocessing.spawn import spawn_main; \
  spawn_main(parent_pid=<k>, pipe_handle=<j>)' --multiprocessing-fork
```

---

2 (옮긴이) maxtasksperchild=1은 한 자식 프로세스가 한 가지 작업만 처리하도록 제한한다.
3 *https://realpython.com/python-pickle-module/*

파이프로 자식 프로세스에 데이터 전송하기

운영 체제가 자식 프로세스를 생성하면 생성된 프로세스는 부모 프로세스의 초기화 데이터를 기다린다.

부모 프로세스는 파이프 파일 스트림에 두 개의 객체를 쓴다. 파이프 파일 스트림은 명령줄에서 프로세스 간에 데이터를 전송하는 특별한 I/O 스트림이다.

부모 프로세스가 전송한 첫 번째 객체는 준비 데이터(preparation data) 객체다. 이 객체는 실행 디렉터리, 시작 방법, 명령줄 인자, sys.path 같은 부모 프로세스 정보의 일부를 담고 있는 딕셔너리다.

multiprocessing.spawn.get_preparation_data(name)으로 준비 데이터를 확인할 수 있다.

```
>>> import multiprocessing.spawn
>>> import pprint
>>> pprint.pprint(multiprocessing.spawn.get_preparation_data("example"))
{'authkey': b'\x90\xaa_\x22[\x18\ri\xbcag]\x93\xfe\xf5\xe5@[wJ\x99p#\x00'
            b'\xce\xd4)1j.\xc3c',
 'dir': '/Users/anthonyshaw',
 'log_to_stderr': False,
 'name': 'example',
 'orig_dir': '/Users/anthonyshaw',
 'start_method': 'spawn',
 'sys_argv': [''],
 'sys_path': [
                '/Users/anthonyshaw',
                ]}
```

두 번째 객체는 BaseProcess의 자식 클래스 인스턴스다. 호출 방식과 운영 체제에 따라 BaseProcess의 자식 클래스 중 하나를 인스턴스화하고 직렬화한다.

준비 데이터와 프로세스 객체 모두 pickle로 직렬화되어 부모 프로세스의 파이프 스트림으로 전송된다.

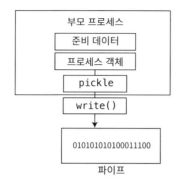

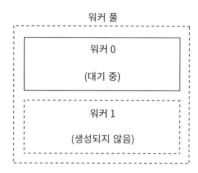

 자식 프로세스 생성 및 직렬화 과정의 POSIX 구현은 Lib▶multiprocessing▶popen_
spawn_posix.py에서 확인할 수 있다.

윈도우용 구현은 Lib▶multiprocessing▶popen_spawn_win32.py에서 찾을 수 있다.

자식 프로세스 실행하기

자식 프로세스 시작점인 multiprocessing.spawn.spawn_main()은 인자로 pipe_
handle과 parent_pid(윈도우일 경우), tracked_fd(POSIX일 경우)를 받는다.

```
def spawn_main(pipe_handle, parent_pid=None, tracker_fd=None):
    '''
    파이프를 사용해 전달된 데이터에 포함된 코드를 실행
    '''
    assert is_forking(sys.argv), "Not forking"
```

윈도우에서는 부모 PID의 OpenProcess API를 호출해서 부모 프로세스 파이프
의 파일 핸들 fd를 생성한다.

```
if sys.platform == 'win32':
    import msvcrt
    import _winapi
```

```
if parent_pid is not None:
    source_process = _winapi.OpenProcess(
        _winapi.SYNCHRONIZE | _winapi.PROCESS_DUP_HANDLE,
        False, parent_pid)
else:
    source_process = None
new_handle = reduction.duplicate(pipe_handle,
                                 source_process=source_process)
fd = msvcrt.open_osfhandle(new_handle, os.O_RDONLY)
parent_sentinel = source_process
```

POSIX에서는 pipe_handle이 곧 파일 디스크립터 fd이고 parent_sentinel에 복제된다.

```
else:
    from . import resource_tracker
    resource_tracker._resource_tracker._fd = tracker_fd
    fd = pipe_handle
    parent_sentinel = os.dup(pipe_handle)
```

다음으로 _main()을 부모의 파이프 파일 핸들 fd 및 부모 프로세스 감시자 parent_sentinel과 함께 호출한다. _main()이 반환되면 반환값을 프로세스의 종료 코드로 사용하고 인터프리터를 종료한다.

```
exitcode = _main(fd, parent_sentinel)
sys.exit(exitcode)
```

자식 프로세스가 실행되는 도중 부모 프로세스가 종료됐는지 감시하기 위해 _main()은 fd 및 parent_sentinel과 함께 호출된다.

_main()은 fd 바이트 스트림의 이진 데이터를 역직렬화한다. 이 핸들이 파이프 파일 핸들이라는 것을 명심하자. 역직렬화 시에는 부모 프로세스와 동일한 pickle 라이브러리를 사용한다.

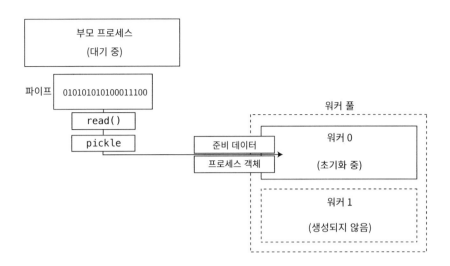

가장 먼저 들어오는 데이터는 준비 데이터를 담고 있는 dict다. 그다음으로 들어오는 건 SpawnProcess 인스턴스인데 이후 이 인스턴스의 _bootstrap()을 호출한다.

```python
def _main(fd, parent_sentinel):
    with os.fdopen(fd, 'rb', closefd=True) as from_parent:
        process.current_process()._inheriting = True
        try:
            preparation_data = reduction.pickle.load(from_parent)
            prepare(preparation_data)
            self = reduction.pickle.load(from_parent)
        finally:
            del process.current_process()._inheriting
    return self._bootstrap(parent_sentinel)
```

_bootstrap()은 역직렬화된 데이터로부터 BaseProcess 인스턴스를 생성하고 마지막으로 BaseProcess.run()으로 실행 대상 함수를 주어진 인자와 함께 호출한다.

```python
    def run(self):
        '''
        자식 프로세스에서 실행할 메서드. 자식 클래스가 오버라이드할 수 있다.
        '''
        if self._target:
            self._target(*self._args, **self._kwargs)
```

self._bootstrap()이 반환한 종료 코드가 종료 코드로 설정되고 자식 프로세스가 종료된다.

부모 프로세스는 이 과정을 통해 모듈과 실행할 함수를 직렬화한다. 자식 프로세스도 이 과정을 통해 전송된 인스턴스를 역직렬화하고 함수를 인자와 함께 호출하고 반환한다.

자식 프로세스가 시작되면 더 이상 이렇게 데이터를 교환할 수 없다. 자식 프로세스가 시작된 이후에는 Queue와 Pipe를 확장한 객체를 이용해 데이터를 교환해야 한다.

프로세스를 풀에서 생성한 경우, 생성된 첫 번째 프로세스는 준비가 완료된 후 대기 상태로 들어간다. 부모 프로세스는 이 과정을 반복하면서 다음 워커에 데이터를 전송한다.

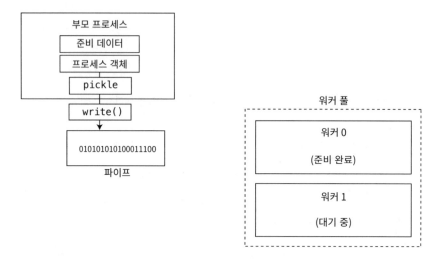

다음 워커는 데이터를 전달받은 후 자신의 상태를 초기화하고 실행 대상 함수를 실행한다.

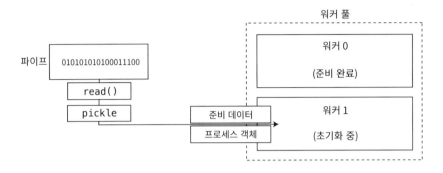

초기화 후에는 어떤 데이터든 큐와 파이프로만 교환할 수 있다.

10.3.6 큐와 파이프를 사용해 데이터 교환하기

지금까지 자식 프로세스를 스폰하는 방법과 파이프를 직렬화 스트림으로 사용하여 자식 프로세스에 실행할 함수와 그 인자를 전달하는 방법에 대해 알아보았다.

프로세스 간 통신에는 작업 특성에 따라 큐와 파이프 두 가지 방법을 사용할 수 있다. 큐와 파이프에 대해 자세히 알아보기 전에 운영 체제가 세마포어라는 변수를 사용하여 자원을 적절하지 못한 접근으로부터 보호하는 방법에 대해 알아보자.

세마포어

다양한 멀티프로세싱 메커니즘들이 자원이 잠겼거나 대기 중이거나 잠기지 않았다는 신호를 보내는 방법으로 세마포어를 사용한다. 운영 체제는 파일과 소켓 등 자원을 잠그기 위한 단순한 가변 타입으로 이진 세마포어를 사용한다.

한 프로세스가 파일이나 네트워크 소켓에 쓰고 있을 때 다른 프로세스가 같은 파일에 쓰기 시작하면 데이터는 바로 손상된다.

운영 체제는 이런 손상을 방지하기 위해 세마포어를 사용해 자원을 잠근다.

프로세스는 잠금이 해제되기를 기다리고 있다는 신호를 보낼 수 있고, 잠금이 해제되면 잠금이 해제되어 자원을 사용할 수 있다는 메시지를 받게 된다.

원래 세마포어는 기차 등에서 메시지를 보내기 위해 깃발을 사용하는 신호 전송 방법이다. 다음은 세마포어의 대기 상태와 잠금 상태, 잠금 해제 상태를 표현한 그림이다.

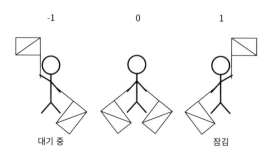

운영 체제마다 다른 형태의 세마포어 API를 제공하기 때문에 파이썬은 multi processing.synchronize.Semaphore라는 추상화 클래스를 제공한다.

세마포어는 스레드 안전성과 프로세스 안전성을 모두 보장하기 때문에 CPython은 멀티프로세싱에 세마포어를 사용한다. 동일한 세마포어에 대한 읽기 또는 쓰기 데드락은 운영 체제가 처리한다.

이러한 세마포어 API 함수 구현은 C 확장 모듈 Modules▶_multiprocessing▶ semaphore.c에서 찾을 수 있다. 이 확장 모듈은 세마포어를 생성, 잠금, 해제할 수 있는 통일된 인터페이스를 제공한다.

운영 체제 세마포어 API 호출은 운영 체제에 따라 다른 구현으로 컴파일되는 일련의 매크로를 통해 이루어진다.

윈도우에서는 <winbase.h> API 함수들이 매크로에서 사용된다.

```
#define SEM_CREATE(name, val, max) CreateSemaphore(NULL, val, max, NULL)
#define SEM_CLOSE(sem) (CloseHandle(sem) ? 0 : -1)
#define SEM_GETVALUE(sem, pval) _GetSemaphoreValue(sem, pval)
#define SEM_UNLINK(name) 0
```

POSIX에서는 <semaphore.h> API들이 사용된다.

```
#define SEM_CREATE(name, val, max) sem_open(name, O_CREAT | O_EXCL, 0600,
val)
#define SEM_CLOSE(sem) sem_close(sem)
#define SEM_GETVALUE(sem, pval) sem_getvalue(sem, pval)
#define SEM_UNLINK(name) sem_unlink(name)
```

큐

큐는 여러 프로세스 간에 작은 데이터를 주고받기 좋은 방법이다.

이전에도 사용한 멀티프로세싱 예제에 `multiprocessing.Manager()` 인스턴스와 두 개의 큐를 적용해 보자.

1. inputs로 화씨 데이터를 입력
2. outputs로 변환된 섭씨 데이터를 출력

두 개의 워커를 사용할 수 있도록 풀 크기를 2로 변경하자.

cpython-book-samples ▶ 33 ▶ pool_queue_celsius.py

```python
import multiprocessing as mp

def to_celsius(input: mp.Queue, output: mp.Queue):
    f = input.get()
    # 시간이 걸리는 작업 실행...
    c = (f - 32) * (5/9)
    output.put(c)

if __name__ == '__main__':
    mp.set_start_method('spawn')
    pool_manager = mp.Manager()
    with mp.Pool(2) as pool:
        inputs = pool_manager.Queue()
        outputs = pool_manager.Queue()
        input_values = list(range(110, 150, 10))
        for i in input_values:
            inputs.put(i)
            pool.apply(to_celsius, (inputs, outputs))

        for f in input_values:
            print(outputs.get(block=False))
```

실행하면 outputs 큐에서 반환된 튜플의 리스트를 출력한다.

```
$ python pool_queue_celsius.py
43.333333333333336
48.88888888888889
54.44444444444445
60.0
```

먼저 부모 프로세스가 inputs 큐에 입력값을 삽입하면 첫 번째 워커가 큐에서 객체를 꺼낸다. .get()을 사용해 큐에서 객체를 꺼낼 때 큐 객체는 세마포어 잠 금을 사용한다.

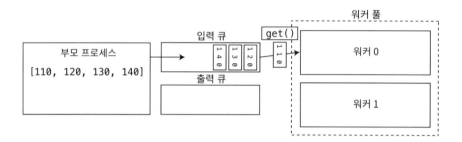

첫 번째 워커가 작업 중이면 두 번째 워커가 큐에서 다음 값을 꺼낸다.

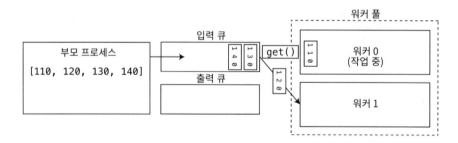

첫 번째 워커는 계산을 완료하고 결과를 outputs 큐에 삽입한다.

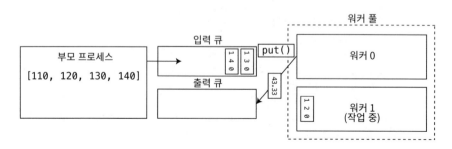

두 큐는 각각 출력과 입력을 위해 사용된다. 최종적으로는 모든 입력값이 처리되고 outputs 큐가 가득 채워진다. 이후 부모 프로세스가 결괏값들을 출력한다.

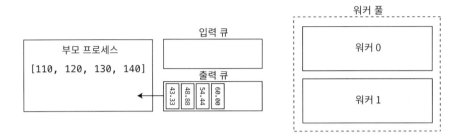

이 예제를 통해 워커 풀이 큐에서 불연속적으로 수신한 작은 값들을 병렬로 처리한 후 그 결과를 호스트 프로세스로 전송하는 방법에 대해 알아보았다.

화씨-섭씨 변환은 사실 병렬 실행에 적합하다고는 볼 수 없는 작고 사소한 연산 작업이다. 워커 프로세스가 CPU 집약적인 연산을 수행하는 경우라면 멀티 CPU 또는 멀티코어 컴퓨터에서 큰 성능 향상을 얻을 수 있을 것이다.

스트리밍 데이터의 경우 불연속적인 큐 대신 파이프를 사용할 수 있다.

파이프

multiprocessing 패키지는 Pipe 타입을 제공한다. 파이프를 인스턴스화하면 부모 쪽 연결과 자식 쪽 연결, 두 개의 연결이 반환된다. 두 연결 모두 데이터를 보낼 수도, 받을 수도 있다.

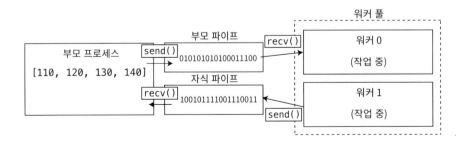

큐 예제에서는 데이터를 주고받을 때 자동으로 잠금이 적용됐다. 파이프는 잠

금을 제공하지 않기 때문에 파이프를 쓸 때는 두 프로세스가 동시에 같은 파이프에 값을 쓰지 않도록 주의해야 한다.

예제에 파이프를 적용하려면 pool.apply()를 pool.apply_async()로 변경해야 한다. 변경하면 다음 프로세스가 논블로킹으로 실행된다.

cpython-book-samples ▶ 33 ▶ pool_pipe_celsius.py

```python
import multiprocessing as mp

def to_celsius(child_pipe: mp.Pipe):
    f = child_pipe.recv()
    # 시간이 걸리는 작업 실행...
    c = (f - 32) * (5/9)
    child_pipe.send(c)

if __name__ == '__main__':
    mp.set_start_method('spawn')
    pool_manager = mp.Manager()
    with mp.Pool(2) as pool:
        parent_pipe, child_pipe = mp.Pipe()
        results = []
        for input in range(110, 150, 10):
            parent_pipe.send(input)
            results.append(pool.apply_async(to_celsius,
                                            args=(child_pipe,)))
            print("Got {0:}".format(parent_pipe.recv()))
        parent_pipe.close()
        child_pipe.close()
```

이 줄에서는 여러 프로세스가 동시에 부모 파이프에서 값을 읽어 버릴 수도 있다.

```python
f = child_pipe.recv()
```

또한 이 줄에서는 여러 프로세스가 동시에 자식 파이프에 값을 써 버릴 수도 있다.

```python
child_pipe.send(c)
```

이런 위험 상황이 실제로 발생하면 데이터 교환 중에 데이터가 손상될 것이다.

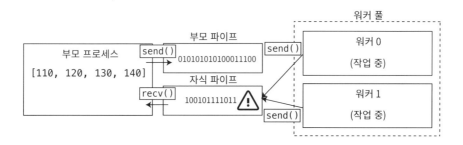

이런 상황을 막기 위해 운영 체제의 세마포어 잠금을 적용하면 모든 자식 프로세스는 똑같은 파이프에 쓰거나 읽을 때 잠금을 확인한다.

잠금이 필요한 부분은 두 곳이다. 하나는 부모 파이프에서 값을 읽는 부분이고 다른 하나는 자식 파이프에 값을 쓰는 부분이다.

cpython-book-samples▶33▶pool_pipe_locks_celsius.py

```python
import multiprocessing as mp

def to_celsius(child_pipe: mp.Pipe, child_lock: mp.Lock):
    child_lock.acquire(blocking=False)
    try:
        f = child_pipe.recv()
    finally:
        child_lock.release()
    # 시간이 걸리는 작업 중 … 처리 전에 잠금 해제
    c = (f - 32) * (5/9)
    # 작업이 완료되면 다시 잠금을 취득한다.
    child_lock.acquire(blocking=False)
    try:
        child_pipe.send(c)
    finally:
        child_lock.release()

if __name__ == '__main__':
    mp.set_start_method('spawn')
    pool_manager = mp.Manager()
    with mp.Pool(2) as pool:
        parent_pipe, child_pipe = mp.Pipe()
        child_lock = pool_manager.Lock()
        results = []
        for i in range(110, 150, 10):
            parent_pipe.send(i)
            results.append(pool.apply_async(
```

```
            to_celsius, args=(child_pipe, child_lock)))
        print(parent_pipe.recv())
    parent_pipe.close()
    child_pipe.close()
```

이제 자식 프로세스는 데이터를 읽기 전과 쓰기 전에 잠금을 기다린다.

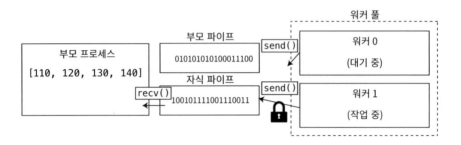

큰 데이터를 전송할수록 충돌 가능성이 높아지기 때문에 이 예제는 큰 데이터를 파이프로 전송하는 상황에 적합하다.

10.3.7 프로세스 간의 공유 상태

지금까지는 부모와 자식 프로세스 간에 데이터를 주고받는 방법에 대해 알아봤지만 자식 프로세스끼리 데이터를 주고받아야 하는 경우도 분명히 있다. 이런 경우에 multiprocessing 패키지는 두 가지 방법을 제공한다.

1. 고성능 공유 메모리 API: 공유 메모리 맵과 공유 C 타입을 사용한다.
2. 유연한 서버 프로세스 API: Manager 클래스를 통해 복잡한 타입들을 지원한다.

10.3.8 애플리케이션 예제

지금부터 이번 장이 끝날 때까지 TCP 포트 스캐너 예제를 리팩터링해 가며 다양한 동시성 및 병렬성 기법을 사용해 볼 것이다.

네트워크에서 호스트는 포트에 연결되며 포트 번호는 1부터 65535번까지 제공된다. 표준적인 서비스에는 표준 포트가 제공되는데, 예를 들어 HTTP는 80번 포트에서 작동하고 HTTPS는 443번에서 실행된다. TCP 포트 스캐너는 네트워크로 패킷을 전송할 수 있는지 확인하는 일반적인 네트워크 테스트 도구다.

이 코드 예제는 멀티프로세싱 예제에서 사용했던 것과 비슷한 스레드 안전한 큐 구현인 Queue 인터페이스를 사용하고, socket 패키지를 사용해 원격 포트에 1초 타임아웃으로 연결을 시도한다.

check_port()는 host가 주어진 port에서 응답하는지 확인한다. 응답할 경우 check_port()는 포트 번호를 results 큐에 추가한다.

스크립트는 실행되면 80번부터 100번 포트까지 check_port()를 호출하고, 작업이 완료되면 results 큐를 비운 후 결과를 명령줄에 출력한다. 또한 방식별 차이를 확인할 수 있도록 실행에 걸린 시간을 출력한다.

cpython-book-samples ▶ 33 ▶ portscanner.py

```python
from queue import Queue
import socket
import time

timeout = 1.0

def check_port(host: str, port: int, results: Queue):
    sock = socket.socket(socket.AF_INET, socket.SOCK_STREAM)
    sock.settimeout(timeout)
    result = sock.connect_ex((host, port))
    if result == 0:
        results.put(port)
    sock.close()

if __name__ == '__main__':
    start = time.time()
    host = "localhost" # 적당한 호스트로 바꾸자.
    results = Queue()
    for port in range(80, 100):
        check_port(host, port, results)
    while not results.empty():
        print("Port {0} is open".format(results.get()))
    print("Completed scan in {0} seconds".format(time.time() - start))
```

실행해 보면 열려 있는 포트와 실행된 시간이 출력된다.

```
$ python portscanner.py
Port 80 is open
Completed scan in 19.623435020446777 seconds
```

멀티프로세싱을 사용하여 Queue 인터페이스를 multiprocessing.Queue로 바꾸고 풀 실행기(pool executor)로 포트 스캔을 실행하도록 리팩터링해 보자.

cpython-book-samples▶33▶portscanner_mp_queue.py

```python
import multiprocessing as mp
import time
import socket

timeout = 1

def check_port(host: str, port: int, results: mp.Queue):
    sock = socket.socket(socket.AF_INET, socket.SOCK_STREAM)
    sock.settimeout(timeout)
    result = sock.connect_ex((host, port))
    if result == 0:
        results.put(port)
    sock.close()

if __name__ == '__main__':
    start = time.time()
    processes = []
    scan_range = range(80, 100)
    host = "localhost"  # 적당한 호스트로 바꾸자.
    mp.set_start_method('spawn')
    pool_manager = mp.Manager()
    with mp.Pool(len(scan_range)) as pool:
        outputs = pool_manager.Queue()
        for port in scan_range:
            processes.append(pool.apply_async(check_port,
                                              (host, port, outputs)))
        for process in processes:
            process.get()
        while not outputs.empty():
            print("Port {0} is open".format(outputs.get()))
        print("Completed scan in {0} seconds".format(time.time() - start))
```

기대했던 것처럼 여러 포트를 병렬로 테스트하기 때문에 속도가 훨씬 빨라진다.

```
$ python portscanner_mp_queue.py
Port 80 is open
Completed scan in 1.556523084640503 seconds
```

10.3.9 멀티프로세싱 요약

멀티프로세싱은 확장 가능한 파이썬용 병렬 실행 API를 제공한다. 프로세스 간에 데이터를 공유할 수도 있고 CPU 집약적인 작업을 병렬 작업으로 쪼개서 멀티코어 또는 멀티 CPU 컴퓨터의 장점을 활용할 수도 있다.

CPU 집약적인 작업이 아닌 I/O 집약적인 작업의 경우에는 멀티프로세싱이 적합하지 않다. 예를 들어 워커 프로세스 4개를 스폰하고 같은 파일을 읽고 쓸 경우, 한 프로세스가 작업하고 있는 동안 나머지 프로세스 3개는 잠금이 해제 되기를 기다려야 한다.

또한 멀티프로세싱은 새로운 파이썬 인터프리터를 시작하는 데 필요한 시간 과 처리 오버헤드로 인해 짧은 작업에는 그다지 적합하지 않다.

I/O 작업과 짧은 작업의 시나리오에서는 대해서는 다음에 알아볼 방법들이 더 적합하다.

10.4 멀티스레딩

CPython은 스레드를 생성, 스폰, 제어할 수 있는 파이썬용 고수준 API와 저수 준 API를 제공한다.

파이썬 스레드를 이해하기 위해서는 먼저 운영 체제 스레드가 작동하는 방 식을 이해해야 한다. CPython 스레딩에서는 두 가지 구현이 이용된다.

1. `pthreads`: POSIX 스레드(리눅스, macOS)
2. `nt threads`: NT 스레드(윈도우)

앞서 10.2 '프로세스의 구조'에서 봤듯이 프로세스는 다음과 같은 요소들을 갖 추고 있다.

- 서브루틴의 스택
- 메모리 힙
- 운영 체제의 파일, 잠금, 소켓에 접근할 수 있는 권한

단일 프로세스의 가장 큰 제약은 운영 체제가 실행 파일마다 하나의 프로그램

카운터를 가진다는 것이다.

이 문제를 해결하기 위해 최신 운영 체제는 실행을 여러 스레드로 분기할 수 있도록 운영 체제에 신호를 보낼 수 있다.

각 스레드는 저마다 다른 프로그램 카운터를 가지지만 호스트 프로세스와 리소스를 공유한다. 또한 각 스레드는 별도의 콜 스택을 가지고 있기 때문에 다른 함수를 실행할 수도 있다.

여러 스레드가 같은 메모리 공간을 읽고 쓸 수 있기 때문에 충돌이 일어날 수도 있다. 이를 해결하기 위해서는 메모리에 접근하기 전에 메모리 공간이 단일 스레드에 의해 잠겨 있는지 확인하는 등의 스레드 안전성이 필요하다.

다음은 스레드 3개를 가지고 있는 단일 프로세스의 구조를 그림으로 표현한 것이다.

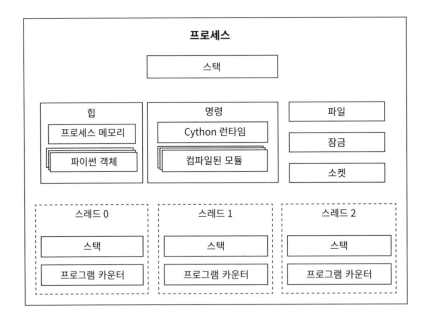

 파이썬 스레딩 API에 대한 간단한 자습서를 리얼 파이썬의 'Intro to Python Threading'[4] 에서 제공하고 있다.

---

4 *https://realpython.com/intro-to-python-threading/*

10.4.1 GIL

C의 POSIX 스레드 또는 NT 스레드에 익숙하거나 다른 고수준 언어를 사용해 보았다면 멀티스레딩 사용 시 병렬로 실행된다고 생각할 것이다.

CPython에서 스레드는 C API를 기반으로 하지만 결국 파이썬 스레드다. 즉, 모든 파이썬 스레드는 평가 루프를 통해 파이썬 바이트코드를 실행해야 한다.

파이썬 평가 루프는 스레드 안전하지 못하다. 가비지 컬렉터를 비롯해 인터 프리터 상태를 구성하는 많은 부분은 전역적이고 공유 상태다. 이런 구조 때문에 CPython 개발자들은 GIL(global interpreter lock, 전역 인터프리터 잠금)이라는 거대한 잠금을 구현했다. 프레임 평가 루프에서 명령 코드를 실행하기 전에 스레드는 GIL을 얻고, 명령 코드를 실행한 후에 GIL을 해제한다.

GIL은 파이썬의 모든 명령 실행에 전역 스레드 안전성을 제공하지만 큰 단점도 있다. 긴 시간이 걸리는 명령이 실행 중이면 다른 스레드들은 그 시간 동안 GIL이 해제되기만 기다려야 한다. 즉, 동시에 단 하나의 스레드만 파이썬 바이트코드를 실행할 수 있다.

take_gil()을 호출하면 GIL을 얻을 수 있고 drop_gil()을 호출하면 GIL을 해제할 수 있다. GIL 획득은 코어 프레임 평가 루프 _PyEval_EvalFrameDefault() 내부에서 이루어진다.

특정한 프레임 실행 작업이 GIL을 영원히 보유하는 걸 막기 위해 평가 루프 상태에는 gil_drop_request라는 플래그가 있다. 프레임의 각 바이트코드 연산이 완료될 때마다 플래그가 설정되고 GIL이 일시적으로 해제된다.

```
if (_Py_atomic_load_relaxed(&ceval2->gil_drop_request)) {
    /* 다른 스레드가 실행될 수 있는 기회를 준다. */
    if (_PyThreadState_Swap(&runtime->gilstate, NULL) != tstate) {
        Py_FatalError("tstate mix-up");
    }
    drop_gil(ceval, ceval2, tstate);

    /* 잠깐 다른 스레드가 실행될 수 있다. */

    take_gil(tstate);

    if (_PyThreadState_Swap(&runtime->gilstate, tstate) != NULL) {
        Py_FatalError("orphan tstate");
```

```
        }
    }
...
```

GIL은 병렬 실행을 제약하지만 그 대신 파이썬의 멀티스레딩은 매우 안전하고 I/O 집약적인 작업을 동시에 실행하기에 이상적이다.

10.4.2 연관된 소스 파일 목록

다음은 스레딩에 관련된 소스 파일들이다.

파일	용도
Include▸pythread.h	PyThread API와 정의
Lib▸threading.py	고수준 스레딩 API와 표준 라이브러리 모듈
Modules▸_threadmodule.c	저수준 스레딩 API와 표준 라이브러리 모듈
Python▸thread.c	thread 모듈용 C 확장
Python▸thread_nt.h	윈도우 스레딩 API
Python▸thread_pthread.h	POSIX 스레딩 API
Python▸ceval_gil.h	GIL 구현

10.4.3 파이썬 스레드 시작하기

네트워크 포트 스캐너를 스레드를 사용해 구현해 보고 GIL의 제약에도 불구하고 멀티스레드 코드가 제공하는 성능 향상을 확인해 보자.

먼저 이전에 사용했던 스크립트를 복제한 후 threading.Thread()를 사용해 각 포트에 대해 스레드를 스폰하도록 로직을 변경하자. threading.Thread()는 multiprocessing과 비슷한 API를 제공한다. 멀티스레딩 API는 target과 args 두 가지 인자를 받는다. 실행할 콜러블은 target으로 전달되고 실행할 콜러블의 인자는 튜플 형태로 args로 전달된다.

루프를 돌며 스레드를 시작할 때 스레드가 완료되기를 기다리지 말고 생성된 스레드 인스턴스를 threads 리스트에 추가하자.

```
for port in range(80, 100):
    t = Thread(target=check_port, args=(host, port, results))
```

```
        t.start()
        threads.append(t)
```

필요한 스레드가 전부 생성됐으면 threads 리스트를 돌면서 .join()을 호출해 스레드가 전부 완료되기를 기다리자.

```
    for t in threads:
        t.join()
```

그다음 results 큐의 모든 항목을 소비하면서 화면에 결과를 출력한다.

```
    while not results.empty():
        print("Port {0} is open".format(results.get()))
```

다음은 전체 스크립트다.

cpython-book-samples ▶ 33 ▶ portscanner_threads.py

```python
from threading import Thread
from queue import Queue
import socket
import time

timeout = 1.0

def check_port(host: str, port: int, results: Queue):
    sock = socket.socket(socket.AF_INET, socket.SOCK_STREAM)
    sock.settimeout(timeout)
    result = sock.connect_ex((host, port))
    if result == 0:
        results.put(port)
    sock.close()

def main():
    start = time.time()
    host = "localhost"
    threads = []
    results = Queue()
    for port in range(80, 100):
        t = Thread(target=check_port, args=(host, port, results))
        t.start()
        threads.append(t)
```

```
    for t in threads:
        t.join()
    while not results.empty():
        print("Port {0} is open".format(results.get()))
    print("Completed scan in {0} seconds".format(time.time() - start))

if __name__ == '__main__':
    main()
```

이 스크립트를 명령줄에서 실행해 보면 단일 스레드만 사용하는 코드보다 10
배는 빠르게 실행되는 것을 확인해 볼 수 있다.

```
$ python portscanner_threads.py
Port 80 is open
Completed scan in 1.0101029872894287 seconds
```

또한 멀티스레딩의 오버헤드는 멀티프로세싱에서 새 프로세스 시작 시의 오버
헤드보다 훨씬 작아서 멀티프로세싱을 사용한 구현보다 50%에서 60%가량 빠
르게 실행된다.

GIL로 한 번에 하나의 명령만 실행할 수 있다면 왜 스레딩 코드가 이렇게 빠
를까?

다음 구문은 1~1000ms가량 걸린다.

```
    result = sock.connect_ex((host, port))
```

C 확장 모듈 Modules▶socketmodule.c에서 이 함수는 소켓 연결을 구현한다.

Modules▶socketmodule.c 3241행

```
static int
internal_connect(PySocketSockObject *s, struct sockaddr *addr,
                int addrlen, int raise)
{
    int res, err, wait_connect;

    Py_BEGIN_ALLOW_THREADS
    res = connect(s->sock_fd, addr, addrlen);
    Py_END_ALLOW_THREADS
```

connect() 시스템 콜을 Py_BEGIN_ALLOW_THREADS 매크로와 Py_END_ALLOW_THREADS 매크로가 둘러싸고 있는 모습을 볼 수 있는데 이 매크로들은 Include▶ceval.h에 다음과 같이 정의되어 있다.

```
#define Py_BEGIN_ALLOW_THREADS { \
                        PyThreadState *_save; \
                        _save = PyEval_SaveThread();
#define Py_BLOCK_THREADS        PyEval_RestoreThread(_save);
#define Py_UNBLOCK_THREADS      _save = PyEval_SaveThread();
#define Py_END_ALLOW_THREADS    PyEval_RestoreThread(_save); \
                }
```

Py_BEGIN_ALLOW_THREADS가 호출되면 PyEval_SaveThread()가 호출되고, 이 함수는 스레드 상태를 NULL로 바꾸고 GIL을 해제한다.

Python▶ceval.c 448행

```
PyThreadState *
PyEval_SaveThread(void)
{
    _PyRuntimeState *runtime = &_PyRuntime;
    PyThreadState *tstate = _PyThreadState_Swap(&runtime->gilstate, NULL);
    _Py_EnsureTstateNotNULL(tstate);

    struct _ceval_runtime_state *ceval = &runtime->ceval;
    struct _ceval_state *ceval2 = &tstate->interp->ceval;
    assert(gil_created(&ceval->gil));
    drop_gil(ceval, ceval2, tstate);
    return tstate;
}
```

GIL이 해제되면 다른 스레드들이 계속 실행되고, 이 스레드는 평가 루프를 차단하지 않고 시스템 호출을 기다린다.

connect()가 성공했거나 시간이 초과되면 Py_END_ALLOW_THREADS 매크로가 원래 스레드 상태와 함께 PyEval_RestoreThread()를 실행한다. 이 함수는 스레드 상태를 복구하고 GIL을 다시 획득하는데 이때 take_gil()은 블로킹 함수이기 때문에 세마포어를 기다려야 한다.

Python ▶ ceval.c 462행

```
void
PyEval_RestoreThread(PyThreadState *tstate)
{
    _Py_EnsureTstateNotNULL(tstate);

    take_gil(tstate);

    struct _gilstate_runtime_state *gilstate =
        &tstate->interp->runtime->gilstate;
    _PyThreadState_Swap(gilstate, tstate);
}
```

이 부분이 GIL 예외 처리 매크로 세트인 **Py_BEGIN_ALLOW_THREADS**와 **Py_END_ALLOW_THREADS**로 감싼 유일한 부분은 아니다. GIL 예외 처리 매크로 세트는 다음과 같은 용도를 위해 표준 라이브러리에서 300군데 이상 사용된다.

- HTTP 요청
- 로컬 하드웨어와의 상호 작용
- 데이터 암호화
- 파일 읽기와 쓰기

10.4.4 스레드 상태

CPython은 독자적인 스레드 관리 구현을 제공한다. 스레드가 평가 루프에서 파이썬 바이트코드를 실행해야 하기 때문에 CPython에서 스레드를 실행하는 것은 운영 체제 스레드를 스폰하는 것만큼 간단하지 않다.

파이썬 스레드는 **PyThread**라고 부르는데 이것에 대해서는 8장 '평가 루프'에서 간략하게 다뤘다.

파이썬 스레드는 코드 객체를 실행하며 인터프리터에 의해 스폰된다.

이전에 살펴본 내용을 간단히 요약해 보면 다음과 같다.

- CPython은 런타임이 하나 있고 이 런타임은 런타임 상태를 가지고 있다.
- CPython은 하나 이상의 인터프리터를 가질 수 있다.
- 인터프리터는 인터프리터 상태를 가진다.

- 인터프리터는 코드 객체를 일련의 프레임 객체로 변환한다.
- 인터프리터는 스레드를 최소 하나 가진다. 이때 각 스레드는 스레드 상태를 가진다.
- 프레임 객체는 프레임 스택 위에서 실행된다.
- CPython은 값 스택에서 변수를 참조한다.
- 인터프리터 상태는 스레드들을 연결 리스트로 가지고 있다.

한 스레드와 한 인터프리터를 사용하는 런타임의 상태는 다음과 같다.

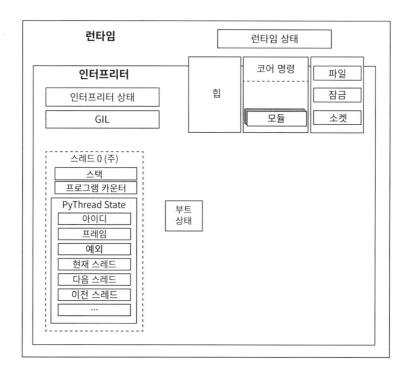

스레드 상태 타입 PyThreadState는 다음 프로퍼티들을 포함해 서른 개가 넘는 프로퍼티가 있다.

- 고유 식별자
- 다른 스레드 상태와 연결된 연결 리스트
- 스레드를 스폰한 인터프리터의 상태

- 현재 실행 중인 프레임
- 현재 재귀 깊이
- 선택적 추적 함수들
- 현재 처리 중인 예외
- 현재 처리 중인 비동기 예외
- 여러 예외가 발생할 때의 예외 스택(예: except 블록 내)
- GIL 카운터
- 비동기 제너레이터 카운터

멀티프로세싱의 준비 데이터처럼 스레드도 부트 상태가 필요하지만 스레드는 부모와 메모리 공간을 공유하기 때문에 데이터를 직렬화해서 파일 스트림으로 전송할 필요는 없다.

스레드는 threading.Thread 타입의 인스턴스다. threading.Thread는 PyThread 타입을 추상화하는 고수준 모듈이고 PyThread 인스턴스는 C 확장 모듈 _thread가 관리한다.

_thread 모듈은 새 스레드를 실행하기 위한 진입점으로 thread_PyThread_start_new_thread()를 제공한다. start_new_thread()는 Thread 타입 인스턴스의 메서드다.

새 스레드는 다음과 같은 순서로 인스턴스화된다.

1. bootstate를 생성한 후 args와 kwargs 인자와 함께 target에 연결된다.
2. bootstate를 인터프리터 상태에 연결한다.
3. 새 PyThreadState를 생성하고 현재 인터프리터에 연결한다.
4. PyEval_InitThreads()를 호출해서 GIL이 활성화되지 않았을 경우 GIL을 활성화한다.
5. 운영 체제에 맞는 PyThread_start_new_thread 구현을 사용해서 새 스레드를 시작한다.

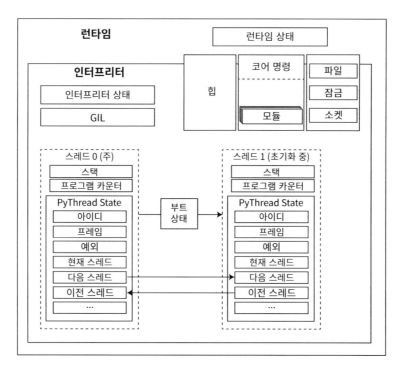

다음은 bootstate의 프로퍼티들이다.

필드명	타입	용도
interp	PyInterpreterState*	현재 스레드를 관리하는 인터프리터와의 연결
func	PyObject *(callable)	이 스레드에서 실행할 callable과의 연결
args	PyObject *(tuple)	func를 호출하기 위한 인자들
keyw	PyObject *(dict)	func를 호출하기 위한 키워드 인자들
tstate	PyThreadState *	새 스레드를 위한 스레드 상태

스레드의 bootstate와 PyThread에는 두 가지 구현이 존재한다.

1. POSIX 스레드(리눅스와 macOS 용)
2. NT 스레드(윈도우용)

두 가지 구현 모두 운영 체제 스레드를 생성하고 어트리뷰트들을 설정한 후 새 스레드에서 콜백 t_bootstrap()을 실행한다.

콜백 함수는 단일 인자 boot_raw를 받는데 이 인자는 thread_PyThread_start_new_thread()에서 생성된 bootstate에 할당되어 있다.

t_bootstrap() 함수는 저수준 스레드와 파이썬 런타임 간의 인터페이스다. 부트스트랩 함수는 스레드를 초기화하고 PyObject_Call()을 사용해 target을 호출한다.

스레드는 콜러블을 실행한 후 종료된다.

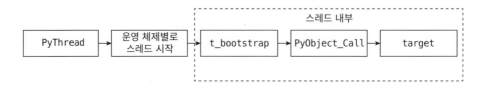

10.4.5 POSIX 스레드

pthreads, 즉 POSIX 스레드 구현은 Python▶thread_pthread.h에서 찾을 수 있다. 이 구현은 <pthread.h> C API를 추상화하고 몇 가지 추가 안전장치와 최적화를 제공한다.

스레드의 스택 크기는 설정 가능한 값이다. 8장 '평가 루프'에서 살펴본 것처럼 파이썬은 자체적인 스택 프레임을 가지고 있다. 만약 재귀 루프가 발생해서 프레임 실행이 재귀 깊이 제한에 도달하면 파이썬은 RecursionError 예외를 발생시킨다. 이 예외는 파이썬 코드에서 try...except 블록으로 처리할 수 있다.

하지만 pthreads도 자체적인 스택 크기를 가지고 있기 때문에 파이썬의 깊이 제한과 충돌이 발생할 수도 있다. 스레드 스택 크기가 파이썬의 최대 프레임 깊이보다 작다면 RecursionError가 발생하기 전에 파이썬 프로세스 전체가 충돌할 것이다.[5]

파이썬의 깊이 제한은 sys.getrecursionlimit()를 통해 런타임에 결정된다. 충돌을 방지하기 위해 CPython의 pthread 구현은 인터프리터 상태의 pythread _stacksize 값을 스택 크기로 설정한다.

---

5 (옮긴이) 파이썬 3.11부터는 파이썬 함수를 호출할 때 C로 되어 있는 평가 루프 함수를 호출하는 대신 점프하는 방식으로 바뀌어 순수 파이썬 함수 호출 간에는 C 스택 크기 제한이 적용되지 않는다 (BPO-45256).

최신 POSIX 호환 운영 체제들은 pthreads용 시스템 스케줄링을 지원한다. pyconfig.h에 PTHREAD_SYSTEM_SCHED_SUPPORTED가 정의되어 있다면 pthread는 PTHREAD_SCOPE_SYSTEM으로 설정되는데 이 플래그는 운영 체제 스케줄러에서 스레드의 우선순위가, 동일한 파이썬 프로세스 내의 스레드 사이에서만이 아니라 시스템의 다른 스레드와도 같이 경쟁하게 된다는 것을 뜻한다.

스레드 프로퍼티들을 구성했으면 pthread_create() API로 스레드를 생성한다. 이때 이 API가 새 스레드에서 부트스트랩 함수를 실행한다.

마지막으로 스레드 아이디로 사용하기 위해 스레드 핸들 pthread_t를 unsigned long으로 변환 후 반환한다.

10.4.6 윈도우 스레드

윈도우 스레드 구현은 Python▶thread_nt.h에서 찾을 수 있다. 윈도우 스레드 구현은 POSIX 스레드에서 사용했던 패턴과 비슷하지만 좀 더 간단한 패턴을 따른다.

인터프리터의 pythread_stacksize 값이 설정되어 있을 경우 새 스레드의 스택 크기도 동일하게 설정된다. 새 스레드는 윈도우 API _beginthreadex()를 사용하여 생성되고 이때 부트스트랩 함수를 콜백으로 사용한다. 동일하게 스레드 아이디가 반환된다.

10.4.7 멀티스레딩 요약

여기에서 파이썬 스레드의 모든 것을 다루지는 못했다. 파이썬의 스레드 구현은 광범위하며 스레드 간 데이터 공유, 객체 잠금과 자원에 대한 다양한 메커니즘을 제공한다.

스레드는 I/O 집약적인 파이썬 애플리케이션의 런타임 성능을 높일 수 있는 훌륭하고 효율적인 방법이다. 이번 절에서는 GIL이 무엇이고 왜 존재하는지 그리고 표준 라이브러리가 GIL의 제약을 받지 않는 부분은 어디인지에 대해 알아보았다.

10.5 비동기 프로그래밍

파이썬은 스레드와 멀티프로세싱을 사용하지 않는 동시성 프로그래밍 방법들도 제공한다. 이러한 방법들은 파이썬이 발전하면서 추가, 개선되어 왔고 개선된 방법들로 대체되기도 한다.

이 책에서 사용하는 파이썬 버전인 파이썬 3.9에서는 @coroutine 데코레이터가 폐지됐다.

다음 시스템들은 여전히 사용할 수 있다.

- async 키워드로 퓨처 생성하기
- yield from 키워드로 코루틴 실행하기

10.6 제너레이터

파이썬 제너레이터는 yield 문으로 값을 반환하고, 재개되어 값을 추가로 반환할 수 있는 함수다.

제너레이터는 주로 파일이나 데이터베이스, 네트워크 같은 큰 데이터 블록의 값을 순회할 때 메모리 효율 측면에서 유리하기 때문에 사용된다. return 대신 yield를 사용하면 값 대신 제너레이터 객체가 반환된다. 제너레이터 객체는 yield 문에서 생성되어 호출자에게 반환된다.

다음의 간단한 제너레이터 함수는 A부터 Z까지의 알파벳을 산출(yield)한다.

cpython-book-samples ▶ 33 ▶ letter_generator.py

```
def letters():
    i = 97  # 아스키 문자 'a'
    end = 97 + 26  # 아스키 문자 'z'
    while i < end:
        yield chr(i)
        i += 1
```

letters()를 호출해 보면 값 대신 제너레이터 객체가 반환된다.

```
>>> from letter_generator import letters
>>> letters()
<generator object letters at 0x1004d39b0>
```

for 문은 값 제공이 멈출 때까지 제너레이터 객체를 순회한다.

```
>>> for letter in letters():
...     print(letter)
a
b
c
d
...
```

for 문 구현은 이터레이터 프로토콜을 이용한다. for나 while 반복문은 빌트인 함수인 next()를 사용해서 __next__() 메서드를 가진 객체를 반복한다.

파이썬의 모든 컨테이너 타입(리스트, 집합, 튜플 등)에는 이터레이터 프로토콜이 구현되어 있다. 제너레이터가 특별한 이유는 __next__() 메서드 구현이 제너레이터 함수를 마지막 상태에서부터 다시 호출하기 때문이다.

제너레이터는 백그라운드에서 작동하지 않고 정지된다. 제너레이터에 다음 값을 요청할 때 실행이 재개된다. 제너레이터 객체 구조체는 마지막으로 실행한 yield 문의 프레임 객체를 유지하고 있다.

10.6.1 제너레이터의 구조

제너레이터 객체는 템플릿 매크로 _PyGenObject_HEAD(prefix)에 의해 생성된다.

다음과 같은 접두사를 가진 타입들에서 이 매크로가 사용된다.

- 제너레이터 객체: PyGenObject(gi_)
- 코루틴 객체: PyCoroObject(cr_)
- 비동기 제너레이터 객체: PyAsyncGenObject(ag_)

코루틴과 비동기 제너레이터에 대해서는 뒤에서 자세히 알아볼 것이다.

다음은 PyGenObject 타입이 기본적으로 가지고 있는 프로퍼티들이다.

필드명	타입	용도
[x]_code	PyObject * (PyCodeObject*)	제너레이터를 제공하는 컴파일된 함수
[x]_exc_state	_PyErr_StackItem	제너레이터 호출에서 예외가 발생했을 때 예외 데이터
[x]_frame	PyFrameObject*	제너레이터의 현재 프레임 객체
[x]_name	PyObject * (str)	제너레이터의 이름
[x]_qualname	PyObject * (str)	제너레이터의 정규화된 이름
[x]_running	char	제너레이터가 실행 중인지에 따라 0 또는 1로 설정된다.
[x]_weakreflist	PyObject * (list)	제너레이터 함수 안의 객체들에 대한 약한 참조 리스트

PyCoroObject는 앞의 기본 프로퍼티에 더해 다음 프로퍼티를 추가로 가지고 있다.

필드명	타입	용도
cr_origin	PyObject * (tuple)	코루틴을 호출한 프레임과 함수를 담는 튜플

PyAsyncGenObject도 앞의 기본 프로퍼티에 더해 다음 프로퍼티들을 추가로 가지고 있다.

필드명	타입	용도
ag_closed	int	제너레이터가 종료됐음을 표시하는 플래그
ag_finalizer	PyObject *	파이널라이저 메서드로의 연결
ag_hooks_inited	int	훅이 초기화됐음을 표시하는 플래그
ag_running_async	int	제너레이터가 실행 중임을 표시하는 플래그

10.6.2 연관된 소스 파일 목록

다음은 제너레이터와 관련된 소스 파일들이다.

파일	용도
Include▸genobject.h	제너레이터 API와 PyGenObject 정의
Objects▸genobject.c	제너레이터 객체 구현

10.6.3 제너레이터 생성하기

yield 문이 포함된 함수는 컴파일되면 컴파일된 코드 객체에 추가 플래그 CO_
GENERATOR가 설정된다.

8.2 '프레임 객체 생성하기'에서 컴파일된 코드 객체를 실행할 때 프레임 객
체로 바꾸는 과정에 대해 알아보았다. 제너레이터와 코루틴, 비동기 제너레이
터는 변환 과정에서 특별하게 처리된다.

_PyEval_EvalCode()는 코드 객체에서 CO_GENERATOR, CO_COROUTINE, CO_
ASYNC_GENERATOR 플래그를 확인한다. 플래그가 설정되어 있으면 평가 함수
는 코드 객체를 바로 평가하는 대신 프레임을 만든 후 각각 PyGen_NewWith
QualName(), PyCoro_New(), PyAsyncGen_New()를 사용해 코드 객체를 제너레이
터, 코루틴, 비동기 제너레이터로 변환한다.

```
PyObject *
_PyEval_EvalCode(PyThreadState *tstate,
                PyObject *_co, PyObject *globals, PyObject *locals, ...
...
    /* 제너레이터·코루틴·비동기 제너레이터 처리 */
    if (co->co_flags & (CO_GENERATOR | CO_COROUTINE | CO_ASYNC_GENERATOR)) {
        PyObject *gen;
        int is_coro = co->co_flags & CO_COROUTINE;
        ...
        /* 실행 가능한 프레임을 가진 새 제너레이터를
         * 생성하고 반환 */
        if (is_coro) {
            gen = PyCoro_New(f, name, qualname);
        } else if (co->co_flags & CO_ASYNC_GENERATOR) {
            gen = PyAsyncGen_New(f, name, qualname);
        } else {
            gen = PyGen_NewWithQualName(f, name, qualname);
        }
        ...
        return gen;
    }
...
```

제너레이터 팩터리 PyGen_NewWithQualName()은 프레임을 취해 제너레이터 객
체 필드를 채우는 몇 가지 단계를 완료한다.

1. gi_code 프로퍼티에 컴파일된 코드 객체를 설정한다.

2. 제너레이터가 실행 중이 아니라고 표시한다(gi_running = 0).

3. 예외와 약한 참조 리스트를 NULL로 설정한다.

dis 모듈로 gi_code를 바이트코드 역어셈블해 보면 gi_code가 제너레이터 함수를 위한 컴파일된 코드 객체란 것을 확인해 볼 수 있다.

```
>>> from letter_generator import letters
>>> gen = letters()
>>> import dis
>>> dis.disco(gen.gi_code)
  2           0 LOAD_CONST          1 (97)
              2 STORE_FAST          0 (i)
...
```

8장 '평가 루프'에서 프레임 객체가 전역과 지역 스코프, 마지막으로 실행한 명령과 다음으로 실행할 명령을 포함하고 있다는 것을 알아봤었다.

프레임 객체의 기본 동작과 상태는 필요에 따라 제너레이터를 일시 정지했다가 재개할 수 있다.

10.6.4 제너레이터 실행하기

제너레이터 객체의 __next__()를 호출하면 gen_iternext()가 제너레이터 인스턴스와 함께 호출되고 이 함수는 바로 Objects▶genobject.c의 gen_send_ex()를 호출한다.

gen_send_ex()는 제너레이터 객체를 다음 yield 값으로 바꾸는 함수다. 이 함수는 코드 객체로부터 프레임을 구성하는 로직과 상당히 비슷하다.

제너레이터, 코루틴, 비동기 제너레이터 모두 gen_send_ex()를 사용하는데 gen_send_ex()는 다음과 같은 단계로 실행된다.

1. 현재 스레드 상태를 가져온다.

2. 제너레이터 객체로부터 프레임 객체를 가져온다.

3. __next__()가 호출될 때 제너레이터가 실행 중이면 ValueError를 발생시킨다.

4. 제너레이터 안의 프레임이 스택의 최상위에 위치해 있을 경우

   - 프레임이 코루틴이고 닫혔다고 표시되어 있지 않다면 RuntimeError를 발생시킨다.
   - 프레임이 비동기 제너레이터라면 StopAsyncIteration을 발생시킨다.
   - 프레임이 일반 제너레이터라면 StopIteration을 발생시킨다.

5. 프레임이 막 실행되기 시작해서 마지막 명령(f->f_lasti)이 아직 –1이고 프레임이 코루틴이나 비동기 제너레이터인 경우 None 이외의 값을 인자로 넘기면 예외가 발생된다.

6. 프레임이 스택의 최상위가 아니라면 이 프레임은 처음으로 호출되는 것이고 인자를 사용할 수 있다. 인자는 프레임의 값 스택에 추가된다.

7. 프레임의 f_back 필드는 반환값을 전송할 호출자이기 때문에 이 필드에는 스레드의 현재 프레임이 설정된다. 즉, 제너레이터를 생성한 곳이 아닌 제너레이터를 호출한 곳에 값이 반환된다.

8. 제너레이터가 실행 중이라고 표시된다.

9. 제너레이터의 마지막 예외가 스레드 상태의 마지막 예외로 복사된다.

10. 스레드 상태의 예외 정보가 제너레이터의 예외 정보를 가리키도록 설정된다. 즉, 호출자가 제너레이터 실행부 주변에 중단점을 추가할 때 스택트레이스가 제너레이터를 통과해 문제가 되는 코드가 명확해진다.

11. Python▶ceval.c의 평가 루프에서 제너레이터 안의 프레임을 실행하고 값을 반환한다.

12. 스레드 상태의 마지막 예외 정보가 프레임 호출 전의 값으로 복구된다.

13. 제너레이터가 실행 중이 아니라고 표시된다.

14. 반환값에 따라 예외를 발생시킨다. 제너레이터의 값이 전부 소비됐으면 값을 제공하지 않는 방식 또는 수동으로 StopIteration 예외를 발생시켜야 한다.

    - 프레임에서 아무런 값도 반환되지 않았으면 제너레이터의 경우 StopIteration을, 비동기 제너레이터의 경우 StopAsyncIteration을 발생시킨다.
    - StopIteration이 명시적으로 발생했지만 프레임이 코루틴이나 비동기

제너레이터인 경우는 허용되지 않기 때문에 이 경우 RuntimeError를 발생시킨다.

- StopAsyncIteration이 명시적으로 발생했지만 프레임이 비동기 제너레이터인 경우는 허용되지 않기 때문에 이 경우 RuntimeError를 발생시킨다.

15. 마지막으로 결과가 __next__()의 호출자에 반환된다.

이 모든 것을 종합해 보면 yield라는 키워드 하나만으로 고유 객체를 생성하고, 컴파일된 코드 객체를 프로퍼티로 복사하고, 프레임을 설정하고, 지역 스코프에 변수 목록을 저장하는 이 모든 과정을 실행할 수 있는 제너레이터 표현식이 얼마나 강력한 문법인지 알 수 있다.

10.7 코루틴

제너레이터의 한계는 직접적인 호출자에게만 값을 제공할 수 있다는 것이다.

이러한 한계를 극복하기 위한 추가 문법이 yield from 문이다. 이 구문을 활용하면 제너레이터를 유틸리티 함수로 리팩터링할 수 있다.

예를 들어 알파벳 제너레이터를 시작 글자를 인자로 받는 유틸리티 함수로 리팩터링해 보자. yield from을 사용하면 반환할 제너레이터 객체를 선택할 수 있다.

cpython-book-samples ▶ 33 ▶ letter_coroutines.py

```
def gen_letters(start, x):
    i = start
    end = start + x
    while i < end:
        yield chr(i)
        i += 1

def letters(upper):
    if upper:
        yield from gen_letters(65, 26)  # A-Z
    else:
        yield from gen_letters(97, 26)  # a-z
```

```
for letter in letters(False):
    # 소문자 a-z
    print(letter)

for letter in letters(True):
    # 대문자 A-Z
    print(letter)
```

제너레이터는 여러 번 호출할 수 있기 때문에 게으른 시퀀스에도 적합하다.

실행을 일시 중지하고 재개할 수 있는 제너레이터의 동작에 기반을 둔 코루틴의 개념은 여러 API를 통해 구현되어 왔다.

제너레이터의 .send() 메서드를 사용해 데이터를 제너레이터에 전송할 수 있으므로 제너레이터는 제한된 형태의 코루틴이며 호출자와 메시지를 양방향으로 주고받을 수 있다. 또한 코루틴은 cr_origin 어트리뷰트에 호출자를 저장한다.

처음에는 데코레이터를 사용해 코루틴을 구현했지만 현재는 async 및 await 키워드를 사용하는 '네이티브' 코루틴이 선호되기 때문에 데코레이터를 사용한 코루틴을 더는 쓰지 않는다.

함수가 코루틴을 반환한다고 표시하려면 함수 앞에 async 키워드를 명시해야 한다. async 키워드는 제너레이터와 달리 이 함수가 코루틴을 반환한다고 명시적으로 표시한다.

코루틴을 생성하려면 async def 키워드를 사용하여 함수를 정의해야 한다. 다음 예제는 asyncio.sleep() 함수를 사용해 타이머를 실행하고 타이머가 끝나면 "wake up!"이라는 문자열을 반환한다.

```
>>> import asyncio
>>> async def sleepy_alarm(time):
...     await asyncio.sleep(time)
...     return "wake up!"
>>> alarm = sleepy_alarm(10)
>>> alarm
<coroutine object sleepy_alarm at 0x1041de340>
```

함수를 호출하면 코루틴 객체가 반환된다.

코루틴은 여러 가지 방법을 사용하여 실행할 수 있다. 가장 쉬운 방법은

asyncio.run(coro)를 사용하는 것이다. 코루틴 객체를 asyncio.run()으로 실행하면 10초 후에 문자열이 반환된다.

```
>>> asyncio.run(alarm)
'wake up'
```

코루틴의 장점은 여러 코루틴을 동시에 실행할 수 있다는 것이다. 코루틴 객체는 다른 함수의 인자로 사용할 수 있는 변수이기 때문에 코루틴 객체를 서로 연결해 연쇄적으로 처리하거나 순차적으로 생성할 수도 있다.

예를 들어 간격이 서로 다른 알람 10개를 동시에 시작하려고 할 때 코루틴 객체를 태스크로 변환할 수 있다.

태스크 API는 여러 코루틴을 동시에 예약하고 실행한다. 태스크를 예약하려면 이벤트 루프가 실행되고 있어야 한다. 이벤트 루프는 동시에 실행할 태스크를 예약하고 완료, 취소, 예외 발생 등과 같은 이벤트가 발생하면 등록된 콜백에 전달한다.

asyncio.run()(Lib▸asyncio▸runners.py)을 호출하면 다음 작업들이 실행된다.

1. 새 이벤트 루프를 시작한다.
2. 코루틴 객체를 태스크로 감싼다.
3. 태스크가 완료될 때 실행할 콜백을 설정한다.
4. 태스크가 완료될 때까지 루프를 반복한다.
5. 결과를 반환한다.

10.7.1 연관된 소스 파일 목록

다음은 코루틴과 관련된 소스 파일들이다.

파일	용도
Lib▸asyncio	asyncio를 위한 파이썬 표준 라이브러리 구현

10.7.2 이벤트 루프

이벤트 루프는 비동기 코드를 연결하는 접착제 역할을 한다. 순수한 파이썬으로 작성된 이벤트 루프는 태스크를 보관하는 객체다.

이벤트 루프 안의 태스크는 콜백을 등록할 수 있다. 작업이 완료되거나 실패하면 이벤트 루프가 등록된 콜백을 실행한다.

```
loop = asyncio.new_event_loop()
```

루프의 내부는 asyncio.Task 타입으로 표현되는 일련의 태스크로 이루어져 있다. 태스크는 루프에 예약되고, 루프는 한 번 실행되면 모든 태스크가 완료될 때까지 태스크들을 계속 순회한다.

이번에는 앞서 실행해 본 타이머를 여러 개의 태스크로 만들어 보자.

cpython-book-samples ▶ 33 ▶ sleepy_alarm.py

```python
import asyncio

async def sleepy_alarm(person, time):
    await asyncio.sleep(time)
    print(f"{person} -- wake up!")

async def wake_up_gang():
    tasks = [
        asyncio.create_task(sleepy_alarm("Bob", 3), name="wake up Bob"),
        asyncio.create_task(sleepy_alarm("Sanjeet", 4), name="wake up Sanjeet"),
        asyncio.create_task(sleepy_alarm("Doris", 2), name="wake up Doris"),
        asyncio.create_task(sleepy_alarm("Kim", 4), name="wake up Kim")
    ]
    await asyncio.gather(*tasks)

asyncio.run(wake_up_gang())
```

실행해 보면 다음과 같은 메시지가 출력된다.

```
Doris -- wake up!
Bob -- wake up!
Yudi -- wake up!
Kim -- wake up!
```

이벤트 루프는 각각의 코루틴을 계속 순회하면서 코루틴이 완료됐는지 확인한다. yield 키워드가 같은 프레임에서 여러 값을 반환할 수 있는 것처럼 await 키워드도 여러 상태를 반환할 수 있다.

이벤트 루프는 await asyncio.sleep()이 완료 결과를 생성하고 print()를 실행하기 전까지 sleepy_alarm() 코루틴 객체를 반복해서 실행한다.

이벤트 루프가 제대로 작동하기 위해서는 블로킹 함수인 time.sleep() 대신 asyncio.sleep()을 사용해야 한다.

10.7.3 예제

다음 단계를 따라 멀티스레드로 구현된 포트 스캐너를 asyncio로 다시 구현해 보자.

- 즉시 연결하는 대신 퓨처를 생성하는 asyncio.open_connection()의 소켓 연결을 사용하도록 check_port()를 변경한다.
- asyncio.wait_for()로 타이머 이벤트에서 소켓 연결 퓨처를 사용한다.
- 연결에 성공했으면 결과 리스트에 해당 포트 번호를 추가한다.
- 각 포트를 위한 check_port() 코루틴을 만들고 tasks 리스트에 추가하는 scan() 함수를 만든다.
- tasks를 asyncio.gather()를 사용해 새 코루틴으로 합친다.
- asyncio.run()을 사용해 스캔을 실행한다.

다음은 asyncio를 사용하도록 바꾼 코드다.

cpython-book-samples ▶ 33 ▶ portscanner_async.py

```python
import time
import asyncio

timeout = 1.0

async def check_port(host: str, port: int, results: list):
    try:
        future = asyncio.open_connection(host=host, port=port)
        r, w = await asyncio.wait_for(future, timeout=timeout)
        results.append(port)
        w.close()
    except OSError:  # 포트가 열려 있지 않을 때 예외를 던지지 않도록
```

```
        pass
    except asyncio.TimeoutError:
        pass # 포트가 닫혀 있다.

async def scan(start, end, host):
    tasks = []
    results = []
    for port in range(start, end):
        tasks.append(check_port(host, port, results))
    await asyncio.gather(*tasks)
    return results

if __name__ == '__main__':
    start = time.time()
    host = "localhost"
    results = asyncio.run(scan(80, 100, host))
    for result in results:
        print("Port {0} is open".format(result))
    print("Completed scan in {0} seconds".format(time.time() - start))
```

이번에는 거의 1초 만에 완료된다.

```
$ python portscanner_async.py
Port 80 is open
Completed scan in 1.0058400630950928 seconds
```

10.8 비동기 제너레이터

비동기 제너레이터는 지금까지 살펴봤던 제너레이터와 코루틴의 개념을 하나로 합친 것이다.

함수가 async 키워드를 사용해 선언됐고 yield 문을 포함하고 있으면 그 함수는 호출될 때 비동기 제너레이터로 변환된다.

제너레이터처럼 비동기 제너레이터도 프로토콜을 사용해 실행된다. 비동기 제너레이터는 __next__() 대신 __anext__() 메서드를 제공한다.

일반적인 for 문으로는 비동기 제너레이터를 순회할 수 없기 때문에 async for 문을 사용해야 한다.

마지막 포트에 도달하거나 지정된 수의 열린 포트를 찾을 때까지 다음 열린 포트를 생성하는 비동기 제너레이터를 사용해 check_port()를 리팩터링해 보자.

```
async def check_ports(host: str, start: int, end: int, max=10):
    found = 0
    for port in range(start, end):
        try:
            future = asyncio.open_connection(host=host, port=port)
            r, w = await asyncio.wait_for(future, timeout=timeout)
            yield port
            found += 1
            w.close()
            if found >= max:
                return
        except ConnectionRefusedError:
            pass
        except asyncio.TimeoutError:
            pass # 포트가 닫혀 있다.
```

async for 문을 사용해 비동기 제너레이터를 실행하자.

```
async def scan(start, end, host):
    results = []
    async for port in check_ports(host, start, end, max=1):
        results.append(port)
    return results
```

전체 코드는 cpython-book-samples▶33▶portscanner_async_generators.py에서 확인할 수 있다.

10.9 서브인터프리터

지금까지 다음과 같은 방법들을 알아보았다.

• 멀티프로세싱을 활용한 병렬 실행
• 스레드와 비동기를 활용한 동시 실행

멀티프로세싱은 파이프와 큐를 이용하기 때문에 공유 메모리 대비 느린 프로세스 간 통신 방식을 사용하고 새 프로세스 시작 시 오버헤드가 상당하다는 단점이 있다.

스레딩이나 비동기는 오버헤드가 적지만 스레드 안전성을 제공하는 GIL 때문에 진정한 병렬 실행을 제공하지 않는다.

네 번째 옵션은 바로 서브인터프리터다. 서브인터프리터는 멀티프로세싱에 비해 오버헤드가 적다.

CPython 런타임에는 항상 하나 이상의 인터프리터가 있다. 인터프리터는 인터프리터 상태를 유지하고 하나 이상의 파이썬 스레드를 가진다. 또한 인터프리터는 평가 루프 컨테이너이면서 스스로 메모리와 레퍼런스 카운터, 가비지 컬렉터를 관리한다.

CPython은 `Py_NewInterpreter()` 같은 저수준 인터프리터 생성 C API를 제공한다.

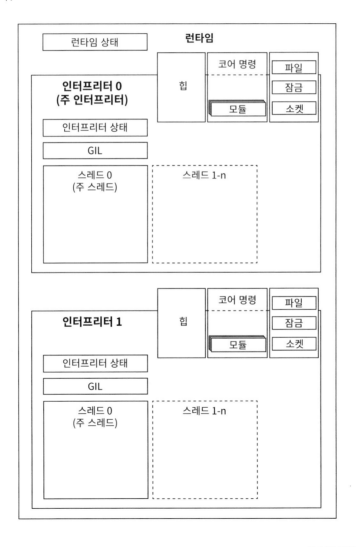

파이썬 3.9에서 서브인터프리터 모듈은 아직 실험적 기능이다. API는 수시로 변경될 수 있고 구현 또한 불안정하다.

서브인터프리터와 GIL
서브인터프리터 프로젝트의 최종 목표는 각 서브인터프리터가 독립적인 GIL을 사용하는 것이지만 파이썬 3.9에서는 아직 GIL 분리가 구현되지 않았기 때문에 각 서브인터프리터는 GIL을 공유한다.
파이썬 3.10부터 ./configure --with-experimental-isolated-subinterpreters라는 실험적 설정을 사용해 인터프리터별 GIL을 사용해 볼 수 있지만 완전한 구현은 아니다.
– 옮긴이

전역과 지역을 포함해 모든 파이썬 객체를 가리키는 포인터들을 보관하는 메모리 할당 아레나도 인터프리터 상태에 포함되기 때문에 서브인터프리터는 다른 인터프리터의 전역 변수에 접근할 수 없다.

멀티프로세싱과 비슷하게, 인터프리터 간에 객체를 공유하려면 직렬화하거나 ctypes를 사용해야 하고 IPC(네트워크나 디스크, 공유 메모리) 형태로 공유해야 한다.

10.9.1 연관된 소스 파일 목록

다음은 서브인터프리터와 관련된 소스 파일들이다.

파일	용도
Lib▶_xxsubinterpreters.c	subinterpreters 모듈의 C 구현체
Python▶pylifecycle.c	인터프리터 관리 API의 C 구현체

10.9.2 예제

마지막 예제에서는 병렬화할 코드를 문자열 내부에 작성해야 한다. 파이썬 3.9에서는 아직 문자열 형태의 코드만 서브인터프리터에서 실행 가능하다.

각 서브인터프리터를 시작하기 위해 리스트 안의 스레드들이 콜백 함수 run()과 함께 시작된다.

스레드에 설정되는 콜백 함수 run()은 다음과 같은 작업들을 실행한다.

- 통신 채널을 생성한다.
- 새 서브인터프리터를 생성한다.
- 서브인터프리터에 실행할 코드를 전송한다.
- 통신 채널을 통해 데이터를 전달받는다.
- 포트 연결이 성공하면 성공한 포트 번호를 스레드 안전한 큐에 추가한다.

cpython-book-samples ▶ 33 ▶ portscanner_subinterpreters.py

```python
import time
import _xxsubinterpreters as subinterpreters
from threading import Thread
import textwrap as tw
from queue import Queue

timeout = 1  # 1초

def run(host: str, port: int, results: Queue):
    # 통신 채널 생성
    channel_id = subinterpreters.channel_create()
    interpid = subinterpreters.create()
    subinterpreters.run_string(
        interpid,
        tw.dedent(
    """
    import socket; import _xxsubinterpreters as subinterpreters
    sock = socket.socket(socket.AF_INET, socket.SOCK_STREAM)
    sock.settimeout(timeout)
    result = sock.connect_ex((host, port))
    subinterpreters.channel_send(channel_id, result)
    sock.close()
    """),
        shared=dict(
            channel_id=channel_id,
            host=host,
            port=port,
            timeout=timeout
        ))
    output = subinterpreters.channel_recv(channel_id)
    subinterpreters.channel_release(channel_id)
    if output == 0:
        results.put(port)
```

```
if __name__ == '__main__':
    start = time.time()
    host = "localhost"  # 스캔할 호스트
    threads = []
    results = Queue()
    for port in range(80, 100):
        t = Thread(target=run, args=(host, port, results))
        t.start()
        threads.append(t)
    for t in threads:
        t.join()
    while not results.empty():
        print("Port {0} is open".format(results.get()))
    print("Completed scan in {0} seconds".format(time.time() - start))
```

멀티프로세싱에 비해 오버헤드가 감소한 덕분에 이 예제는 멀티프로세싱보다
30~40% 빠르게 실행되면서도 메모리를 더 적게 소비한다.

```
$ python portscanner_subinterpreters.py
Port 80 is open
Completed scan in 1.3474230766296387 seconds
```

10.10 요약

이 책에서 가장 긴 장을 통과한 것을 축하한다! 이 장에서 정말 많은 내용을 다
루었으니 몇 가지 개념과 그 적용 사례를 다시 한 번 요약해 보자.

진정한 병렬 실행을 위해서는 여러 개의 CPU 또는 코어가 필요하다. 또한
multiprocessing이나 subinterpreters 패키지를 사용해야 파이썬 인터프리터
를 병렬로 실행할 수 있다.

시작 시간은 매우 길다. 각 인터프리터의 메모리 오버헤드도 상당하다. 실행
하고자 하는 작업에 걸리는 시간이 짧다면 워커 풀이나 작업 큐를 사용하자.

I/O 집약적인 작업들을 동시 실행하고 싶다면 멀티스레딩을 사용하거나 코
루틴을 asyncio 패키지와 함께 사용해 보자.

지금까지 알아본 네 가지 접근 방식 모두 스레드나 프로세스 간에 데이터를
안전하고 효율적으로 전송하는 방식을 이해하고 사용해야 한다. 학습한 내용
을 더 보강하는 가장 좋은 방법은 앞서 작성한 애플리케이션에 학습한 기술을
적용해 어떻게 리팩터링할 수 있을지 살펴보는 것이다.

## 11장

C P y t h o n   I n t e r n a l s

객체와 타입

CPython은 문자열, 리스트, 튜플, 딕셔너리나 객체 등의 다양한 타입을 기본으로 제공한다. 이 타입들은 모두 내장되어 있기 때문에 표준 라이브러리를 포함해 어떤 라이브러리도 임포트할 필요 없이 사용할 수 있다.

예를 들어 새 리스트를 생성하려면 list()를 호출하면 된다.

```
lst = list()
```

또는 단순히 대괄호를 사용해 리스트를 생성할 수도 있다.

```
lst = []
```

문자열은 큰따옴표나 작은따옴표를 사용하는 문자열 리터럴로부터 인스턴스화된다. 4장 '파이썬 언어와 문법'에서 컴파일러가 큰따옴표를 문자열 리터럴로 해석하게 해 주는 문법 정의를 살펴보았다.

파이썬의 모든 타입은 내장된 기반 타입인 object를 상속한다. 문자열이나 튜플, 리스트도 예외 없이 object를 상속한다.

Object▶object.c를 보면 object 타입의 기본 구현은 순수한 C 코드로 이루어져 있다. 해당 C 코드는 얕은 비교를 비롯한 몇 가지 기본 로직의 구현을 포함한다.

파이썬 객체는 대략 다음과 같은 두 가지 구성 요소로 이루어져 있다.

1. 코어 데이터 모델과 컴파일된 함수를 가리키는 포인터
2. 모든 커스텀 어트리뷰트와 메서드를 담는 딕셔너리

대부분의 기반 객체 API는 Object▶object.c에서 정의하고 있다. 내장 함수 repr()의 구현인 PyObject_Repr이나 PyObject_Hash() 같은 API를 해당 파일에서 확인할 수 있다.

커스텀 객체에 던더 메서드를 구현하면 이 함수들을 오버라이드할 수 있다.

```python
class MyObject(object):
    def __init__(self, id, name):
        self.id = id
        self.name = name

    def __repr__(self):
        return "<{0} id={1}>".format(self.name, self.id)
```

이러한 내장 함수들은 파이썬 데이터 모델의 일부다.[1] 파이썬 객체의 모든 메서드가 데이터 모델의 일부는 아니며, 파이썬 객체는 메서드뿐 아니라 클래스나 인스턴스 어트리뷰트를 포함할 수 있다.

 《전문가를 위한 파이썬(Fluent Python)》(한빛미디어, 2016)은 파이썬 데이터 모델에 관한 훌륭한 자료다.

이번 장 전체에 걸쳐 각 타입을 설명할 때는 예제를 보여준다. 각 예제에서는 이전 장에서 추가한 '거의 같음' 연산자를 각 타입에 맞게 구현한다.

이전 장에서 CPython 컴파일러를 수정하지 않았다면 이번 장의 예제를 구현하기 전에 이전 장으로 돌아가서 컴파일러를 수정한 후 돌아오자.

11.1 내장 타입들

파이썬의 코어 데이터 모델은 PyTypeObject가 정의한다. 함수들은 Objects▶typeobject.c에서 정의한다.

---

1 *https://docs.python.org/ko/3.9/reference/datamodel.html*

Include에는 각 소스 파일을 위한 헤더가 포함되어 있다. 예를 들어 Objects ▶rangeobject.c의 헤더 파일은 Include▶rangeobject.h다.

다음은 소스 파일과 소스 파일에 해당하는 타입의 목록이다.

파일명	타입
Objects▶object.c	내장 메서드와 베이스 객체
Objects▶boolobject.c	bool 타입
Objects▶bytearrayobject.c	byte[] 타입
Objects▶bytesobject.c	bytes 타입
Objects▶cellobject.c	cell 타입
Objects▶classobject.c	메타 프로그래밍을 위한 추상 class 타입
Objects▶codeobject.c	내장 code 객체 타입
Objects▶complexobject.c	복소수 타입
Objects▶iterobject.c	이터레이터 타입
Objects▶listobject.c	list 타입
Objects▶longobject.c	long 타입
Objects▶memoryobject.c	베이스 메모리 타입
Objects▶methodobject.c	클래스 메서드 타입
Objects▶moduleobject.c	모듈 타입
Objects▶namespaceobject.c	이름 공간 타입
Objects▶odictobject.c	순서 있는 딕셔너리 타입
Objects▶rangeobject.c	범위 제너레이터 타입
Objects▶setobject.c	set 타입
Objects▶sliceobject.c	슬라이스 참조 타입
Objects▶structseq.c	struct.Struct 타입
Objects▶tupleobject.c	tuple 타입
Objects▶typeobject.c	type 타입
Objects▶unicodeobject.c	str 타입
Objects▶weakrefobject.c	weakref 타입

이번 장에서는 이러한 타입들 중 일부에 대해 알아본다.

11.2 객체와 가변 객체 타입

C는 파이썬과 달리 객체 지향 언어가 아니기 때문에 C의 객체는 다른 객체를 상속하지 않는다.[2] PyObject는 모든 파이썬 객체의 기본 데이터 세그먼트이며 파이썬 객체를 가리킬 때는 PyObject * 포인터가 사용된다.

파이썬 타입을 정의할 때 typedef에 다음 매크로 중 하나가 사용된다.

1. PyObject_HEAD(PyObject): 일반적인 타입을 위한 매크로
2. PyObject_VAR_HEAD(PyVarObject): 컨테이너 타입을 위한 매크로

다음은 PyObject의 필드다.

필드명	타입	용도
ob_refcnt	Py_ssize_t	인스턴스 레퍼런스 카운터
ob_type	_typeobject*	객체 타입

다음은 PyObject_HEAD 매크로를 사용해 기본 필드를 추가한 후 ob_ref라는 필드를 추가로 정의하는 cellobject의 예시다.

```
typedef struct {
    PyObject_HEAD
    PyObject *ob_ref;        /* 셀 내용(비어 있을 경우에는 NULL) */
} PyCellObject;
```

가변 타입을 위한 PyVarObject는 PyObject를 확장해서 다음 필드들을 추가로 포함한다.

필드명	타입	용도
ob_base	PyObject	기반 타입
ob_size	Py_ssize_t	컨테이너 객체가 포함하고 있는 항목 개수

다음은 int 타입(PyLongObject)의 예시다.

---

2 *https://realpython.com/python3-object-oriented-programming/*

```
struct _longobject {
    PyObject_VAR_HEAD
    digit ob_digit[1];
}; /* PyLongObject */
```

11.3 type 타입

파이썬 객체는 ob_type이라는 프로퍼티를 가진다. 내장 함수 type()으로 해당 프로퍼티의 값을 얻을 수 있다.

```
>>> t = type("hello")
>>> t
<class 'str'>
```

type()의 반환값은 PyTypeObject의 인스턴스다.

```
>>> type(t)
<class 'type'>
```

타입 객체는 추상 기반 클래스의 구현을 정의하는 데 주로 사용된다. 예를 들어 모든 객체는 항상 __repr__() 메서드를 구현한다.

```
>>> class example:
...     x=1
>>> i = example()
>>> repr(i)
'<__main__.example object at 0x10b418100>'
```

__repr__() 구현은 모든 객체의 타입 정의에서 항상 같은 곳에 위치한다. 이 위치를 타입 슬롯이라고 한다.

11.3.1 타입 슬롯

모든 타입 슬롯은 Include▶cpython▶object.h에서 정의한다.

각 타입 슬롯은 프로퍼티 이름과 함수 시그너처를 가진다. 예를 들어 __repr__() 함수에 해당하는 프로퍼티의 이름은 tp_repr이며 reprfunc라는 시그너처를 가진다.

```
struct PyTypeObject
---
typedef struct _typeobject {
    ...
    reprfunc tp_repr;
    ...
} PyTypeObject;
```

reprfunc 시그너처는 Include▸cpython▸object.h에 정의되어 있다. 해당 시그너처는 파이썬에서 self에 해당하는 하나의 PyObject* 인자만 가진다.

```
typedef PyObject *(*reprfunc)(PyObject *);
```

예를 들어 cellobject는 call_repr이라는 함수로 tp_repr 슬롯을 구현한다.

```
PyTypeObject PyCell_Type = {
    PyVarObject_HEAD_INIT(&PyType_Type, 0)
    "cell",
    sizeof(PyCellObject),
    0,
    (destructor)cell_dealloc,            /* tp_dealloc */
    0,                                   /* tp_vectorcall_offset */
    0,                                   /* tp_getattr */
    0,                                   /* tp_setattr */
    0,                                   /* tp_as_async */
    (reprfunc)cell_repr,                 /* tp_repr */
    ....
};
```

tp_ 접두사가 붙은 기본 PyTypeObject 타입 슬롯 외에도 다양한 타입 슬롯이 존재한다.

타입 슬롯	접두사
PyNumberMethods	nb_
PySequenceMethods	sq_
PyMappingMethods	mp_
PyAsyncMethods	am_
PyBufferProcs	bf_

모든 타입 슬롯은 Include▶typeslots.h에 정의된 대로 고유한 숫자를 부여받는다. 객체의 타입 슬롯을 참조하거나 가져올 때 이 상수들을 사용해야 한다.

예를 들어 tp_repr의 위치는 66으로 고정되어 있고 상수 Py_tp_repr의 값과 동일하다. 이 상수를 사용해서 객체가 특정한 타입 슬롯 함수를 구현하는지 확인할 수 있다.

11.3.2 C 타입 사용하기

CPython의 핵심 소스 코드와 C 확장 모듈에서 PyObject* 타입을 사용하는 것을 자주 발견할 수 있다.

예를 들어 리스트나 문자열 같은 컬렉션 객체에서 x[n]으로 값을 구할 때 PyObject_GetItem()이 호출되는데 이 함수는 객체 x를 확인한 후에 어떻게 값을 구할지 결정한다.

Objects▶abstract.c 145행

```
PyObject *
PyObject_GetItem(PyObject *o, PyObject *key)
{
    PyMappingMethods *m;
    PySequenceMethods *ms;
...
```

PyObject_GetItem()은 딕셔너리 등의 매핑 타입과 리스트, 튜플 등의 시퀀스 타입을 둘 다 지원한다.

인스턴스 o가 시퀀스 메서드를 가지고 있다면 o->ob_type->tp_as_sequence의 평가 결과는 참이다. 또한 sq_item 슬롯 함수가 정의되어 있으면 해당 인스턴스는 시퀀스 프로토콜을 올바로 구현했다고 평가된다.

key의 값이 정수로 평가되면 PySequence_GetItem()으로 시퀀스 객체에서 값을 구한다.

```
...
    ms = Py_TYPE(o)->tp_as_sequence;
    if (ms && ms->sq_item) {
        if (_PyIndex_Check(key)) {
```

```
        Py_ssize_t key_value;
        key_value = PyNumber_AsSsize_t(key, PyExc_IndexError);
        if (key_value == -1 && PyErr_Occurred())
            return NULL;
        return PySequence_GetItem(o, key_value);
    }
    else {
        return type_error("sequence index must "
                          "be integer, not '%.200s'", key);
    }
}
...
```

11.3.3 타입 프로퍼티 딕셔너리

파이썬에서는 class 키워드로 새 타입을 정의할 수 있다. 사용자 정의 타입은 타입 객체 모듈의 type_new()가 생성한다.

사용자 정의 타입들은 __dict__()로 접근할 수 있는 프로퍼티 딕셔너리를 가진다. 사용자 정의 클래스의 프로퍼티에 접근하면 기본 __getattr__() 구현은 프로퍼티 딕셔너리에서 접근할 프로퍼티를 찾는다. 클래스 메서드와 클래스 프로퍼티, 인스턴스 메서드와 인스턴스 프로퍼티 모두 프로퍼티 딕셔너리에 할당된다.

PyObject_GenericGetDict()는 주어진 객체의 딕셔너리 인스턴스를 반환한다. PyObject_GetAttr()은 __getattr__()의 기본 동작을 구현하고 PyObject_SetAttr()은 __setattr__()을 구현한다.

사용자 정의 타입에는 많은 계층이 있으며 이러한 계층들은 따로 문서화되어 있다. 메타 클래스만으로도 책을 한 권 더 쓸 수 있기 때문에 이 책에서는 구현에 집중한다.
메타프로그래밍에 대해 더 알고 싶다면 리얼 파이썬에서 'Python Metaclass'를 읽어 보자.[3]

---

3   https://realpython.com/python-metaclasses/

11.4 bool과 long 타입

bool 타입은 내장 타입 중 가장 간단한 구현을 가진 타입이다. 이 타입은 long 을 상속하며 딕셔너리에 정의된 상수인 Py_True와 Py_False를 가지고 있다. 이 상수들은 파이썬 인터프리터가 인스턴스화될 때 만들어지는 불변 인스턴스다.

Objects▶boolobject.c에서 숫자로부터 bool 인스턴스를 생성하는 헬퍼 함수를 찾을 수 있다.

Objects ▶ boolobject.c 28행

```
PyObject *PyBool_FromLong(long ok)
{
    PyObject *result;

    if (ok)
        result = Py_True;
    else
        result = Py_False;
    Py_INCREF(result);
    return result;
}
```

이 함수는 숫자 타입을 C 방식으로 평가한 결과에 따라 result에 Py_True나 Py_False를 할당하고 나서 레퍼런스 카운터를 증가시킨 후 반환한다.

and, or, xor에 대한 산술 연산 함수는 구현되어 있지만 bool 타입에서 사용할 수 없는 더하기, 빼기, 나눗셈 연산은 제거되어 있다.

bool의 and 구현은 먼저 a와 b가 불인지 확인한다. 불이 아니라면 숫자로 캐스팅한 후 두 수 간에 and를 구한다.

Objects ▶ boolobject.c 60행

```
static PyObject *
bool_and(PyObject *a, PyObject *b)
{
    if (!PyBool_Check(a) || !PyBool_Check(b))
        return PyLong_Type.tp_as_number->nb_and(a, b);
    return PyBool_FromLong((a == Py_True) & (b == Py_True));
}
```

11.4.1 long 타입

long 타입은 bool보다는 조금 더 복잡하다. 파이썬 2에서 3으로 전환하는 과정에서 CPython은 int 타입에 대한 지원을 버리고 long을 정수 타입으로 사용하기로 결정했다.

파이썬의 long 타입은 가변 길이 숫자를 저장할 수 있다는 점에서 조금 특별하다. 정수의 최대 길이는 컴파일된 바이너리에 설정되어 있다.

파이썬 long의 데이터 구조는 PyObject 변수 헤더와 숫자 리스트로 구성되어 있다. 숫자 리스트 ob_digit의 크기는 처음에는 1로 설정되어 있지만 초기화되면 길이가 늘어난다.

Include ▶ longintrepr.h 85행

```
struct _longobject {
    PyObject_VAR_HEAD
    digit ob_digit[1];
};
```

예를 들어 1은 ob_digit [1], 24601은 ob_digit [2, 4, 6, 0, 1]처럼 저장된다.

_PyLong_New()는 새 long에 메모리를 할당한다. 이 함수는 고정된 길이가 MAX_LONG_DIGITS보다 작은지 확인한 후에 ob_digit의 길이에 맞춰 메모리를 재할당한다.

C의 long을 파이썬 long으로 변환하려면 먼저 C long 값은 숫자 리스트로 분해하고 파이썬 long에 메모리를 할당한 후 각 자리의 숫자를 설정한다.

한 자릿수 숫자일 경우 long 객체에 이미 길이 1로 ob_digit이 초기화되어 있기 때문에 추가 메모리 할당 없이 바로 객체에 설정된다.

Objects ▶ longobject.c 296행

```
PyObject *
PyLong_FromLong(long ival)
{
    PyLongObject *v;
    unsigned long abs_ival;
    unsigned long t;  /* unsigned: >> 연산자가 부호 비트를 전달하지 않도록 */
    int ndigits = 0;
```

```
    int sign;

    if (IS_SMALL_INT(ival)) {
        return get_small_int((sdigit)ival);
    }
...
    /* 한 자릿수 숫자를 위한 지름길 */
    if (!(abs_ival >> PyLong_SHIFT)) {
        v = _PyLong_New(1);
        if (v) {
            Py_SET_SIZE(v, sign);
            v->ob_digit[0] = Py_SAFE_DOWNCAST(
                abs_ival, unsigned long, digit);
        }
        return (PyObject*)v;
    }
...
    /* 큰 숫자들은 자릿수를 결정하기 위해 루프를 돈다 */
    t = abs_ival;
    while (t) {
        ++ndigits;
        t >>= PyLong_SHIFT;
    }
    v = _PyLong_New(ndigits);
    if (v != NULL) {
        digit *p = v->ob_digit;
        Py_SET_SIZE(v, ndigits * sign);
        t = abs_ival;
        while (t) {
            *p++ = Py_SAFE_DOWNCAST(
                t & PyLong_MASK, unsigned long, digit);
            t >>= PyLong_SHIFT;
        }
    }
    return (PyObject *)v;
}
```

배정밀도 부동 소수점(double) 숫자를 파이썬 long으로 변환하려면 PyLong_
FromDouble을 사용하면 된다.

  Objects▶longobject.c의 다른 함수 구현들 중에는 유니코드 문자열을 숫자
로 변환하는 PyLong_FromUnicodeObject() 같은 유틸리티가 포함되어 있다.

11.4.2 예제

long의 비교 연산용 타입 슬롯에는 long_richcompare()가 설정되어 있다. 이 함수는 long_compare()의 래퍼다.

Objects ▶ longobject.c 3031행

```
static PyObject *
long_richcompare(PyObject *self, PyObject *other, int op)
{
    Py_ssize_t result;
    CHECK_BINOP(self, other);
    if (self == other)
        result = 0;
    else
        result = long_compare((PyLongObject*)self, (PyLongObject*)other);
    Py_RETURN_RICHCOMPARE(result, 0, op);
}
```

long_compare()는 먼저 두 변수 a, b의 길이(자릿수)를 비교한다. 자릿수가 동일하면 각 자릿수의 숫자들을 순회하며 비교한다.

  long_compare()는 세 가지 값을 반환한다.

1. a < b면 음수를 반환한다.

2. a == b면 0을 반환한다.

3. a > b면 양수를 반환한다.

예를 들어 1 == 5를 평가하면 result는 –4이고, 5 == 1을 평가하면 result는 4가 된다.

  결과의 절댓값이 1보다 작을 때 True를 반환하기 위해 Py_RETURN_RICHCOMPARE 매크로 앞에 다음 코드를 추가하자. 이 코드는 부호 있는 정수의 절댓값을 반환하는 Py_ABS() 매크로를 사용한다.

```
    if (op == Py_AlE) {
        if (Py_ABS(result) <= 1)
            Py_RETURN_TRUE;
        else
            Py_RETURN_FALSE;
    }
```

```
    Py_RETURN_RICHCOMPARE(result, 0, op);
}
```

이제 파이썬을 다시 컴파일하면 바뀐 부분을 바로 확인할 수 있다.

```
>>> 2 == 1
False
>>> 2 ~= 1
True
>>> 2 ~= 10
False
```

11.5 유니코드 문자열 타입

어떤 플랫폼에서든 크로스 플랫폼 유니코드 타입은 복잡하다. 파이썬의 유니코드 문자열도 마찬가지다.

이렇게 복잡한 이유는 파이썬이 다양한 플랫폼을 지원하면서 다양한 인코딩을 제공하기 때문이다.

파이썬 2에서 문자열은 C의 char 타입을 이용해 저장했다. 1바이트짜리 char 타입은 아스키(American Standard Code for Information Interchange, ASCII: 미국 정보 교환 표준 부호) 문자들을 저장하기 충분하고 1970년대부터 컴퓨터 프로그래밍에 사용되어 왔다. 하지만 아스키는 전 세계에서 사용되고 있는 수천 가지 언어와 문자 집합뿐 아니라 이모티콘 같은 확장 글리프와 문자 세트도 지원하지 못한다.

이러한 문제를 해결하기 위해 유니코드 컨소시엄은 1991년에 유니코드 표준으로 알려진 문자 데이터베이스와 표준 코딩 시스템을 도입했다. 현대의 유니코드 표준은 모든 언어의 문자뿐 아니라 확장 글리프와 문자 세트도 포함한다.

유니코드 문자 데이터베이스(Unicode Character Database, UCD)는 버전 13[4]에서 14만 3859개의 알려진 문자들을 포함하지만 아스키는 단 128개의 문자만 포함한다. 유니코드 표준은 국제 문자 세트(Universal Character Set, UCS)라는 문자 테이블로 모든 문자를 정의한다. 테이블의 각 문자는 코드 포인트(code

---

4 (옮긴이) 현재 유니코드 최신 버전은 14.0이다.

point)라는 고유한 식별자를 가진다.

유니코드 표준은 코드 포인트를 이진값으로 변환하기 위해 다양한 인코딩을
지원한다.

파이썬 유니코드 문자열은 세 가지 길이의 인코딩을 지원한다.

1. 1바이트(8비트)
2. 2바이트(16비트)
3. 4바이트(32비트)

가변 길이 인코딩의 구현 방식은 다음과 같다.

1. 1바이트 Py_UCS1는 부호 없는 8비트 int 타입 uint8_t로 저장된다.
2. 2바이트 Py_UCS2는 부호 없는 16비트 int 타입 uint16_t로 저장된다.
3. 4바이트 Py_UCS4는 부호 없는 32비트 int 타입 uint32_t로 저장된다.

11.5.1 연관된 소스 파일 목록

다음은 문자열과 관련된 소스 파일들이다.

파일	용도
Include▸unicodeobject.h	유니코드 문자열 객체 정의
Include▸cpython▸unicodeobject.h	유니코드 문자열 객체 정의
Objects▸unicodeobject.c	유니코드 문자열 객체 구현
Lib▸encodings	사용 가능한 모든 인코딩을 담은 encoding 패키지
Lib▸codecs.py	코덱 모듈
Modules▸_codecsmodule.c	운영 체제별 인코딩을 구현한 코덱 모듈의 C 확장
Modules▸_codecs	다양한 대체 인코딩을 위한 코덱 구현

11.5.2 유니코드 코드 포인트 처리하기

CPython은 UCD 사본을 포함하고 있지 않기 때문에 유니코드 표준이 변경될
때마다 CPython을 업데이트하지 않아도 된다.

CPython 유니코드 문자열이 처리하는 것은 인코딩뿐이다. 코드 포인트를 올

바른 스크립트[5]로 나타내는 것은 운영 체제의 책임이다.

UCD가 포함된 유니코드 표준에는 새로운 문자와 스크립트, 이모티콘이 정기적으로 업데이트된다. 운영 체제는 패치를 통해 유니코드 업데이트를 반영한다. 이 패치들은 새로운 UCD 코드 포인트와 다양한 유니코드 인코딩 지원을 포함한다. UCD는 코드 블록이라는 섹션들로 나뉘어 있다.

유니코드 코드 차트는 유니코드 웹 사이트에 게시되어 있다.[6]

유니코드를 직접 처리하는 또 다른 소프트웨어는 바로 웹 브라우저다. 웹 브라우저는 HTTP 인코딩 헤더에 표시된 인코딩으로 HTML 이진 데이터를 디코딩한다. CPython을 웹 서버로 사용할 경우 시스템의 유니코드 인코딩이 사용자에게 반환되는 HTTP 헤더의 인코딩값과 일치해야 한다.

11.5.3 UTF-8 대 UTF-16

다음은 인코딩 방법 중 일반적인 두 가지다.

1. UTF-8은 UCD에서 1~4바이트 코드 포인트인 모든 문자를 지원하는 8비트 문자 인코딩이다.
2. UTF-16은 16비트 문자 인코딩으로, UTF-8과 비슷하지만 아스키 등의 7~8 비트 문자 인코딩과는 호환되지 않는다.

이 중 UTF-8이 가장 일반적으로 사용된다.

모든 유니코드 인코딩에서 코드 포인트는 십육진법 약칭을 사용하여 표현할 수 있다. 다음은 몇 가지 십육진법 약칭의 예시다.

- U+00F7은 나눗셈 연산자 문자(÷)를 뜻한다
- U+0107는 악센트가 들어간 라틴 소문자 'c'를 뜻한다 (ć)

파이썬에서는 이스케이프 심벌 \u와 십육진법으로 나타낸 코드 포인트 값을 사용해 유니코드 코드 포인트를 소스 코드에 직접 인코딩해 넣을 수 있다.

---

5 (옮긴이) *http://unicode.org/glossary/#script*
6 *https://unicode.org/charts/*

```
>>> print("\u0107")
ć
```

CPython은 자동으로 패딩을 추가하지 않기 때문에 \u107이라는 값을 사용하려고 하면 다음과 같이 예외가 발생한다.

```
print("\u107")
  File "<stdin>", line 1
SyntaxError: (unicode error) 'unicodeescape' codec can't decode bytes in
            position 0-4: truncated \uXXXX escape
```

XML과 HTML도 특수한 이스케이프 형식인 &#<val>;을 통해 유니코드 코드 포인트를 지원한다(<val> 부분에 십진법 코드 포인트 값을 넣어야 한다). XML 또는 HTML에 유니코드 코드 포인트를 인코딩해 넣어야 한다면 .encode() 메서드에 에러 핸들러로 xmlcharrefreplace를 지정하자.

```
>>> "\u0107".encode('ascii', 'xmlcharrefreplace')
b'&#263;'
```

실행하면 HTML(또는 XML) 방식으로 이스케이핑된 코드 포인트가 출력된다. 최신 브라우저들은 이스케이프 시퀀스를 올바른 문자로 디코딩한다.

아스키 호환성

아스키 인코딩된 텍스트를 사용하고 있었다면 UTF-8과 UTF-16 간의 차이를 꼭 이해해야 한다. UTF-8의 최대 장점 중 하나는 아스키와의 호환성이다. 아스키 인코딩은 7비트다. 유니코드 표준의 첫 코드 포인트 128개는 아스키 표준에 명시된 128개의 문자를 표현한다. 라틴 문자 'a'는 아스키의 97번 문자이면서 유니코드에서 97번째 글자이기도 하다. 십진수 97은 십육진법으론 61로 표현되기 때문에 'a'의 유니코드 코드 포인트는 U+0061이다.

　REPL에서 문자 'a'를 사용하여 이진 코드를 만들어 보자.

```
>>> letter_a = b'a'
>>> letter_a.decode('utf8')
'a'
```

실행하면 올바르게 UTF-8로 디코딩된다.

UTF-16은 2~4바이트 코드 포인트만 지원한다. 문자 'a'에 대한 1바이트 표현은 UTF-16으로 디코딩할 수 없다.

```
>>> letter_a.decode('utf16')
Traceback (most recent call last):
    File "<stdin>", line 1, in <module>
UnicodeDecodeError: 'utf-16-le' codec can't decode byte 0x61 in
                    position 0: truncated data
```

아스키 호환성은 인코딩 메커니즘을 결정할 때 중요한 요소다. 아스키 데이터를 사용하려면 UTF-8을 고르는 것이 안전하다.

11.5.4 확장(wide) 문자 타입

CPython 소스 코드에서 인코딩 방식을 알 수 없는 유니코드 문자열을 처리할 경우 C 타입 wchar_t가 사용된다.

wchar_t는 확장 문자를 사용하는 문자열을 위한 C 표준으로, 유니코드 문자열을 메모리에 담기에 충분하다. PEP 923에서 wchar_t 타입이 유니코드 저장 포맷으로 결정됐다. 유니코드 문자열 객체는 wchar_t 타입의 상수를 문자열 객체로 변환하는 PyUnicode_FromWideChar() 함수를 제공한다.

예를 들어 python -c를 실행할 때 사용되는 pymain_run_command()가 PyUnicode_FromWideChar()를 사용해 -c 인수를 유니코드 문자열로 변환한다.

Modules ▶ main.c 225행

```
static int
pymain_run_command(wchar_t *command, PyCompilerFlags *cf)
{
    PyObject *unicode, *bytes;
    int ret;

    unicode = PyUnicode_FromWideChar(command, -1);
```

11.5.5 바이트 순서 표식

파일 등의 입력을 디코딩할 때 CPython은 바이트 순서 표식(byte order mark,

BOM)을 보고 바이트 순서를 인식한다. BOM은 유니코드 바이트 스트림의 시작 부분에 나타나는 특수 문자로, 수신자에게 이 스트림에 어떤 바이트 순서로 데이터가 저장됐는지 알려 준다.

컴퓨터 시스템에 따라 인코딩 시 바이트 순서도 다를 수 있다. 올바른 인코딩을 사용하더라도 잘못된 바이트 순서를 사용하면 데이터가 망가진다. 빅 엔디언 방식을 사용하면 가장 큰 단위의 바이트가 처음에 오고, 리틀 엔디언 방식을 사용하면 가장 작은 단위의 바이트가 처음에 온다.

UTF-8 규격은 BOM을 지원하지만 아무런 의미가 없다.[7] UTF-8 BOM은 인코딩된 데이터 시퀀스의 첫 부분에 b'\xef\xbb\xbf'와 같이 나타나며, CPython은 이 데이터 스트림의 인코딩이 UTF-8일 확률이 높다고 인식한다. UTF-16이나 UTF-32는 빅 엔디언과 리틀 엔디언 BOM을 둘 다 지원한다.

CPython의 기본 바이트 순서는 전역 변수 sys.byteorder에 설정된다.

```
>>> import sys; print(sys.byteorder)
little
```

11.5.6 encodings 패키지

Lib▶encodings의 encodings 패키지는 CPython을 위해 100개 이상의 인코딩을 기본으로 지원한다. 문자열 또는 바이트 문자열의 .encode() 또는 .decode() 메서드는 호출될 때마다 이 패키지에서 인코딩을 검색한다.

각 인코딩은 별도 모듈로 정의되어 있다. 예를 들어 일본 이메일 시스템에서 널리 사용되는 인코딩인 ISO2022_JP는 Lib▶encodings▶iso2022_jp.py에 정의되어 있다.

모든 인코딩 모듈은 getregentry()라는 함수를 정의하고 다음 특성들을 구현한다.

- 인코딩의 고유한 이름
- 코덱 모듈로부터 가져온 해당 인코딩의 인코딩/디코딩 함수
- 증분 인코더와 디코더 클래스

---

7 (옮긴이) UTF-8의 BOM은 하나뿐이며 엔디언에 따른 BOM 구분은 UTF-16부터 존재한다.

- 스트림 방식의 리더/라이터 클래스

대부분의 인코딩 모듈은 codecs나 _mulitbytecode 모듈의 동일한 코덱을 공유한다. 일부 인코딩 모듈은 Modules▶cjkcodecs의 별도 C 코덱 모듈을 사용하기도 한다.

예를 들어 ISO2022_JP 인코딩 모듈은 Modules▶cjkcodecs▶_codecs_iso2022. c의 C 확장 모듈인 _codecs_iso2022를 사용한다.

```python
import _codecs_iso2022, codecs
import _multibytecodec as mbc

codec = _codecs_iso2022.getcodec('iso2022_jp')

class Codec(codecs.Codec):
    encode = codec.encode
    decode = codec.decode

class IncrementalEncoder(mbc.MultibyteIncrementalEncoder,
                         codecs.IncrementalEncoder):
    codec = codec

class IncrementalDecoder(mbc.MultibyteIncrementalDecoder,
                         codecs.IncrementalDecoder):
    codec = codec
```

encodings 패키지에는 aliases 딕셔너리를 포함하는 Lib▶encodings▶aliases. py 모듈이 있다. 이 딕셔너리는 등록된 인코딩과 별칭을 매핑하는 데 사용된다. 예를 들어 utf8, utf-8, u8 등의 이름은 모두 utf_8의 별칭이다.

11.5.7 코덱 모듈

codecs 모듈은 데이터를 특정한 인코딩으로 변환한다. getencoder()와 getdecoder()를 사용하면 특정한 인코딩의 인코딩 함수와 디코딩 함수를 가져올 수 있다.

```python
>>> iso2022_jp_encoder = codecs.getencoder('iso2022_jp')
>>> iso2022_jp_encoder('\u3072\u3068')
(b'\x1b$B$R$H\x1b(B', 2)
```

인코딩 함수는 바이너리 결과와 출력된 바이트 수를 담은 튜플을 반환한다. 운영 체제의 파일 핸들을 열기 위한 내장 함수 open() 또한 codecs 모듈에 구현되어 있다.

11.5.8 코덱 구현

유니코드 객체(Objects▸unicodeobject.c) 구현에는 다음과 같은 인코딩 메서드가 포함되어 있다.

코덱	인코더
ascii	PyUnicode_EncodeASCII()
latin1	PyUnicode_EncodeLatin1()
UTF7	PyUnicode_EncodeUTF7()
UTF8	PyUnicode_EncodeUTF8()
UTF16	PyUnicode_EncodeUTF16()
UTF32	PyUnicode_EncodeUTF32()
unicode_escape	PyUnicode_EncodeUnicodeEscape()
raw_unicode_escape	PyUnicode_EncodeRawUnicodeEscape()

디코딩 메서드들의 이름도 비슷한데 Encode 자리에 Decode가 들어간다.

유니코드 이외의 인코딩들은 유니코드 문자열 객체 구현과 분리된 Modules▸_codecs에 구현되어 있다. unicode_escape와 raw_unicode_escape 코덱은 CPython 내부용 코덱이다.

11.5.9 내부 코덱

CPython은 다수의 내부 인코딩을 제공한다. 내부 인코딩들은 CPython의 고유한 특성으로 일부 표준 라이브러리 함수와 소스 코드 작성에 유용하게 사용된다.

다음 텍스트 인코딩들을 텍스트 입력이나 출력에 사용할 수 있다.

코덱	용도
idna	RFC 3490을 구현한다.
mbcs	안시(American National Standards Institute, ANSI: 미국 국가 표준 협회) 코드페이지에 따라 인코딩한다(윈도우 전용).
raw_unicode_escape	파이썬 소스 코드의 저수준 리터럴을 문자열로 변환한다.
string_escape	데이터를 파이썬 소스 코드에 적합한 문자열 리터럴로 변환한다(파이썬 2.7에서 제거됨).
undefined	기본 시스템 인코딩을 시도한다.
unicode_escape	데이터를 파이썬 소스 코드에 적합한 유니코드 리터럴로 변환한다.
unicode_internal	데이터의 CPython 내부 표현을 반환한다(파이썬 3.8에서 제거됨).

바이트 문자열을 입력받는 codecs.encode( )나 codecs.decode( )와 함께 사용해야 하는 이진 데이터용 인코딩들도 존재한다.

```
>>> codecs.encode(b'hello world', 'base64')
b'aGVsbG8gd29ybGQ=\n'
```

다음은 이진 데이터용 인코딩 목록이다.

코덱	별칭	용도
base64_codec	base64,base-64	데이터를 MIME base64 형식으로 변환한다.
bz2_codec	bz2	문자열을 bz2로 압축한다.
hex_codec	hex	바이트당 두 자리 숫자를 사용하여 데이터를 십육진법으로 표현한다.
quopri_codec	quoted-printable	데이터를 MIME QP(Quoted-Printable) 형식으로 변환한다.
rot_13	rot13	시저 암호(Caesar-cypher)를 적용한 결과물을 반환한다.
uu_codec	uu	데이터를 uuencode를 사용하여 변환한다.
zlib_codec	zip,zlib	gzip을 사용하여 데이터를 압축한다.

11.5.10 예제

tp_richcompare 타입 슬롯에는 PyUnicode_Type의 PyUnicode_RichCompare()가 할당된다. 문자열을 비교하는 함수로 ~= 연산자를 처리할 수 있도록 이 함수를 수정하자. 대소문자 구분 없는 문자열 비교 동작을 구현해 보자.

먼저 연산자의 좌측 문자열과 우측 문자열의 이진 동등성을 비교하는 case 문을 추가한다.

Objects ▶ unicodeobject.c 11460행

```
PyObject *
PyUnicode_RichCompare(PyObject *left, PyObject *right, int op)
{
    int result;

    if (!PyUnicode_Check(left) || !PyUnicode_Check(right))
        Py_RETURN_NOTIMPLEMENTED;

    if (PyUnicode_READY(left) == -1 ||
        PyUnicode_READY(right) == -1)
        return NULL;

    if (left == right) {
        switch (op) {
        case Py_EQ:
        case Py_LE:
        case Py_AlE:
        case Py_GE:
            /* 자기 자신과 비교하는 경우 */
            Py_RETURN_TRUE;
```

이후 `Py_AlE` 연산자를 처리할 수 있도록 새 `else if` 블록을 추가하자. 이 블록은 다음과 같이 문자열을 비교한다.

1. 좌측 문자열을 변환해 새 대문자 문자열을 만든다.
2. 우측 문자열도 변환해 새 대문자 문자열을 만든다.
3. 변환된 두 문자열을 비교한다.
4. 임시로 생성된 문자열들의 참조를 감소시켜 메모리에서 해제한다.
5. 결과를 반환한다.

코드는 다음과 같아야 한다.

```
else if (op == Py_EQ || op == Py_NE) {
    ...
}
/* 다음 부분을 추가하자. */
```

```
else if (op == Py_AlE){
    PyObject* upper_left = case_operation(left, do_upper);
    PyObject* upper_right = case_operation(right, do_upper);
    result = unicode_compare_eq(upper_left, upper_right);
    Py_DECREF(upper_left);
    Py_DECREF(upper_right);
    return PyBool_FromLong(result);
}
```

코드를 컴파일한 후 REPL에서 대소문자 구분 없는 문자열 비교를 수행해 보면 다음과 같은 결과를 확인할 수 있다.

```
>>> "hello" ~= "HEllO"
True
>>> "hello?" ~= "hello"
False
```

11.6 딕셔너리 타입

딕셔너리는 빠르고 유연한 매핑 타입이다. 파이썬 객체가 프로퍼티와 메서드를 저장하는 것처럼 개발자들은 데이터를 저장하고 매핑하기 위해 딕셔너리를 사용한다.

파이썬 딕셔너리는 지역·전역 변수 저장이나 키워드 인자 전달 등 많은 곳에서 사용된다. 또한 딕셔너리는 매핑된 값만 저장하는 해시 테이블 덕분에 매우 컴팩트하다.

내장 불변 타입들의 일부인 해싱 알고리즘이 매우 빠른 덕분에 파이썬 딕셔너리도 빠른 속도를 제공한다.

11.6.1 해싱

모든 내장 불변 타입은 해시 함수를 제공한다. 해시 함수들은 tp_hash 타입 슬롯에 정의되어 있다. 사용자 지정 타입의 경우 매직 메서드 __hash__()를 사용하여 해시 함수를 정의한다. 해시값은 포인터와 크기가 동일하다(64비트 시스템에서는 64비트, 32비트 시스템에서는 32비트다). 해시값이 해당 값의 메모리 주소를 의미하지는 않는다.

파이썬 객체의 해시값은 객체의 수명이 지속되는 동안 변하는 일이 없어야 한다. 불변 인스턴스의 경우 값이 동일한 두 불변 인스턴스의 해시는 같아야 한다.

```
>>> "hello".__hash__() == ("hel" + "lo").__hash__()
True
```

해시 충돌은 없어야 한다. 객체의 값이 다를 경우 해시도 달라야 한다.

파이썬 정수의 경우 값이 작으면 해시가 간단하지만 값이 커지면 복잡해진다.

```
>>> (401).__hash__()
401
>>> (401123124389798989898).__hash__()
2212283795829936375
```

많은 빌트인 타입이 사용하는 Python▶pyhash.c 모듈은 다음과 같은 헬퍼 함수들을 제공한다.

- 바이트: _Py_HashBytes(const void*, Py_ssize_t)
- 배정밀도 부동 소수점: _Py_HashDouble(double)
- 포인터: _Py_HashPointer(void *)

유니코드 문자열은 문자열의 바이트 데이터를 _Py_HashBytes()로 해시한다.

```
>>> ("hello").__hash__()
4894421526362833592
```

사용자 정의 클래스는 __hash__()를 구현해 해시 함수를 정의한다. 이때 해시 알고리즘을 직접 구현하기보다는 클래스 내에 읽기 전용으로 고유 프로퍼티를 만들고 내장 hash()로 해시한 값을 객체의 해시로 사용하자.

```
class User:
    def __init__(self, id: int, name: str, address: str):
        self._id = id

    def __hash__(self):
```

```
        return hash(self._id)

    @property
    def id(self):
        return self._id
```

이제 클래스의 인스턴스의 해시를 구할 수 있다.

```
>>> bob = User(123884, "Bob Smith", "Townsville, QLD")
>>> hash(bob)
123884
```

인스턴스를 딕셔너리의 키로 사용할 수도 있다.

```
>>> sally = User(123823, "Sally Smith", "Cairns, QLD")
>>> near_reef = {bob: False, sally: True}
>>> near_reef[bob]
False
```

집합에서는 동일한 인스턴스들이 중복되면 제거한다.

```
>>> {bob, bob}
{<__main__.User object at 0x10df244b0>}
```

11.6.2 연관된 소스 파일 목록

다음은 딕셔너리와 관련된 소스 파일들이다.

파일	용도
Include▶dictobject.h	딕셔너리 객체 API 정의
Include▶cpython▶dictobject.h	딕셔너리 객체 타입 정의
Objects▶dictobject.c	딕셔너리 객체 구현
Objects▶dict-common.h	딕셔너리 키 엔트리와 키 객체
Python▶pyhash.c	내부 해시 알고리즘

11.6.3 딕셔너리의 구조

딕셔너리 객체 PyDictObject는 다음과 같은 요소들로 이루어져 있다.

1. 딕셔너리의 크기와 버전 태그, 키와 값을 담고 있는 프로퍼티들
2. 키와 각 키 엔트리의 해시값을 담고 있는 딕셔너리 키 테이블 객체 PyDict
   KeysObject

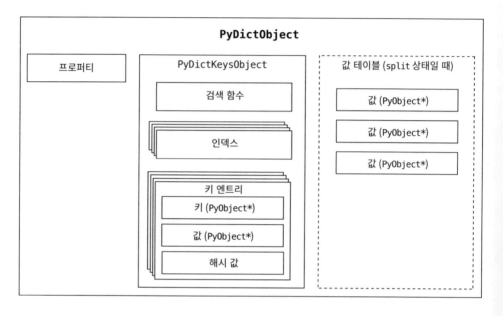

다음은 PyDictObject의 프로퍼티들이다.

필드명	타입	용도
ma_keys	PyDictKeysObject*	딕셔너리 키 테이블 객체
ma_used	Py_ssize_t	딕셔너리 내 항목 개수
ma_values	PyObject**	추가된 값 배열(다음에 나오는 **참고**를 보라)
ma_version_tag	uint64_t	딕셔너리의 버전

 딕셔너리는 split 또는 combined 두 가지 상태 중 하나를 가진다. 딕셔너리가 combined 상태일 때는 딕셔너리의 값 항목에 대한 포인터가 키 테이블 객체 안에 저장되지만, split 상태일 때는 딕셔너리 객체의 추가 프로퍼티인 PyObject* 값 테이블 ma_values 에 값 항목의 포인터가 저장된다.

다음은 딕셔너리 키 테이블 PyDictKeysObject의 프로퍼티들이다.

필드명	타입	용도
dk_entries	PyDictKeyEntry[]	동적 할당된 딕셔너리 키 엔트리 배열
dk_indices	char[]	해시 테이블과 dk_entries에 대한 매핑
dk_lookup	dict_lookup_func	검색 함수(다음 절 참고)
dk_nentries	Py_ssize_t	엔트리 테이블의 엔트리를 사용한 개수
dk_refcnt	Py_ssize_t	레퍼런스 카운터
dk_size	Py_ssize_t	해시 테이블의 크기
dk_usable	Py_ssize_t	엔트리 테이블에서 사용 가능한 엔트리 개수 (남은 엔트리가 0개일 때 딕셔너리의 크기가 조정된다)

다음은 딕셔너리 키 엔트리 PyDictKeyEntry의 프로퍼티들이다.

필드명	타입	용도
me_hash	Py_ssize_t	캐싱된 me_key의 해시값
me_key	PyObject*	키 객체를 가리키는 포인터
me_value	PyObject*	값 객체를 가리키는 포인터(combined 상태일 때)

11.6.4 검색

주어진 키 객체로 딕셔너리 항목을 찾을 때 범용 검색 함수 lookdict()를 사용한다.

딕셔너리 검색은 다음과 같은 세 가지 시나리오를 처리해야 한다.

1. 주어진 키의 메모리 주소를 키 테이블에서 찾을 수 있는 경우
2. 주어진 키 객체의 해시값을 키 테이블에서 찾을 수 있는 경우
3. 딕셔너리에 해당 키가 없는 경우

 딕셔너리의 검색 함수는 도널드 커누스(Donald Knuth)의 유명한 저서 《컴퓨터 프로그래밍의 예술》 3권 중 6.4 '해싱'의 내용을 기반으로 작성됐다.

검색 함수는 다음과 같은 순서로 항목을 찾는다.

1. ob의 해시값을 구한다.

2. 딕셔너리 키 중에서 ob의 해시값과 일치하는 값을 찾아 인덱스 ix를 구한다.

3. ix의 값이 비어 있을 경우 DKIX_EMPTY(값을 찾을 수 없음)를 반환한다.

4. 주어진 인덱스로 키 엔트리 ep를 찾는다.

5. ob와 키의 값이 일치하면 ob는 키와 동일한 값을 가리키는 포인터이기 때문에 찾은 값을 반환한다.

6. ob의 해시와 키의 해시(ep->me_hash)가 일치할 때도 찾은 값을 반환한다.

✔️ lookdict()는 CPython 소스 코드 중에서 몇 안 되는 hot 함수 중 하나다.

> hot 어트리뷰트는 함수가 컴파일된 프로그램의 핫스팟임을 컴파일러에 알리기 위해 사용된다. 이 어트리뷰트가 설정된 함수는 좀 더 적극적으로 최적화되고 많은 타깃에서 다른 hot 함수들과도 가깝게 배치되어 지역성을 향상할 수 있도록 한다.
> — GCC 문서 중 'Common Function Attributes'

이 옵션은 GNU C 컴파일러 전용이지만, PGO를 사용해 컴파일할 때도 이 함수는 컴파일러에 의해 자동으로 최적화될 확률이 높다.

11.7 요약

이번 장에서는 일부 내장 타입 구현에 대해 알아보았다. 이제 여러분은 다른 타입도 살펴볼 준비가 됐을 것이다.

파이썬 클래스 내부를 살펴볼 때 C로 작성된 내장 타입과 파이썬 또는 C로 작성된 타입들을 상속하는 클래스가 있다는 것을 기억해야 한다.

일부 라이브러리는 내장 타입을 상속하지 않고 C로 작성된 타입을 제공하기도 한다. 대표적인 예로 숫자 배열을 다루는 라이브러리인 NumPy가 있다. nparray 타입은 C로 작성됐으며 매우 효율적이면서도 성능이 뛰어나다.

다음 장에서는 표준 라이브러리에 정의된 클래스와 함수들에 대해 살펴볼 것이다.

12장

C P y t h o n   I n t e r n a l s

표준 라이브러리

파이썬은 배터리를 포함해 판매하는 제품처럼 프로그래밍에 필요한 수많은 것이 기본으로 들어 있다. 표준 CPython 배포판에는 파일과 스레드, 네트워크, 웹 사이트, 음악, 키보드, 화면, 텍스트를 위한 라이브러리와 다양한 유틸리티가 포함되어 있다.

collections 모듈이나 sys 모듈처럼 CPython에 포함된 배터리 중 일부는 AA 배터리처럼 다양한 경우에 유용하게 사용할 수 있지만, 언제 필요한지 알 수 없는 작은 시계 배터리 같은 것들도 포함되어 있다.

CPython 표준 라이브러리의 모듈은 두 가지 종류로 나뉜다.

1. 유틸리티를 제공하는 순수한 파이썬 모듈
2. C로 작성됐고 파이썬 래퍼를 제공하는 모듈

이번 장에서는 두 가지 다 살펴보자.

12.1 파이썬 모듈

순수한 파이썬 모듈들은 소스 코드의 Lib 디렉터리에 위치해 있다. email 모듈처럼 큰 모듈 중 일부는 하위 폴더에 하위 모듈이 있는 경우도 있다.

colorsys 모듈은 잘 알려지지 않은 간단한 모듈이다. 100줄가량의 파이썬 코드만으로 이루어져 있고 색상 스케일 변환을 위한 유틸리티 함수를 제공한다.

소스로 파이썬 배포판을 설치하면 표준 라이브러리 모듈은 Lib 폴더에서 배포판 폴더로 복사된다. 해당 폴더는 파이썬을 시작할 때 항상 경로에 포함되기 때문에 모듈을 임포트할 때 모듈 위치를 신경 쓰지 않아도 된다.

다음은 colorsys를 임포트하는 방법이다.

```
>>> import colorsys
>>> colorsys
<module 'colorsys' from '/usr/shared/lib/python3.7/colorsys.py'>

>>> colorsys.rgb_to_hls(255,0,0)
(0.0, 127.5, -1.007905138339921)
```

rgb_to_hls()의 소스 코드를 Lib▶colorsys.py에서 찾아보자.

```
# HLS: 색상, 휘도, 채도
# H: 색상
# L: 휘도
# S: 채도

def rgb_to_hls(r, g, b):
    maxc = max(r, g, b)
    minc = min(r, g, b)
    # XXX: (maxc+minc), (maxc-minc) 최적화
    l = (minc+maxc)/2.0
    if minc == maxc:
        return 0.0, l, 0.0
    if l <= 0.5:
        s = (maxc-minc) / (maxc+minc)
    else:
        s = (maxc-minc) / (2.0-maxc-minc)
    rc = (maxc-r) / (maxc-minc)
    gc = (maxc-g) / (maxc-minc)
    bc = (maxc-b) / (maxc-minc)
    if r == maxc:
        h = bc-gc
    elif g == maxc:
        h = 2.0+rc-bc
    else:
        h = 4.0+gc-rc
    h = (h/6.0) % 1.0
    return h, l, s
```

이 함수는 특별한 점이 전혀 없는 평범한 파이썬 코드다. 다른 순수 파이썬 표준 라이브러리 모듈도 비슷하다. 모두 잘 배열된 단순한 파이썬 코드이고 이해하기도 어렵지 않다.

표준 라이브러리 코드에서 버그나 개선 사항을 찾게 된다면 해당 부분을 변경해 파이썬 배포판에 기여할 수도 있다. 파이썬에 기여하는 방법은 이 책의 마지막 부분에서 다룬다.

12.2 파이썬과 C가 혼용된 모듈

순수한 파이썬 모듈을 제외한 나머지 모듈은 모두 C로 작성됐거나 C와 파이썬이 혼용되어 있다. C로 작성된 부분이 있는 모듈의 소스 코드 중 C로 작성된 부분은 Modules에 위치해 있고 파이썬으로 작성된 부분은 Lib에 위치해 있다. 다만 다음과 같은 두 가지 예외가 있다.

1. sys 모듈은 Python▶sysmodule.c에 위치해 있다.
2. __builtins__ 모듈은 Python▶bltinmodule.c에 위치해 있다.

sys 모듈이 Python 디렉터리에 존재하는 이유는 sys 모듈이 CPython의 내부와 강하게 연관되어 있기 때문이다. sys 모듈은 CPython의 '구현 디테일'로 다른 배포판에서는 찾을 수 없다.

파이썬은 인터프리터를 인스턴스화할 때 내장 함수들을 __builtins__로부터 임포트하기 때문에(import * from __builtins__) print(), chr(), format()을 비롯한 모든 내장 함수는 Python▶bltinmodule.c 내에서 찾을 수 있다.

내장 함수 print()는 파이썬을 배우면서 가장 먼저 사용해 보는 기능일 것이다. 그렇다면 print("Hello, World")를 실행할 때 정확히 어떤 일이 일어날까?

다음은 print()의 실행 과정을 분석한 결과다.

1. 컴파일러가 인수로 받은 문자열 상수 "Hello, World"를 PyUnicodeObject로 변환한다.
2. builtin_print()를 PyUnicodeObject 타입의 인자와 NULL인 knames와 함께 호출한다.

3. 변수 file의 값에 시스템의 stdout 핸들을 의미하는 PyId_stdout을 할당한다.

4. PyFile_WriteObject로 전달된 인수들을 file에 쓴다.

5. PyFile_WriteString으로 file에 줄 바꿈 문자(\n)를 쓴다.

다음은 builtin_print()의 소스 코드다.

Python▶bltinmodule.c 1817행

```c
static PyObject *
builtin_print(PyObject *self, PyObject *const *args, Py_ssize_t nargs,
PyObject *kwnames)
{
    ...
    if (file == NULL || file == Py_None) {
        file = _PySys_GetObjectId(&PyId_stdout);
        ...
    }
    ...
    for (i = 0; i < nargs; i++) {
        if (i > 0) {
            if (sep == NULL)
                err = PyFile_WriteString(" ", file);
            else
                err = PyFile_WriteObject(sep, file,
                                         Py_PRINT_RAW);
            if (err)
                return NULL;
        }
        err = PyFile_WriteObject(args[i], file, Py_PRINT_RAW);
        if (err)
            return NULL;
    }

    if (end == NULL)
        err = PyFile_WriteString("\n", file);
    else
        err = PyFile_WriteObject(end, file, Py_PRINT_RAW);
    ...
    Py_RETURN_NONE;
}
```

C로 작성된 일부 모듈의 내용은 운영 체제 기능을 외부에 노출한다. CPython

소스 코드는 macOS와 윈도우, 리눅스, 기타 다양한 유닉스 기반 운영 체제를 위해 컴파일되기 때문에 일부 특수한 케이스가 존재한다.

time 모듈의 경우를 예로 들면 윈도우가 시간을 유지하고 저장하는 방법은 리눅스, macOS와 전혀 다르기 때문에 운영 체제별로 시간 함수의 정확도가 다르다.[1]

Module▸timemodule.c를 보면 유닉스 기반 시스템의 운영 체제 시간 함수들은 <sys/times.h>로부터 가져온다.

```
#ifdef HAVE_SYS_TIMES_H
#include <sys/times.h> #endif
...
#ifdef MS_WINDOWS
#define WIN32_LEAN_AND_MEAN
#include <windows.h>
#include "pythread.h"
#endif /* MS_WINDOWS */
...
```

같은 파일에 Time_GetProcessTimeWithInfo()의 래퍼인 time_process_time_ns()가 정의되어 있다.

```
static PyObject *
time_process_time_ns(PyObject *self, PyObject *unused)
{
    _PyTime_t t;
    if (_PyTime_GetProcessTimeWithInfo(&t, NULL) < 0) {
        return NULL;
    }
    return _PyTime_AsNanosecondsObject(t);
}
```

_PyTime_GetProcessTimeWithInfo()는 소스 코드 내에서 여러 다른 방식으로 구현되지만 운영 체제에 따라 특정한 부분만 바이너리로 컴파일된다. 윈도우 시스템에서는 GetProcessTimes()를 사용하고 유닉스 시스템에서는 clock_gettime()을 사용한다.

---

1 *https://docs.python.org/ko/3.9/library/time.html#time.clock_gettime_ns*

스레딩 모듈[2]이나 파일 시스템 모듈, 네트워킹 모듈도 동일한 API를 운영 체제별로 여러 번 구현한다. 운영 체제별로 동작이 다르기 때문에 CPython 소스 코드는 최대한 같은 방식으로 동작을 구현한 다음 일관성 있고 추상화된 API만 제공한다.

2 *https://realpython.com/intro-to-python-threading/*

13장

C P y t h o n   I n t e r n a l s

테스트 스위트

CPython은 코어 인터프리터, 표준 라이브러리, 툴링을 비롯해 윈도우와 리눅스, macOS용 배포까지 포함하는 강력한 테스트 스위트를 가지고 있다. 테스트 스위트는 Lib▶test에 위치해 있고 대부분 파이썬으로 작성됐다. 전체 테스트 스위트가 파이썬 패키지이기 때문에 컴파일한 파이썬 인터프리터로 테스트를 실행해 볼 수 있다.

13.1 윈도우에서 테스트 스위트 실행하기

윈도우에선 PCBuild 폴더의 rt.bat 스크립트를 사용한다. 다음은 64비트 아키텍처 환경에서 디버그 구성으로 빠른 테스트를 실행해 본 결과다.

```
> cd PCbuild
> rt.bat -q -d -x64
== CPython 3.9
== Windows-10-10.0.17134-SP0 little-endian
== cwd: C:\repos\cpython\build\test_python_2784
== CPU count: 2
== encodings: locale=cp1252, FS=utf-8
Run tests sequentially
0:00:00 [  1/420] test_grammar
0:00:00 [  2/420] test_opcodes
0:00:00 [  3/420] test_dict
```

```
0:00:00 [   4/420] test_builtin
...
```

릴리스 구성에서 회귀 테스트를 실행하려면 명령줄에서 -d 플래그를 제거하자.

13.2 리눅스와 macOS에서 테스트 스위트 실행하기

리눅스와 macOS에서 make로 test 타깃을 실행하면 컴파일 후 테스트가 실행
된다.

```
$ make test
== CPython 3.9
== macOS-10.14.3-x86_64-i386-64bit little-endian
== cwd: /Users/anthonyshaw/cpython/build/test_python_23399
== CPU count: 4
== encodings: locale=UTF-8, FS=utf-8
0:00:00 load avg: 2.14 [  1/420] test_opcodes passed
0:00:00 load avg: 2.14 [  2/420] test_grammar passed
...
```

또는 컴파일된 바이너리인 python이나 python.exe로 test 패키지를 실행할 수
도 있다.

```
$ ./python -m test
== CPython 3.9
== macOS-10.14.3-x86_64-i386-64bit little-endian
== cwd: /Users/anthonyshaw/cpython/build/test_python_23399
== CPU count: 4
== encodings: locale=UTF-8, FS=utf-8
0:00:00 load avg: 2.14 [  1/420] test_opcodes passed
0:00:00 load avg: 2.14 [  2/420] test_grammar passed
...
```

다음은 테스트용 make 타깃 목록이다.

타깃	용도
test	기본적인 회귀 테스트를 실행한다.
quicktest	오래 걸리는 테스트를 제외하고 빠른 회귀 테스트만 실행한다.
testall	.pyc 파일이 없는 상태로 한 번, 있는 상태로 한 번씩 전체 테스트 스위트를 실행한다.
testuniversal	macOS 유니버설 빌드에서 여러 아키텍처에 대한 테스트 스위트를 실행한다.
coverage	컴파일 후 gcov로 테스트를 실행한다.
coverage-lcov	HTML 커버리지 보고를 생성한다.

13.3 테스트 플래그

GUI가 필요한 IDLE에 대한 테스트처럼 일부 테스트는 특정한 플래그가 없으면 자동으로 건너뛴다.

--list-tests 플래그로 구성에서 테스트 스위트 목록을 볼 수 있다.

```
$ ./python -m test --list-tests
```

```
test_grammar
test_opcodes
test_dict
test_builtin
test_exceptions
...
```

13.4 특정 테스트만 실행하기

테스트를 실행할 때 첫 번째 인자에 실행할 테스트 스위트를 명시해서 특정 테스트만 실행할 수 있다.

다음은 리눅스와 macOS에서 실행할 테스트 스위트를 명시하는 방법이다.

```
$ ./python -m test test_webbrowser
```

```
Run tests sequentially
0:00:00 load avg: 2.74 [1/1] test_webbrowser

== Tests result: SUCCESS ==
```

```
1 test OK.

Total duration: 117 ms
Tests result: SUCCESS
```

다음은 윈도우에서 실행하는 방법이다.

```
> rt.bat -q -d -x64 test_webbrowser
```

-v 플래그로 실행된 테스트의 자세한 목록과 결과를 확인할 수 있다.

```
$ ./python -m test test_webbrowser -v

== CPython 3.9
== macOS-10.14.3-x86_64-i386-64bit little-endian
== cwd: /Users/anthonyshaw/cpython/build/test_python_24562
== CPU count: 4
== encodings: locale=UTF-8, FS=utf-8
Run tests sequentially
0:00:00 load avg: 2.36 [1/1] test_webbrowser
test_open (test.test_webbrowser.BackgroundBrowserCommandTest) ...ok
test_register (test.test_webbrowser.BrowserRegistrationTest) ...ok
test_register_default (test.test_webbrowser.BrowserRegistrationTest) ...ok
test_register_preferred (test.test_webbrowser.BrowserRegistrationTest) ...ok
test_open (test.test_webbrowser.ChromeCommandTest) ...ok
test_open_new (test.test_webbrowser.ChromeCommandTest) ...ok
...
test_open_with_autoraise_false (test.test_webbrowser.OperaCommandTest) ...ok


----------------------------------------------------------------------

Ran 34 tests in 0.056s

OK (skipped=2)

== Tests result: SUCCESS ==

1 test OK.

Total duration: 134 ms
Tests result: SUCCESS
```

CPython을 변경하려면 테스트 스위트를 사용하는 방법과 직접 컴파일한 바이너리 상태를 확인하는 방법을 이해하는 것이 매우 중요하다. 소스 코드를 변경하기 전에 전체 테스트 세트를 실행하고 모두 통과되는지 확인해야 한다.

13.5 테스트 모듈

C 확장과 파이썬 모듈은 unittest 모듈로 임포트하고 테스트한다. 테스트는 모듈이나 패키지 단위로 구성된다.

예를 들어 파이썬 유니코드 문자열 타입의 테스트는 Lib▶test▶test_unicode.py에서, asyncio 패키지의 테스트 패키지는 Lib▶test▶test_asyncio에서 찾을 수 있다.

 unittest 모듈을 처음 사용해 보거나 파이썬에서 테스트를 처음 접해 본다면 리얼 파이썬의 'Getting Started With Testing in Python'[1]을 확인해 보자.

다음은 UnicodeTest 클래스 중 일부다.

```
class UnicodeTest(string_tests.CommonTest,
        string_tests.MixinStrUnicodeUserStringTest,
        string_tests.MixinStrUnicodeTest,
        unittest.TestCase):
...
    def test_casefold(self):
        self.assertEqual('hello'.casefold(), 'hello')
        self.assertEqual('hELlo'.casefold(), 'hello')
        self.assertEqual('ß'.casefold(), 'ss')
        self.assertEqual('fi'.casefold(), 'fi')
```

이전 장에서 유니코드 문자열에 대해 구현한 '거의 같음' 연산자에 대한 테스트를 UnicodeTest 클래스의 새 메서드로 추가해 보자.

```
def test_almost_equals(self):
    self.assertTrue('hello' ≈ 'hello')
    self.assertTrue('hELlo' ≈ 'hello')
    self.assertFalse('hELlo!' ≈ 'hello')
```

---

[1] *https://realpython.com/python-testing/*

새로 추가한 테스트를 실행해 보자. 다음은 윈도우에서 실행하는 방법이다.

```
> rt.bat -q -d -x64 test_unicode
```

다음은 macOS와 리눅스에서 실행하는 방법이다.

```
$ ./python -m test test_unicode -v
```

13.6 테스트 유틸리티

test.support.script_helper 모듈은 파이썬 런타임 테스트에 사용할 수 있는 헬퍼 함수를 제공한다.

- assert_python_ok(*args, **env_vars): 지정된 인수와 함께 파이썬 프로세스를 실행하고 반환 코드와 stdout, stderr를 담은 튜플을 반환한다.
- assert_python_failure(*args, **env_vars): assert_python_ok()와 비슷하지만 실패를 가정하는 경우에 사용한다.
- make_script(script_dir, script_basename, source): script_basename과 source를 사용해 script_dir에 스크립트를 생성하고 스크립트에 대한 경로를 반환한다. assert_python_ok()나 assert_python_failure()와 결합해 유용하게 사용할 수 있다.

모듈이 빌드되지 않았을 경우 테스트도 건너뛰게 하고 싶다면 유틸리티 함수 test.support.import_module()을 사용할 수 있다. 이 유틸리티는 테스트할 모듈이 빌드되지 않았으면 SkipTest를 발생시켜 이 테스트 패키지를 건너뛰라는 신호를 테스트 러너에 보낸다. import_module()을 사용하는 방법은 다음과 같다.

```
import test.support

_multiprocessing = test.support.import_module('_multiprocessing')

# 여기서부터 테스트를 작성하면 된다.
```

13.7 요약

파이썬 회귀 테스트 스위트는 새로운 기능과 버그 수정, 이상한 엣지 케이스에 대한 20년 분량의 테스트로 가득 차 있다. 하지만 CPython 표준 라이브러리에는 테스트가 부족하거나 없는 부분도 여전히 존재한다. CPython 프로젝트에 참여하고 싶다면 단위 테스트를 추가하거나 확장하는 일부터 시작해 보는 것이 좋다.

CPython의 일부를 수정하거나 새로운 기능을 추가하려면 패치에 단위 테스트를 포함해야 한다.

14장

디버깅

CPython은 파이썬 애플리케이션을 디버깅할 수 있는 내장 디버거인 **pdb**를 제공한다. **pdb**는 파이썬 애플리케이션 내부에서 발생한 충돌 디버깅과 테스트 작성, 지역 변수 검사에 적합한 도구다.

하지만 CPython 자체를 디버깅할 때는 C를 디버깅할 수 있는 다른 디버거가 필요하다.

이번 장에서는 다음 내용에 대해 알아볼 것이다.

- CPython 인터프리터에 디버거 연결하기
- 디버거를 사용하여 실행 중인 CPython 프로세스 내부 확인하기

디버거는 크게 콘솔 디버거와 비주얼 디버거 두 종류가 있다. 콘솔 디버거(pdb 등)는 변수와 스택을 확인할 수 있는 특별한 명령들과 명령 프롬프트를 제공한다. 비주얼 디버거는 데이터 시각화 기능을 제공하는 GUI 애플리케이션이다.

이번 장에서는 다음 디버거들에 대해 알아볼 것이다.

디버거	종류	플랫폼
LLDB	콘솔	macOS
GDB	콘솔	리눅스
비주얼 스튜디오 디버거	비주얼	윈도우
CLion 디버거	비주얼	윈도우, macOS, 리눅스

277

14.1 크래시 핸들러

C에서는 애플리케이션이 잘못된 메모리 영역을 읽으려고 하거나 쓰려고 하면 세그멘테이션 폴트(segmentation fault)가 발생한다. 이 오류가 발생하면 다른 애플리케이션에 손상을 입히지 못하도록 실행 중이던 프로세스가 즉시 중지된다. 아무런 데이터가 없는 메모리[1]나 잘못된 포인터를 담고 있는 메모리를 읽으려고 할 때도 세그멘테이션 폴트가 발생한다.

CPython이 세그멘테이션 폴트를 일으킨 경우 어떤 일이 일어났는지에 대한 정보는 거의 얻을 수 없다.

```
[1]    63476 segmentation fault  ./python portscanner.py
```

CPython은 내장 폴트 핸들러를 제공한다. CPython을 실행할 때 -X fault handler 또는 -X dev 옵션을 사용하면, 시스템의 세그멘테이션 폴트 메시지가 출력되는 대신 폴트 핸들러가 폴트가 발생한 위치에 파이썬 스택트레이스와 실행 중인 스레드 정보를 출력한다.

```
Fatal Python error: Segmentation fault
Thread 0x0000000119021dc0 (most recent call first):
  File "/cpython/Lib/threading.py", line 1039 in _wait_for_tstate_lock
  File "/cpython/Lib/threading.py", line 1023 in join
  File "/cpython/portscanner.py", line 26 in main
  File "/cpython/portscanner.py", line 32 in <module>
[1]    63540 segmentation fault  ./python -X dev portscanner.py
```

폴트 핸들러는 CPython용 C 확장을 개발하거나 테스트할 때 유용하다.

14.2 디버그 지원 컴파일하기

디버거로 의미 있는 정보를 얻으려면 CPython에 디버그 심벌을 컴파일해 넣어야 한다. 심벌 없이는 디버그 세션에서 스택트레이스에 함수나 변수, 파일 이름이 올바르게 표시되지 않는다.

---

1 (옮긴이) 보통 쓰레기 값이 들어 있다.

14.2.1 윈도우

윈도우용 컴파일 과정을 다시 따라 해 보면서 디버그 심벌을 가져올 수 있도록 디버그 구성으로 CPython을 컴파일했는지 확인해 보자.

```
> build.bat -p x64 -c Debug
```

디버그 구성으로 컴파일된 실행 파일 이름은 python_d.exe임을 기억하자. 디버깅할 때는 디버그 구성으로 컴파일된 실행 파일을 사용해야 한다.

14.2.2 macOS 또는 리눅스

3장 'CPython 컴파일하기'에서 알아본 컴파일 과정에 따르면 ./configure 스크립트를 실행할 때 --with-pydebug 플래그를 지정해야 한다. 이 플래그를 지정하지 않고 컴파일했다면 앞으로 돌아가서 ./configure를 --with-pydebug 플래그를 포함한 채로 실행하자. --with-pydebug 플래그가 있어야 디버깅에 사용할 수 있는 실행 파일과 디버그 심벌이 만들어진다.

14.3 macOS에서 LLDB 사용하기

LLDB 디버거는 Xcode 개발자 도구에 포함되어 있기 때문에 Xcode 개발자 도구를 설치해야 한다.

　LLDB를 실행하자. 이때 디버그 대상으로 컴파일된 CPython 바이너리를 지정해야 한다.

```
$ lldb ./python.exe
(lldb) target create "./python.exe"
Current executable set to './python.exe' (x86_64).
```

명령 프롬프트가 시작되면 몇 가지 디버깅 명령을 입력할 수 있다.

14.3.1 중단점 추가하기

break set 명령의 인자로 파일 경로(실행 파일 기준 상대 경로) 및 줄 번호를 사용해 중단점을 생성할 수 있다.

```
(lldb) break set --file Objects/floatobject.c --line 532
Breakpoint 1: where = python.exe`float_richcompare + 2276 at
    floatobject.c:532:26, address = 0x000000010006a974
```

 중단점 설정에 단축어를 사용할 수도 있다.

```
(lldb) b Ob- jects/floatobject.c:532
```

---

break set 명령으로 중단점을 여러 개 추가할 수도 있다. 모든 중단점을 나열하려면 break list 명령을 사용하자.

```
(lldb) break list
Current breakpoints:
1: file = 'Objects/floatobject.c', line = 532, exact_match = 0, locations =
        1.1: where = python.exe`float_richcompare + 2276 at floatobject.c:532:26,
                address = python.exe[...], unresolved, hit count = 0
```

14.3.2 CPython 실행하기

CPython을 실행하려면 필요한 파이썬 명령줄 옵션과 함께 process launch -- 명령을 실행하자.

문자열을 실행하는 python -c "print(1)" 명령을 디버거에서 실행하려면 다음과 같이 실행하면 된다.

```
(lldb) process launch -- -c "print(1)"
```

스크립트를 실행하려면 다음과 같이 실행한다.

```
(lldb) process launch -- my_script.py
```

14.3.3 실행 중인 CPython 인터프리터에 연결하기

실행 중인 CPython 인터프리터를 디버깅하고 싶다면 인터프리터에 디버거를 연결해야 한다.

LLDB 세션 안에서 process attatch --pid <프로세스 아이디> 명령을 실행하자.

```
(lldb) process attach --pid 123
```

프로세스 아이디는 '활성 상태 보기' 앱 또는 파이썬에서 os.getpid()를 실행하면 확인할 수 있다.

디버거를 연결하면 중단점에서 프로세스가 중단된다.

14.3.4 중단점 사용하기

Objects▶floatobject.c의 float_richcompare() 함수에 중단점을 설정해서 중단점이 어떻게 처리되는지 확인해 보자.

다음으로 프로세스를 실행하고 이전에 구현한 '거의 같음' 연산자로 두 부동소수점 값을 비교해 보자.

```
(lldb) process launch -- -c "1.0~=1.1"
Process 64421 launched: '/cpython/python.exe' (x86_64)
Process 64421 stopped
* thread #1, queue = '...', stop reason = breakpoint 1.1
    frame #0: 0x000000010006a974 python.exe`float_richcompare(v=1.0,
        w=1.1, op=6) at floatobject.c:532:26
   529            break;
   530        case Py_AlE: {
   531                double diff = fabs(i - j);
-> 532                const double rel_tol = 1e-9;
   533                const double abs_tol = 0.1;
   534                r = (((diff <= fabs(rel_tol * j)) ||
Target 0: (python.exe) stopped.
```

LLDB가 프롬프트를 다시 보여 주면 v 명령으로 지역 변수들을 확인할 수 있다.

```
(lldb) v
(PyObject *) v = 0x000000010111b370 1.0
(PyObject *) w = 0x000000010111b340 1.1
(int) op = 6
(double) i = 1
(double) j = 1.1000000000000001
(int) r = 0
(double) diff = 0.10000000000000009
(const double) rel_tol = 2.1256294105914498E-314
(const double) abs_tol = 0
```

expr 명령으로 C 표현식을 평가할 수 있다. 이때 평가할 표현식에 현재 스코프

에 있는 변수를 사용할 수 있다. 예를 들어 fabs(rel_tol)을 호출한 후 double
로 타입 변환을 해 보자.

```
(lldb) expr (double)fabs(rel_tol)
(double) $1 = 2.1256294105914498E-314
```

디버거는 결과를 출력하고 결과를 $1이란 식별자에 할당한다. 이 식별자는 임
시 변수로 활용할 수 있다.

　다음과 같은 식으로 PyObject 인스턴스를 들여다볼 수도 있다.

```
(lldb) expr v->ob_type->tp_name
(const char *) $6 = 0x000000010034fc26 "float"
```

중단점에서 트레이스백을 얻으려면 bt 명령을 사용한다.

```
(lldb) bt
* thread #1, queue = '...', stop reason = breakpoint 1.1
  * frame #0: ...
      python.exe`float_richcompare(...) at floatobject.c:532:26
    frame #1: ...
      python.exe`do_richcompare(...) at object.c:796:15
    frame #2: ...
      python.exe`PyObject_RichCompare(...) at object.c:846:21
    frame #3: ...
      python.exe`cmp_outcome(...) at ceval.c:4998:16
```

안쪽으로 이동하려면 step 또는 s 명령을, 다음으로 이동하려면 next 또는 n 명
령을 실행한다. 프로그램을 계속 실행하려면 continue 또는 c 명령을 실행하고
세션을 끝내려면 quit 또는 q 명령을 실행한다.

 LLDB의 튜토리얼 문서[2]에서 더 자세한 명령 목록을 확인할 수 있다.

14.3.5 cpython_lldb 확장

LLDB는 파이썬으로 작성된 확장을 지원한다. 오픈 소스 확장 cpython_lldb는

2　*https://lldb.llvm.org/use/tutorial.html*

네티이브 CPython 객체에 대한 추가 정보를 LLDB 세션에서 제공한다.

확장을 설치하려면 다음 명령을 실행하자.

```
$ mkdir -p ~/.lldb
$ cd ~/.lldb && git clone https://github.com/malor/cpython-lldb
$ echo "command script import ~/.lldb/cpython-lldb/cpython_lldb.py" \
  >> ~/.lldbinit
$ chmod +x ~/.lldbinit
```

이제 LLDB에서 변수를 확인할 때 오른쪽에 정수 또는 부동 소수점 객체의 숫
잣값이나 유니코드 문자열의 텍스트값 같은 추가 정보가 표시된다. LLDB 콘솔
에는 파이썬 프레임의 스택트레이스를 출력하는 명령 py-bt가 추가된다.

14.4 GDB 사용하기

GDB는 리눅스에서 작성된 C/C++ 애플리케이션을 디버깅하기 위해 널리 사용
되는 디버거다. CPython 코어 개발 팀도 GDB를 많이 사용한다.

CPython을 컴파일하면 python-gdb.py라는 스크립트가 생성된다. 이 스크립
트를 직접 실행하지는 말자. GDB가 스크립트를 찾고 구성한 후 자동으로 실행
할 것이다.

이 단계를 구성하기 위해 홈 디렉터리의 .gdbinit 파일(~/.gdbinit)을 열어
다음 줄을 추가해야 한다.

```
add-auto-load-safe-path <cpython 프로젝트 디렉터리 경로>
```

GDB를 시작할 때 컴파일한 CPython 바이너리를 인자로 지정한다.

```
$ gdb ./python
```

GDB는 컴파일된 바이너리의 심벌을 불러온 후 명령 프롬프트를 시작한다.
GDB에는 다양한 내장 명령과 추가 명령을 제공하는 CPython 확장이 포함되
어 있다.

14.4.1 중단점 추가하기

중단점을 설정하려면 b <파일 경로>:<줄 번호> 명령을 사용하자. 이때 파일 경로
는 실행 파일 기준 상대 경로다.

```
(gdb) b Objects/floatobject.c:532
Breakpoint 1 at 0x10006a974: file Objects/floatobject.c, line 532.
```

원하는 만큼 중단점을 설정할 수 있다.

14.4.2 CPython 실행하기

프로세스를 시작하려면 파이썬 인터프리터에 필요한 인자와 함께 run 명령을
실행하자.

예를 들어 문자열을 실행하려면 다음과 같은 명령을 실행하면 된다.

```
(gdb) run -c "print(1)"
```

스크립트를 실행하려면 다음과 같이 실행하자.

```
(gdb) run my_script.py
```

14.4.3 실행 중인 CPython 인터프리터에 연결하기

실행 중인 CPython 인터프리터를 디버깅하고 싶다면 디버거를 인터프리터에
연결해야 한다.

GDB 세션에서 attatch <프로세스 아이디> 명령을 실행하자.

```
(gdb) attach 123
```

프로세스 아이디는 macOS의 경우 '활성 상태 보기' 앱 또는 파이썬에서 os.get
pid()를 실행하면 확인할 수 있다.

디버거를 연결하면 중단점에서 프로세스가 중단된다.

14.4.4 중단점 사용하기

GDB가 중단점에 도달하면 print 또는 p 명령으로 변수들을 확인할 수 있다.

```
(gdb) p *(PyLongObject*)v
$1 = {ob_base = {ob_base = {ob_refcnt = 8, ob_type = ...}, ob_size = 1},
ob_digit = {42}}
```

안쪽으로 이동하려면 step 또는 s 명령을 실행하자. 다음으로 이동하려면 next 또는 n 명령을 실행하자.

14.4.5 python-gdb 확장

python-gdb 확장은 GDB 콘솔에서 사용할 수 있는 추가 명령어 세트를 제공한다.

명령	용도
py-print	파이썬 변수를 출력한다.
py-bt	파이썬 스택트레이스를 출력한다.
py-locals	locals()의 실행 결과를 출력한다.
py-up	하위 파이썬 프레임으로 이동한다.
py-down	상위 파이썬 프레임으로 이동한다.
py-list	현재 프레임의 파이썬 소스 코드를 출력한다.

14.5 비주얼 스튜디오 디버거 사용하기

마이크로소프트 비주얼 스튜디오에는 비주얼 디버거가 포함되어 있다. 비주얼 스튜디오 디버거는 프레임 스택 시각화 도구, 조사식, 표현식 평가 기능을 제공하는 강력한 비주얼 디버거다.

비주얼 스튜디오 디버거를 사용하려면 비주얼 스튜디오에서 PCBuild▶ pcbuild.sln 파일을 연다.

14.5.1 중단점 추가하기

새 중단점을 추가하려면 솔루션 탐색기에서 원하는 파일로 이동한 후 줄 번호 왼쪽에 있는 여백을 클릭한다.

중단점을 설정한 줄 옆에 빨간 점이 표시된다.

```
354      */
355
356    static PyObject*
357  ⊟float_richcompare(PyObject *v, PyObject *w, int op)
358    {
359        double i, j;
360        int r = 0;
361
362        assert(PyFloat_Check(v));
363        i = PyFloat_AS_DOUBLE(v);
364
365  ⊟     /* Switch on the type of w.  Set i and j to doubles to be compared,
366        * and op to the richcomp to use.
367        */
368        if (PyFloat_Check(w))
369            j = PyFloat_AS_DOUBLE(w);
370
371  ⊟     else if (!Py_IS_FINITE(i)) {
```

빨간 원 위에 마우스 커서를 올리면 톱니바퀴 아이콘이 나타난다. 톱니바퀴를 클릭해서 중단 조건을 설정할 수 있다. 조건으로 설정한 표현식은 중단점에 도달하기 전에 평가된다.

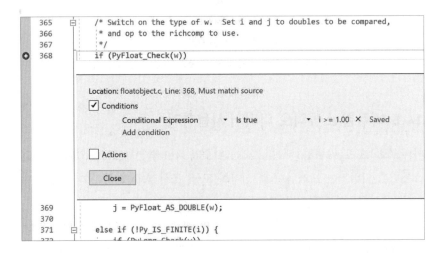

14.5.2 디버거 실행하기

상단 메뉴에서 'Debug⇨Start Debug'를 클릭하거나 F5를 누르면 비주얼 스튜디오에서 파이썬 런타임과 REPL이 새로 실행된다.

14.5.3 중단점 사용하기

중단점에 도달하면 탐색 버튼 또는 단축키를 이용하여 안쪽으로 이동하거나 다음으로 이동할 수 있다.

- 안쪽으로 이동하기: F11
- 다음으로 이동하기: F10
- 밖으로 이동하기: 'Shift + F11'

다음 그림에서 콜 스택을 확인할 수 있다. 스택 목록에서 프레임을 선택하면 다른 프레임의 변수들을 탐색하고 검사할 수 있다.

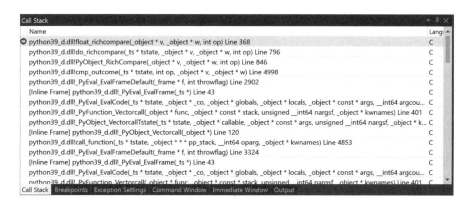

코드 편집기에서 변수나 표현식을 강조 표시하여 값을 확인할 수 있다. 마우스 오른쪽 버튼을 클릭해 'Add Watch'를 선택하면 조사식 창에 변수를 추가할 수 있다. 조사식 창에서는 디버깅에 필요한 변수의 값을 간편하게 확인할 수 있다.

14.6 CLion 디버거 사용하기

CLion 통합 개발 환경에도 강력한 비주얼 디버거가 포함되어 있다. CLion의 디버거는 LLDB(macOS) 또는 GDB(macOS, 리눅스, 윈도우)와 함께 작동한다.

디버거를 구성하려면 설정으로 가서 'Build, Execution, Deployment➪Tool chains'를 선택한다.

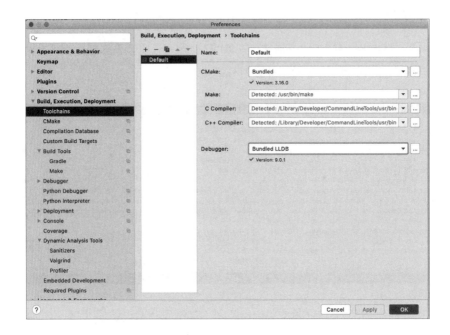

사용할 디버거를 설정하는 대화 상자에서 운영 체제에 적합한 디버거를 선택한다.

- macOS: 번들 LLDB
- 윈도우와 리눅스: 번들 GDB

> ⚠️ LLDB는 cpython_lldb 확장을, GDB는 cpython-gdb 확장을 설치할 수 있다. 확장을 설치하는 방법에 대한 자세한 내용은 14.3 'macOS에서 LLDB 사용하기'와 14.4 'GDB 사용하기'를 참고하자.

14.6.1 Make 애플리케이션 디버깅

CLion 2020.2부터 CPython을 비롯한 Makefile 기반 프로젝트를 컴파일하거나 디버깅할 수 있다.

디버깅을 시작하려면 2.4 '젯브레인스 CLion 구성하기'에서 소개하는 설정 단계를 완료해야 한다.

CLion 구성이 완료됐으면 `Make Application` 타겟을 사용할 수 있을 것이다. 상단 메뉴에서 'Run⇨Debug'를 클릭하면 프로세스가 실행된 후 디버깅이 시작된다.

실행 중인 CPython 프로세스에 디버거를 연결할 수도 있다.

14.6.2 디버거 연결하기

실행 중인 CPython 프로세스에 CLion 디버거를 연결하려면 'Run⇨Attach to Process'를 선택한다.

실행 중인 프로세스 목록 팝업이 뜨면 연결하고자 하는 파이썬 프로세스를 선택한 후 'Attatch'를 눌러 디버거를 프로세스에 연결한다. 디버거 연결을 누르면 곧 디버깅 세션이 시작된다.

⚠️ 파이썬 플러그인이 설치되어 있다면 파이썬 프로세스가 팝업 또는 목록 맨 위에 보이는데 이걸 클릭하면 안 된다. 맨 위에 있는 파이썬 프로세스를 클릭하면 C 디버거가 아닌 파이썬 디버거가 실행된다.

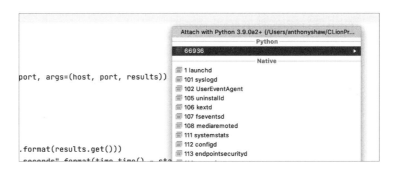

`Native` 목록을 스크롤해서 올바른 파이썬 프로세스를 선택하자.

14.6.3 중단점 추가하기

중단점을 추가하려면 중단점을 추가하기 원하는 파일을 연 다음, 줄 번호와 코드 사이의 공백을 클릭한다. 중단점이 설정되면 빨간 원이 나타난다.

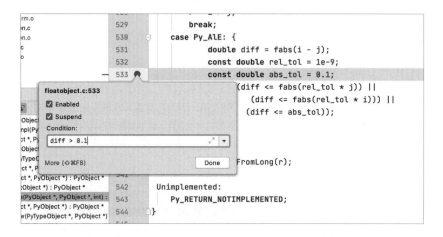

중단점을 우클릭하면 중단 조건을 설정할 수 있다.

상단 메뉴의 'Run ▷ View Breakpoints'를 선택하면 설정된 모든 중단점을 확인하고 관리할 수 있다.

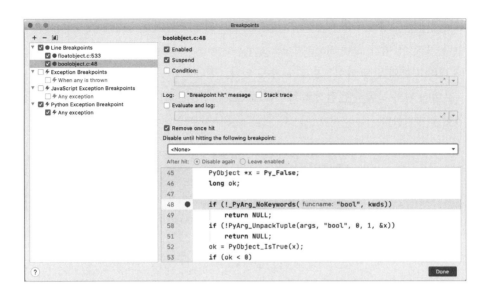

중단점 관리 창에서 중단점을 켜고 끌 수 있고 다른 곳에서 중단이 발생한 경우 중단점이 꺼지도록 설정할 수도 있다.

14.6.4 중단점 사용하기

중단점에 도달하면 CLion은 디버그 패널을 구성한다. 디버그 패널에서는 중단된 지점의 콜 스택을 확인할 수 있다. 콜 스택에서 다른 프레임으로 이동할 수도 있다.

콜 스택 옆에는 지역 변수 목록이 표시된다. 지역 변수 목록에서 간단한 타입의 값들을 확인할 수도 있고 구조체 타입이나 포인터의 프로퍼티를 확인할 수도 있다.

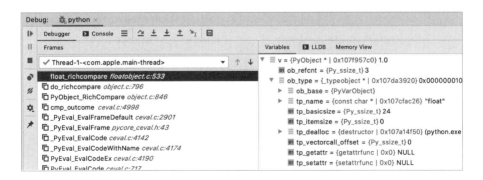

중단점에서 지역 변수에 대한 추가 정보를 얻기 위해 표현식을 실행해 볼 수도 있다. 표현식 평가 창은 'Run⇨Debugging Actions⇨Evaluate Expression'이 나 디버그 창의 단축 아이콘으로 열 수도 있다.

표현식 평가 창에서 표현식을 작성할 때 CLion이 프로퍼티 이름과 타입 자동 완성을 지원한다.

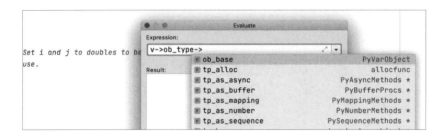

타입 변환을 적용한 식을 실행할 수도 있다. 타입 변환은 PyObject* 타입을 PyFloatObject* 같은 구체화된 타입으로 바꾸는 데 유용하다.

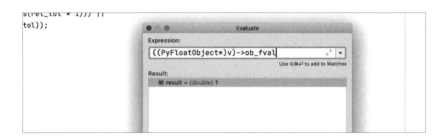

14.7 요약

이번 장에서 모든 주요 운영 체제에서 디버거를 설정하는 방법에 대해 알아보 았다. 초기 설정에 시간이 좀 걸리지만 그만한 시간을 들일 가치가 있다. 중단 점을 설정하고 작동 중인 CPython 프로세스의 변수와 메모리를 탐색할 수 있 는 능력은 마치 초능력과 같은 힘을 여러분에게 제공한다.

디버깅 스킬은 버그 추적뿐 아니라 CPython을 확장하거나 기존 코드베이스 를 최적화하는 데도 사용할 수 있다.

15장

벤치마킹, 프로파일링, 실행 추적

CPython을 변경할 때는 변경한 부분이 성능을 떨어뜨리지 않는지 확인해야 한다. 또한 성능을 높이기 위해 CPython을 변경했을 경우에도 성능을 확인해 봐야 한다.

이번 장에서는 다음 솔루션들에 대해 알아본다.

1. `timeit` 모듈로 간단한 파이썬 구문을 반복적으로 실행해서 실행 속도의 중앙값 측정하기
2. 파이썬 벤치마크 스위트인 pyperformance를 사용해 여러 버전의 파이썬 속도 비교하기
3. `cProfile`로 프레임 실행 속도 분석하기
4. 프로브(probe)를 사용해 CPython 프로파일링하기

어떤 솔루션을 선택할지는 작업 형식에 따라 달라진다.

- 벤치마크: 특정한 코드 조각의 실행 시간 평균 또는 중앙값을 측정해서 여러 파이썬 런타임의 성능을 비교할 수 있다.
- 프로파일러: 실행 시간이 포함된 호출 그래프를 생성해 어떤 함수가 가장 느린지 파악할 수 있다.

프로파일러는 파이썬용과 C용이 존재한다. 파이썬으로 작성된 스크립트나 함

수, 모듈을 프로파일할 때는 파이썬 프로파일러를 사용해야 한다. 마찬가지로 C 확장 모듈이나 CPython의 C 코드에 대한 수정 사항 등을 프로파일링하려면 C 프로파일러를 사용하거나 C 프로파일러와 파이썬 프로파일러를 함께 사용해야 한다.

다음은 사용 가능한 벤치마크 도구와 프로파일러 목록이다.

이름	카테고리	프로파일링 환경	운영 체제
timeit	벤치마크	파이썬	모든 운영 체제
pyperformance	벤치마크	파이썬	모든 운영 체제
cProfile	프로파일링	파이썬	모든 운영 체제
DTrace	실행 추적·프로파일링	C	리눅스, macOS

> ❗ 벤치마크를 실행하기 전에 CPU를 벤치마크에만 사용할 수 있도록 다른 애플리케이션들은 모두 종료하는 게 좋다.

15.1 timeit으로 마이크로 벤치마크 실행하기

파이썬 벤치마크 스위트는 CPython 런타임을 반복적으로 실행하면서 철저히 테스트한다. 특정한 코드 조각만 빠르고 쉽게 벤치마크하려면 timeit 모듈을 사용해 보자.

timeit으로 짧은 스크립트를 실행하려면 컴파일한 CPython에서 -m timeit 모듈로 짧은 문자열을 실행한다.

```
$ ./python -m timeit -c "x=1; x+=1; x**x"
1000000 loops, best of 5: 258 nsec per loop
```

-n 플래그로 반복 횟수를 직접 지정할 수 있다.

```
$ ./python -m timeit -n 1000 "x=1; x+=1; x**x"
1000 loops, best of 5: 227 nsec per loop
```

15.1.1 timeit 예제

앞서 float 타입용 '거의 같음' 연산자를 구현했었다.

다음과 같이 두 부동 소수점 값의 비교 성능을 측정해 보자.

```
$ ./python -m timeit -n 1000 "x=1.0001; y=1.0000; x~=y"
1000 loops, best of 5: 177 nsec per loop
```

'거의 같음' 연산은 Objects▸floatobject.c의 float_richcompare()에 구현되어 있다.

Objects▸floatobject.c 358행

```
static PyObject*
float_richcompare(PyObject *v, PyObject *w, int op)
{
    ...
    case Py_AlE: {
            double diff = fabs(i - j);
            double rel_tol = 1e-9;
            double abs_tol = 0.1;
            r = ((((diff <= fabs(rel_tol * j)) ||
                    (diff <= fabs(rel_tol * i))) ||
                    (diff <= abs_tol));
            }
            break;
    }
```

rel_tol과 abs_tol은 상수지만 상수로 선언되어 있지 않다. 다음과 같이 바꿔 보자.

```
const double rel_tol = 1e-9;
const double abs_tol = 0.1;
```

CPython을 다시 컴파일한 후 테스트를 재실행해 보자.

```
$ ./python -m timeit -n 1000 "x=1.0001; y=1.0000; x~=y"
1000 loops, best of 5: 172 nsec per loop
```

성능이 약간(1~5%) 상승했음을 볼 수 있다. 다른 방식으로 구현해 보며 더 개선할 부분이 있는지 찾아보자.

15.2 파이썬 벤치마크 스위트로 런타임 벤치마크 실행하기

파이썬 벤치마크 스위트는 파이썬의 전체적인 성능을 비교할 수 있는 도구다. 파이썬 벤치마크 스위트는 부하 상황에서 파이썬 런타임을 다양한 측면으로 테스트하도록 설계된 파이썬 애플리케이션 모음이다.

벤치마크 스위트는 모두 파이썬으로 작성됐기 때문에 PyPy나 자이썬 같은 다른 런타임을 테스트하는 것도 가능하다. 또한 파이썬 2.7부터 최신 파이썬까지 모든 파이썬 버전을 테스트할 수 있다.

파이썬 스피드 센터(Python Speed Center)[1]에는 *github.com/python/cpython*의 마스터 브랜치에 올라온 커밋들을 벤치마크 도구로 테스트한 결과가 게시된다.

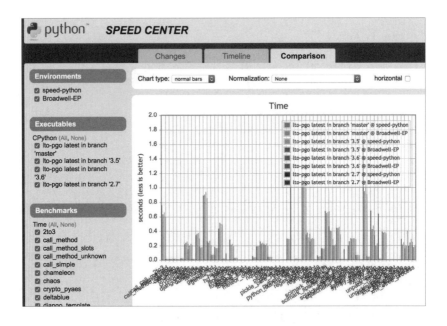

스피드 센터에서는 커밋이나 브랜치, 태그의 결과를 비교할 수 있다. 프로파일 기반 최적화와 고정된 하드웨어 구성의 정기 빌드가 적용된 벤치마크 결과로 안정적인 비교를 수행할 수 있다.

---

1 *https://speed.python.org/*

테스트 중인 환경이 아닌 가상 환경에서 파이썬 런타임을 사용하여 PyPI로 파이썬 벤치마크 스위트를 설치하자.

```
(venv) $ pip install pyperformance
```

다음으로 테스트 프로파일에 대한 구성 파일과 테스트 프로파일 결과를 출력할 출력 디렉터리를 생성해야 한다. 이때 출력 디렉터리는 작업 중인 깃 저장소 외부에 생성하는 것이 좋다. 이렇게 하면 여러 파이썬 버전을 체크아웃하기 편리하다.

~/benchmarks/benchmark.cfg 같은 위치에 구성 파일을 만들고 다음과 같이 추가하자.

cpython-book-samples ▶ 62 ▶ benchmark.cfg

```
[config]
# 출력 json 파일의 위치
json_dir = ~/benchmarks/json

# True일 경우 CPython을 디버그 모드로 컴파일하고(LTO, PGO 비활성화)
# --debug-single-sample로 벤치마크를 돌린 후 업로드를 비활성화한다.
#
# 구성을 빠르게 테스트할 때 이 옵션을 사용하자.
debug = False

[scm]
# CPython 소스 코드 디렉터리(깃 저장소)
repo_dir = ~/cpython

# 깃 저장소 업데이트(git fetch)
update = False

# 깃 리모트 이름: 깃 브랜치의 리비전 생성용
git_remote = remotes/origin

[compile]
# bench_dir에 파일이 생성된다.
bench_dir = ~/benchmarks/tmp

# 링크 시간 최적화(LTO)
lto = True
```

```
# 프로파일 기반 최적화(PGO)
pgo = True

# 빈칸으로 구분한 패키지 전용 라이브러리 목록
pkg_only =

# 파이썬 설치 여부: False일 경우 빌드 디렉터리에서 파이썬을 실행한다.
install = True

[run_benchmark]
# 벤치마크 실행 전에 "sudo python3 -m pyperf system true" 실행
system_tune = True

# "pyperformance run"용 --benchmarks 옵션
benchmarks =

# "pyperformance run"과 "pyperf system true"용 --affinity 옵션
affinity =

# 생성된 JSON 파일 업로드 여부
upload = False

# 코드 스피드 웹 사이트에 결과를 업로드하기 위한 설정
[upload]
url =
environment =
executable =
project =

[compile_all]
# CPython 깃 브랜치 목록
branches = default 3.6 3.5 2.7

# compile_all에 의한 벤치마크 리비전 목록
[compile_all_revisions]
# "pyperformance compile_all" 명령에 사용할
# 'sha1=' (default branch: 'main')' 또는 'sha1=branch' 목록
```

15.2.1 벤치마크 실행하기

구성 파일을 다 만들었으면 다음과 같은 명령으로 벤치마크를 실행하자.

```
$ pyperformance compile -U ~/benchmarks/benchmark.cfg HEAD
```

벤치마크를 실행하면 repo_dir 디렉터리의 CPython이 컴파일되고, 구성 파일에 명시된 디렉터리로 JSON 형식 벤치마크 결과가 출력된다.

15.2.2 벤치마크 비교하기

파이썬 벤치마크 스위트에는 시각화 도구가 포함되어 있지 않다. JSON 형식 벤치마크 결과를 비교하려면 별도 스크립트를 가상 환경에서 실행해야 한다.

먼저 필요한 의존성을 설치하자.

```
$ pip install seaborn pandas pyperformance
```

다음으로 profile.py라는 이름으로 스크립트를 만든다.

cpython-book-samples ▶ 62 ▶ profile.py

```
import argparse
from pathlib import Path
from perf._bench import BenchmarkSuite

import seaborn as sns
import pandas as pd

sns.set(style="whitegrid")

parser = argparse.ArgumentParser()
parser.add_argument('files', metavar='N', type=str, nargs='+',
                    help='files to compare')
args = parser.parse_args()

benchmark_names = []
records = []
first = True
for f in args.files:
    benchmark_suite = BenchmarkSuite.load(f)
    if first:
        # 딕셔너리 키와 벤치마크 이름 초기화
        benchmark_names = benchmark_suite.get_benchmark_names()
        first = False
    bench_name = Path(benchmark_suite.filename).name
    for name in benchmark_names:
        try:
            benchmark = benchmark_suite.get_benchmark(name)
```

```
            if benchmark is not None:
                records.append({
                    'test': name,
                    'runtime': bench_name.replace('.json', ''),
                    'stdev': benchmark.stdev(),
                    'mean': benchmark.mean(),
                    'median': benchmark.median()
                })
        except KeyError:
            # 예외가 발생하면 무시
            pass

df = pd.DataFrame(records)

for test in benchmark_names:
    g = sns.factorplot(
        x="runtime",
        y="mean",
        data=df[df['test'] == test],
        palette="YlGnBu_d",
        size=12,
        aspect=1,
        kind="bar")
    g.despine(left=True)
    g.savefig("png/{}-result.png".format(test))
```

인터프리터로 다음 스크립트를 생성된 JSON 파일과 함께 실행하면 그래프가
만들어진다.

```
$ python profile.py ~/benchmarks/json/HEAD.json ...
```

벤치마크 결과에 대한 그래프들은 하위 디렉터리 png/에 생성된다.

15.3 cProfile로 파이썬 코드 프로파일링하기

표준 라이브러리는 두 가지 파이썬 프로파일러를 포함하고 있다.

1. profile: 파이썬으로 작성된 프로파일러
2. cProfile: C로 작성된 빠른 프로파일러

대부분의 경우 cProfile을 사용하는 것이 좋다.

cProfile을 사용하면 실행 중인 애플리케이션을 분석하고 평가된 프레임의 결정론적 프로파일 결과를 얻을 수 있다. cProfile의 요약된 결과를 명령줄에 표시하거나 외부 도구에서 분석하기 위해 .pstat 파일에 저장할 수 있다.

10장 '병렬성과 동시성'에서 파이썬으로 만든 간단한 포트 스캐너를 cProfile 로 분석해 보자.

cProfile 모듈을 실행하려면 python -m cProfile <실행할 스크립트>를 명령줄에서 실행하자.

```
$ python -m cProfile portscanner_threads.py
Port 80 is open
Completed scan in 19.8901150226593 seconds
        6833 function calls (6787 primitive calls) in 19.971 seconds

   Ordered by: standard name

   ncalls  tottime  percall  cumtime  percall filename:lineno(function)
        2    0.000    0.000    0.000    0.000 ...
```

다음은 출력되는 테이블의 열 목록이다.

열	설명
ncalls	호출 횟수
tottime	하위 함수를 제외한 함수 실행 시간
percall	totime을 ncalls로 나눈 값
cumtime	하위 함수까지 포함한 함수 실행 시간
percall	cumtime을 호출 횟수로 나눈 값
filename:lineno(function)	각 함수별 데이터

-s 인자를 추가하면 특정한 열 기준으로 결과를 정렬할 수 있다.

```
$ python -m cProfile -s tottime portscanner_threads.py
```

이 명령은 하위 함수를 제외한 함수 실행 시간을 기준으로 결과를 정렬한다.

15.3.1 프로파일 결과 내보내기

cProfile에 -o 인자를 지정하면 실행 결과를 내보낼 경로를 지정할 수 있다.

```
$ python -m cProfile -o out.pstat portscanner_threads.py
```

실행하면 out.pstat이라는 파일이 생성된다. 이 파일을 사용해 외부 도구나 Stats 클래스[2]로 프로파일 결과를 분석할 수 있다.

스네이크비즈를 사용해 시각화하기

스네이크비즈(SnakeViz)는 웹 브라우저로 프로파일링 데이터를 시각화해 주는 무료 파이썬 패키지다.

  pip로 스네이크비즈를 설치하자.

```
$ python -m pip install snakeviz
```

.pstat 파일의 경로와 함께 snakeviz를 명령줄에서 실행하자.

```
$ python -m snakeviz out.pstat
```

브라우저가 열리면 다음과 같은 분석 결과가 표시된다.

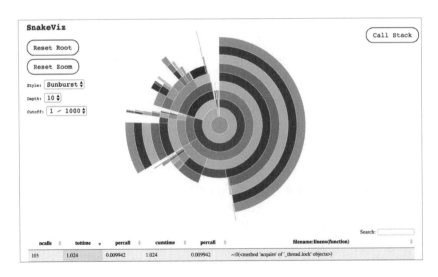

---

2 *https://docs.python.org/3.9/library/profile.html#the-stats-class*

파이참을 사용해 시각화하기

파이참은 cProfile을 실행하고 결과를 시각화하는 도구를 내장하고 있다. 파이참의 시각화 도구를 사용하려면 파이썬 타깃을 먼저 설정해야 한다.

상단 메뉴에서 'Run ▷ Profile(target)'을 클릭한 다음 실행 타깃을 설정해서 프로파일러를 실행하자. 프로파일러를 실행하면 설정한 타깃 대상으로 cProfile이 실행되고, 표 형식의 데이터와 호출 그래프가 포함된 시각화 창이 열린다.

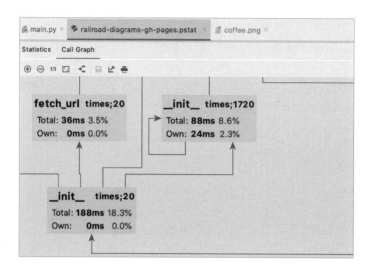

15.4 DTrace로 C 코드 프로파일링하기

CPython 소스 코드에는 실행 추적 도구인 DTrace용 마커(marker)가 여럿 포함되어 있다. DTrace는 컴파일된 C/C++ 바이너리를 실행한 후 프로브를 사용해 이벤트를 감지하고 처리한다.

DTrace가 유용한 데이터를 만들어 낼 수 있도록 컴파일된 애플리케이션에 무조건 마커를 설치해야 한다. 마커는 실행 시간에 발생하는 이벤트다. 마커에는 추적을 보조하는 임의의 데이터를 추가할 수 있다.

예를 들어 Python▶ceval.c의 프레임 평가 함수에는 dtrace_function_entry() 호출이 포함되어 있다.

```
if (PyDTrace_FUNCTION_ENTRY_ENABLED())
    dtrace_function_entry(f);
```

이 부분은 함수가 호출될 때마다 DTrace를 위해 function__entry라는 마커를 발생시킨다.

CPython은 다음과 같은 상황들을 표시할 수 있는 마커들을 내장하고 있다.

- 특정 줄 실행
- 함수 진입과 반환(프레임 실행)
- 가비지 컬렉션 시작과 완료
- 모듈 임포트 시작과 완료
- sys.audit()이 발생시키는 감사 훅 이벤트

각 마커에는 추가 정보를 위한 인자들이 포함되어 있다. 다음은 function__ entry 마커에 포함된 인자 목록이다.

- 파일명
- 함수명
- 줄 번호

정적 마커 인자들은 공식 문서[3]에 정의되어 있다.

DTrace는 프로브가 트리거되면 사용자 정의 코드를 실행하기 위해 D[4]로 작성된 스크립트 파일을 실행한다. 물론 프로브가 가지고 있는 어트리뷰트에 따라서 프로프를 필터링할 수도 있다.

15.4.1 연관된 소스 파일 목록

다음은 Dtrace 관련 소스 파일 목록이다.

파일	용도
Include▸pydtrace.h	DTrace 마커용 API 정의
Include▸pydtrace.d	파이썬용 DTrace 메타데이터
Include▸pydtrace_probes.h	프로브 처리용으로 자동으로 생성된 헤더

---

3 *https://realpython.com/cpython-static-markers*
4 (옮긴이)D 언어(*https://dlang.org*)가 아닌 DTrace용 스크립트 언어를 뜻한다.

15.4.2 DTrace 설치

macOS에는 DTrace가 기본으로 설치되어 있다. 리눅스의 경우에는 패키지 도구 중 한 가지를 사용해 설치할 수 있다.

패키지 관리에 YUM을 사용하는 페도라 코어, RHEL, CentOS 등의 리눅스 배포판에서는 다음 명령을 실행한다.

```
$ yum install systemtap-sdt-devel
```

패키지 관리에 APT를 사용하는 데비안이나 우분투 등의 리눅스 배포판에서는 다음 명령을 실행한다.

```
$ apt-get install systemtap-sdt-dev
```

15.4.3 DTrace 지원 컴파일하기

./configuration 스크립트로 CPython을 컴파일할 때 DTrace 지원을 추가할 수 있다.

3장 'CPython 컴파일하기'에서 실행할 때 사용했던 동일한 인자에 --with-dtrace 플래그를 추가해서 ./configure를 다시 실행하자. 실행이 완료되면 make clean && make도 실행해서 바이너리를 다시 빌드하자.

구성 도구가 프로브 헤더를 생성했는지 확인해 보자.

```
$ ls Include/pydtrace_probes.h
Include/pydtrace_probes.h
```

 최신 macOS에는 시스템 무결성 보호(system integrity protection, SIP)라는 커널 레벨 보호가 적용되어 있다. 이 보호 장치는 DTrace와 간섭을 일으킨다.

이번 장에서는 CPython 프로브를 사용하는데 추가 정보를 위해 libc 또는 syscall 프로브를 사용하려면 SIP를 비활성화해야 한다.

15.4.4 CLion에서 DTrace 사용하기

CLion 통합 개발 환경은 DTrace 지원을 포함한다. 추적을 시작하려면 'Run ⇨ Attatch Profiler to Process'를 클릭한 후 실행 중인 파이썬 프로세스를 선택한다.

추적 세션을 시작한 다음 중지할 것인지 묻는 메시지가 프로파일러 창에 표시된다. 추적이 완료되면 프로파일러 창에 호출 횟수와 실행 스택을 표시하는 플레임(flame) 그래프와 호출 트리, 메서드 리스트가 표시된다.

15.4.5 DTrace 예제

이번 예제에서는 10장 '병렬성과 동시성'에서 파이썬으로 만들었던 간단한 포트 스캐너의 실행을 추적해 볼 것이다.

D 프로파일 스크립트 `profile_compare.d`를 만들자. 인터프리터 시작 시 발생하는 노이즈를 줄이기 위해 프로파일러는 `portscanner_threads.py:main()` 함수에 진입한 이후부터 실행된다.

cpython-book-samples▶62▶profile_compare.d

```
#pragma D option quiet
self int indent;

python$target:::function-entry
/basename(copyinstr(arg0)) == "portscanner_threads.py"
 && copyinstr(arg1) == "main"/
{
    self->trace = 1;
```

```
    self->last = timestamp;
}

python$target:::function-entry
/self->trace/
{
    this->delta = (timestamp - self->last) / 1000;
    printf("%d\t%*s:", this->delta, 15, probename);
    printf("%*s", self->indent, "");
    printf("%s:%s:%d\n", basename(copyinstr(arg0)), copyinstr(arg1), arg2);
    self->indent++;
    self->last = timestamp;
}

python$target:::function-return
/self->trace/
{
    this->delta = (timestamp - self->last) / 1000;
    self->indent--;
    printf("%d\t%*s:", this->delta, 15, probename);
    printf("%*s", self->indent, "");
    printf("%s:%s:%d\n", basename(copyinstr(arg0)), copyinstr(arg1), arg2);
    self->last = timestamp;
}

python$target:::function-return
/basename(copyinstr(arg0)) == "portscanner_threads.py"
 && copyinstr(arg1) == "main"/
{
    self->trace = 0;
}
```

이 스크립트는 함수가 실행된 시간과 종료된 시간 사이의 차이를 화면에 기록한다.

스크립트 인수에는 -s profile_compare, 명령 인수에는 -c './python portscanner_threads.py'를 사용해 DTrace를 실행하자.

```
$ sudo dtrace -s profile_compare.d -c './python portscanner_threads.py'
0    function-entry:portscanner_threads.py:main:16
28   function-entry: queue.py:__init__:33
18   function-entry:  queue.py:_init:205
29   function-return: queue.py:_init:206
46   function-entry:  threading.py:__init__:223
```

```
33  function-return:    threading.py:__init__:245
27   function-entry:    threading.py:__init__:223
26  function-return:    threading.py:__init__:245
26   function-entry:    threading.py:__init__:223
25  function-return:    threading.py:__init__:245
```

> ❗ 오래된 버전의 DTrace에는 -c 옵션이 없을 수도 있다. 이럴 경우에는 DTrace와 파이썬
> 을 별도 셸에서 실행해야 한다.

출력된 결과에서 첫 번째 열은 이전 이벤트와의 시간차를 마이크로초 단위로
표시한 것이다. 그다음 열들은 이벤트명과 파일명, 줄 번호를 표시한다. 함수
호출이 중첩될 경우 파일 이름의 오른쪽 들여쓰기 단계가 늘어난다.

15.5 요약

이번 장에서는 CPython을 위해 설계된 다양한 도구를 이용하는 벤치마킹과 프
로파일링, 실행 추적에 대해 알아보았다. 올바른 도구를 사용하면 개선점이나
병목을 찾아낼 수도 있고 여러 빌드 간에 성능을 비교할 수도 있다.

## 16장

C P y t h o n   I n t e r n a l s

다음 단계

이번 장에서는 이 책에서 소개한 내용을 활용해 볼 수 있는 세 가지 방향에 대해 알아볼 것이다.

1. C 또는 C++ 확장 모듈 작성하기
2. 여러분의 파이썬 애플리케이션 개선하기
3. CPython 프로젝트에 기여하기

책에서 배운 내용을 활용할 수 있는 방법 중 첫 번째는 C 또는 C++ 확장 모듈을 작성해 보는 것이다.

16.1 CPython용 C 확장 작성하기

파이썬 모듈을 C 또는 C++로 작성하는 것은 파이썬의 기능적인 면을 확장하기 위한 방법 중 하나다. 파이썬 모듈을 C/C++로 작성할 경우 C 라이브러리 함수들과 시스템 콜에 접근하기 더 쉬워지고 성능도 높일 수 있다.

다음은 C 확장 모듈을 작성할 때 이 책에서 참고할 수 있는 부분들이다.

• 2장 개발 환경 구성하기: 개발 환경을 설정하는 방법을 알 수 있다.
• 3장 CPython 컴파일하기: C 컴파일러를 설정하고 C 모듈을 컴파일하는 법을 알 수 있다.

- 9.9절 참조 카운팅: 생성한 객체의 레퍼런스 카운트를 조작하는 법에 대해 알 수 있다.
- 11.2절 객체와 가변 객체 타입: PyObject*는 무엇이며 해당 타입의 인터페이스는 어떤지 알 수 있다.
- 11.3.1 타입 슬롯: 타입 슬롯의 개념과 C에서 파이썬의 타입 API에 접근하는 법에 대해 알 수 있다.
- 14장 디버깅: 확장 모듈의 C 소스 파일에 중단점을 추가하고 디버깅하는 방법에 대해 알 수 있다.

🔗 C 확장을 처음으로 만들어 본다면 먼저 리얼 파이썬에서 'Building a C Extension Module'[1]을 읽어 보자. 해당 튜토리얼에는 확장 모듈을 빌드, 컴파일, 테스트하는 구체적인 예시가 들어 있다.

16.2 파이썬 애플리케이션 개선하기

다음은 파이썬 애플리케이션을 개선하는 데 유용한 몇 가지 중요한 주제를 다루는 부분들이다.

- 8.3.1 프레임 실행 추적: 복잡한 문제를 분석하고 디버그하기 위해 프레임 실행을 분석하는 법에 대해 알 수 있다.
- 9.10절 가비지 컬렉션: 작업이 끝날 때 쓰레기 메모리를 수집하도록 가비지 컬렉터의 알고리즘을 변경해 애플리케이션의 메모리 처리를 개선하는 방법에 대해 알 수 있다.
- 10장 병렬성과 동시성: 애플리케이션 실행 시간을 줄이기 위한 동시성 테크닉과 병렬성 테크닉에 대해 알 수 있다.
- 14장 디버깅: 디버거를 사용하여 C 확장을 디버깅하고 문제들을 분류하는 방법에 대해 알 수 있다.
- 15.3절 cProfile로 파이썬 코드 프로파일링하기: 프로파일러를 사용해 코드 실행 시간을 프로파일링하는 법에 대해 알 수 있다.

---

1 *https://realpython.com/build-python-c-extension-module*

16.3 CPython 프로젝트에 기여하기[2]

CPython 3.9의 경우 3.9.0이 출시된 이후 약 18개월 동안 대략 2개월의 주기로 마이너 릴리스가 출시됐다.[3] 그리고 수백 가지 변경 사항과 버그 보고서, 수천 개의 커밋이 추가됐다.

CPython은 크고 활기차며 개방적인 소프트웨어 프로젝트 중 하나다. 여러분이 이 책을 읽고 얻은 지식으로 CPython 프로젝트를 둘러보고 이해하고 개선하는 데 도움을 줄 수 있을 것이다.

CPython 커뮤니티는 더 많은 기여자가 필요하다. 물론 CPython에 변경이나 개선, 수정 사항을 제출하기에 앞서 어디서부터 기여를 시작할 수 있는지 알아야 한다. 다음은 시작하기 좋은 방법들이다.

1. 깃허브에서 개발자들이 제기한 이슈들을 분류하기
2. 설명이 되어 있는 작은 이슈들을 수정하기

각각의 시작 방법에 대해 더 알아보자.

16.3.1 이슈 분류하기

모든 버그 보고와 변경 요청은 깃허브로 제출된다. *https://github.com/python/cpython/issues*에서 모든 이슈를 확인할 수 있다.

기본적으로 보이는 화면에는 열려있는 이슈들이 최신순으로 정렬된다.

이슈 페이지 상단에서 찾을 수 있는 검색 기능을 사용하거나 깃허브의 고급 검색 기능(*https://github.com/search/advanced*)을 사용해 분류가 필요한 이슈나 easy 등의 특정한 라벨이 설정된 이슈들을 찾을 수 있다.

분류가 필요해 보이는 이슈를 찾으면 '이슈 분류하기' 가이드[4]에 따라 이슈에 대한 의견을 제시할 수 있다.

2　(옮긴이) 파이썬은 현재 깃허브를 이슈 트래커로 사용하지만 기존에는 이슈를 관리하기 위해 *bugs.python.org*라는 별도의 이슈 트래커를 사용했다. 현재 *bugs.python.org*는 읽기 전용 모드로 운영되며 이제 새로운 이슈들은 깃허브에 등록된다. 원문은 *bugs.python.org*에 대해 설명하고 있기 때문에 한국어판에선 깃허브에 대한 설명으로 대체했다.

3　(옮긴이) 자세한 내용은 'PEP 596: 파이썬 3.9 릴리스 스케줄 문서(*https://peps.python.org/pep-0596/*)'를 참고하자.

4　*https://devguide.python.org/triaging/*

16.3.2 이슈 수정을 위해 풀 리퀘스트 제출하기

문제를 해결했으면 수정 사항을 만들어 CPython 프로젝트에 제출해야 한다. 다음은 제출 과정이다.[5]

1. 이슈 번호를 확인한다.
2. 여러분의 CPython 포크에 브랜치를 생성한다. 소스 코드를 다운로드하는 방법은 1장 'CPython 소스 코드 받기'을 참고하자.
3. 13.5 '테스트 모듈'을 참고해서 이슈를 재현할 수 있는 테스트를 추가하자.
4. 변경 사항이 PEP 7과 PEP 8 스타일 가이드를 지키는지 확인하자.
5. 회귀 테스트를 실행해서 모든 테스트가 통과하는지 확인한 후 make patchcheck를 실행하자. 회귀 테스트는 깃허브로 풀 리퀘스트를 제출할 때 자동으로 실행되기는 하지만 로컬 환경에서 먼저 실행해 보는 것이 좋다. 자세한 내용은 13장 '테스트 스위트'를 참고하자.
6. 변경 사항을 커밋 후 깃허브로 푸시하자.
7. *http://github.com/python/cpython*으로 이동해 여러분의 브랜치로 풀 리퀘스트를 만들자.

풀 리퀘스트를 제출하면 분류 팀이 해당 풀 리퀘스트를 분류한 다음 코어 개발자 또는 팀에 리뷰를 할당한다.

이전에 언급했던 것처럼 CPython 프로젝트에는 더 많은 기여자가 필요하다. 풀 리퀘스트 제출 후 리뷰까지 몇 시간 안에 완료될 수도 있지만 몇 주나 몇 달이 걸릴 수도 있다. 답변이 바로바로 오지 않더라도 당황하지 말자. 대부분의 코어 개발자는 자원 봉사자이며 풀 리퀘스트들을 한번에 모아서 검토하거나 병합(merge)하는 경향이 있다.

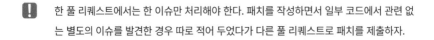

한 풀 리퀘스트에서는 한 이슈만 처리해야 한다. 패치를 작성하면서 일부 코드에서 관련 없는 별도의 이슈를 발견한 경우 따로 적어 두었다가 다른 풀 리퀘스트로 패치를 제출하자.

---

5 (옮긴이) 파이썬은 계속해서 발전해 나가고 있는 프로젝트이고, 운영 방식도 지속적으로 변화한다. 최신 업데이트는 개발 가이드 문서(*https://devguide.python.org/pullrequest/*)에서 확인할 수 있다.

풀 리퀘스트에 문제와 해결 방법, 수정 사항을 자세하게 설명하면 풀 리퀘스트를 빨리 병합하는 데 도움이 된다.

16.3.3 다른 방식으로 기여하기

버그 수정 이외에도 CPython 프로젝트를 개선할 수 있는 방법이 있다.

- 많은 표준 라이브러리 함수와 모듈에 단위 테스트가 없다. 테스트를 작성해 프로젝트에 제출해 보자.
- 많은 표준 라이브러리 함수 문서가 최신 내용을 담고 있지 않다. 문서를 업데이트해서 제출해 보자.

부록 A

파이썬 프로그래머를 위한 C 안내서

이 부록은 전문가 수준의 파이썬 개발자에게 C 언어 기초와 CPython 소스 코드에서 C가 사용된 방식을 안내한다. 파이썬 구문에 대한 중급 정도의 이해가 필요하다.

C는 상당히 제한적인 언어이며 CPython에서는 C의 구문 규칙 중 일부만 사용한다. CPython 코드를 이해하는 수준으로는 C를 효과적으로 사용하기에 부족하다. 이 부록에서는 CPython 코드를 이해할 수 있을 정도로만 소개한다.

파이썬과 C의 큰 차이점 중 하나는 바로 C의 전처리기다. 전처리기부터 먼저 알아보자.

C 전처리기

이름이 의미하는 것처럼 전처리기는 컴파일러가 실행되기 전에 소스 파일을 처리한다. 전처리기는 매우 제한적인 기능을 가지지만 C 프로그램을 구축하는 데 매우 유용하게 사용된다.

컴파일러는 전처리기가 생성한 새 파일을 컴파일한다. 전처리기 명령은 공백이 아닌 기호인 # 기호를 사용하여 줄의 시작 부분부터 처리하기 시작한다.

전처리기의 주 목적은 소스 파일의 텍스트 치환이다. 다만 #if 등의 구문으로 기본적인 조건문을 지원한다.

가장 흔한 전처리기 지시문인 #include부터 알아보자.

#include

#include는 어떤 파일의 내용을 현재 소스 파일로 가져오라고 지시한다. #include는 매우 간단하다. 파일 시스템에서 파일을 읽고 해당 파일에서 전처리를 실행한 다음, 결과를 출력 파일로 넣는다. 모든 #include에서 같은 내용이 수행된다.

예를 들어 Modules▶_multiprocessing▶semaphore.c 파일 상단에서 다음과 같은 줄을 확인할 수 있다.

```
#include "multiprocessing.h"
```

이 구문은 전처리기가 multiprocessing.h의 모든 내용을 가져와서 출력 파일의 현 위치에 집어넣도록 지시한다.

#include에는 두 가지 형태가 있다. 인클루드 파일을 명시할 때 큰따옴표 ("")를 사용할 수도 있고 <>를 사용할 수도 있다. 인클루드 파일을 명시하는 기호에 따라 파일 시스템에서 해당 파일을 찾는 방법이 달라진다.

<>를 사용할 경우 전처리기는 해당 파일을 시스템 인클루드 파일에서 찾는다. 큰따옴표를 사용할 경우엔 해당 파일을 로컬 디렉터리에서 먼저 찾은 후, 찾지 못했을 경우 시스템 인클루드 파일에서 찾는다.

#define

#define을 사용하면 간단한 텍스트 치환을 할 수 있다. 또한 이후에 소개할 #if 지시문과도 같이 사용할 수 있다.

기본적으로 #define은 새 심벌을 정의한다. 해당 심벌은 전처리기 결과에서 텍스트 문자열로 치환된다.

다시 semaphore.c로 돌아가서 다음과 같은 줄을 찾아보자.

```
#define SEM_FAILED NULL
```

이 구문은 컴파일 전에 이 구문 아래에 있는 모든 **SEM_FAILED** 사용 부분을 리터럴 문자열 NULL로 치환하라고 전처리기에 지시한다.

#define 정의는 SEM_CREATE의 윈도우 버전 매개 변수처럼 매개 변수를 명시할 수 있다.

```
#define SEM_CREATE(name, val, max) CreateSemaphore(NULL, val, max, NULL)
```

전처리기는 SEM_CREATE가 함수 호출처럼 표시되고 3개의 매개 변수가 사용될 것으로 기대한다. 이런 정의를 흔히 매크로라고 한다. 전처리기는 세 매개 변수의 텍스트를 출력되는 코드로 치환한다.

semaphore.c의 460번째 줄에서 SEM_CREATE 매크로가 사용되는 것을 볼 수 있다.

```
handle = SEM_CREATE(name, value, max);
```

윈도우용으로 컴파일할 경우 해당 매크로는 다음과 같이 펼쳐진다.

```
handle = CreateSemaphore(NULL, value, max, NULL);
```

뒷부분에서 매크로를 운영 체제에 따라 다르게 정의하는 방법에 대해 알아볼 것이다.

#undef

이 지시문은 #define으로 지시된 전처리기 정의를 삭제한다. #undef를 사용해 #define이 파일의 일부분에서만 유효하도록 구성할 수 있다.

#if

전처리기는 조건문을 처리할 수 있기 때문에 조건에 따라 텍스트 섹션을 포함하거나 제외할 수 있다. 전처리기 조건문은 #endif로 닫을 수 있다. 미세 조정에는 #elif 또는 #else를 사용할 수 있다.

다음은 CPython 소스 코드에서 사용되는 #if의 기본적인 사용법 세 가지다.

1. #ifdef <macro>: <macro> 부분의 매크로가 정의되어 있으면 후속 텍스트 블

록을 출력에 포함한다. #ifdefine(<macro>)와 같이 사용할 수도 있다.

2. #ifndef <macro>: <macro> 부분의 매크로가 정의되어 있지 않으면 후속 텍스트 블록을 출력에 포함한다.

3. #if <macro>: <macro> 부분의 매크로가 정의되어 있고 True로 평가되면 후속 텍스트 블록을 출력에 포함한다.

전처리기가 처리하는 부분을 '코드'가 아니라 '텍스트'라고 언급하는 부분에 주의하자. 전처리기는 C 구문을 해석하지 않으며 치환될 텍스트가 무엇이든 상관하지 않는다.

#pragma

프래그마는 컴파일러용 명령 또는 힌트다. 일반적으로 코드를 읽을 때는 코드 실행 방식을 보는 것이지, 코드가 컴파일되는 방식을 보진 않기 때문에 코드를 읽을 때 코드가 컴파일되는 방식을 다루는 프래그마는 무시해도 좋다.

#error

마지막으로 #error는 메시지를 출력하고 전처리기 실행을 멈추게 한다. #error 도 소스 코드를 읽을 때는 무시해도 좋다.

기본적인 C 문법

이번 절은 C 문법의 일부분만 다룬다. 또한 C 코드를 작성하는 방법은 안내하지 않는다. 이번 절에서는 파이썬 개발자들이 봤을 때 헷갈리고 다르게 보이는 부분들에 초점을 맞춘다.

기본적인 부분들

파이썬과 다르게 C 컴파일러는 공백을 신경 쓰지 않는다. 한 줄로 쓸 구문을 여러 문장에 나눠 쓰든, 프로그램 전체를 한 줄에 쓰든 컴파일러는 상관하지 않는다. 파이썬과 다르게 C는 블록과 구문을 구분하는 구분자가 존재한다.

물론 파서는 매우 구체적인 규칙을 가지고 있지만 일반적으로는 각 구문은 세미콜론(;)으로 끝나고 모든 코드 블록은 중괄호({})로 둘러싸는 것만 알아도 CPython 소스 코드는 이해할 수 있다.

유일한 예외는 하나의 구문만 포함하는 코드 블록이다. 코드 블록에 구문이 하나밖에 없으면 중괄호를 생략할 수 있다.

C에서는 변수를 명시적으로 선언해야 한다. 변수 선언문은 변수의 타입을 명시한다. 파이썬과 달리 C에서 변수 타입은 변경할 수 없다.

다음 예시를 확인해 보자.

```
/* 슬래시-별표 기호와 별표-슬래시 기호 사이에 주석을 적을 수 있다. */
/* 여러 줄로도 적을 수 있다.
    그래서 이 부분도 주석이다. */

// 주석은 슬래시 두 개로도 적을 수 있다.
// 이 형태의 주석은 줄 끝에서부터만 적을 수 있기 때문에
// 줄을 바꿔 새 줄로 쓰려면 슬래시 두 개(//)로 시작해야 한다.

int x = 0; // int 타입의 변수 x를 정의하고 기본값으로 0을 할당한다.

if (x == 0) {
    // 이 부분은 코드 블록이다.
    int y = 1;  // y는 코드 블록이 끝나기 전까지만 유효한 변수다.
    // 더 많은 구문
    printf("x is %d y is %d\n", x, y);
}

// 한 줄일 경우 중괄호를 생략할 수 있다.
if (x == 13)
    printf("x is 13!\n");
printf("past the if block\n");
```

일반적으로 CPython 코드는 매우 깔끔하게 포맷되어 있으며 동일한 모듈 안에서는 동일한 스타일이 사용된다.

if 문

C의 if도 파이썬의 if와 비슷하게 동작한다. 조건이 참이면 블록을 실행한다. else와 elseif도 파이썬과 비슷하다. 참고로 C의 if 문은 전처리기와 달리 endif가 필요하지 않다. 블록은 {}로 구분된다.

C에서는 if ... else 문의 단축형인 삼항 연산자를 사용할 수 있다.

```
condition ? true_result : false_result
```

semaphore.c에서 윈도우용 매크로인 SEM_CLOSE() 정의를 찾아보면 삼항 연산
자가 사용되는 것을 확인할 수 있다.

```
#define SEM_CLOSE(sem) (CloseHandle(sem) ? 0 : -1)
```

이 매크로의 반환값은 CloseHandle()이 true를 반환할 경우엔 0이 되고 이외에
는 -1이 된다.

 CPython 소스 코드에서는 불 변수 타입이 자주 사용된다. 하지만 C에는 원래 불이 없다. C는 간단한 규칙을 이용해 불 조건을 처리한다. 0이나 NULL은 거짓이고 그 이외에는 참 이다.

switch 문

파이썬과 달리 C는 switch 문을 지원한다. switch는 if ... elseif의 축약형으
로 볼 수 있다. 다음은 semaphore.c의 예다.

```
switch (WaitForSingleObjectEx(handle, 0, FALSE)) {
case WAIT_OBJECT_0:
    if (!ReleaseSemaphore(handle, 1, &previous))
        return MP_STANDARD_ERROR;
    *value = previous + 1;
    return 0;
case WAIT_TIMEOUT:
    *value = 0;
    return 0;
default:
    return MP_STANDARD_ERROR;
}
```

WaitForSingleObjectEx()의 값에 따라 분기별 코드가 실행된다. 반환값이 WAIT
_OBJECT_0일 경우 첫 번째 블록이, WAIT_TIMEOUT일 경우 두 번째 블록이, 어떤
조건에도 해당되지 않으면 default 블록이 실행된다.

WaitForSingleObjectEx()의 반환값은 정숫값 또는 열거형이어야 하고 각 case 분기에는 상숫값을 사용해야 한다.

반복문

C는 세 가지 반복문을 제공한다.

1. for 문
2. while 문
3. do ... while 문

하나씩 차례대로 살펴보자.

for 문의 문법은 파이썬과는 사뭇 다르다.

```
for (<initialization>; <condition>; <increment>) {
    <code to be looped over>
}
```

for 문을 보면 반복문에서 실행되는 코드 외에 반복문을 제어하기 위해 사용되는 세 가지 코드 블록이 있다.

1. <initialization> 부분은 루프가 시작될 때 한 번만 실행된다. 주로 이 부분은 반복 카운터를 초기화하거나 정의하는 데 사용된다.
2. <increment> 코드는 반복문의 코드 블록을 통과할 때마다 실행된다. 보통 이 부분에서는 반복 카운터를 증가시킨다.
3. <condition>은 <increment> 이후에 실행된다. 이 구문이 거짓으로 평가되면 반복문은 종료된다.

다음은 Modules▶sha512module.c의 반복문 예시다.

```
for (i = 0; i < 8; ++i) {
    S[i] = sha_info->digest[i];
}
```

이 코드는 8번 반복된다. i는 0부터 7까지 증가하고 8이 되면 종료 조건이 충족된다.

while 루프는 파이썬과 C가 거의 동일하게 작동한다. 하지만 do ... while 문법은 살짝 다르다. do ... while의 반복 제어 조건은 루프가 처음 한 번 실행되고 난 이후부터 평가된다.

for 문과 while 문은 CPython 소스 코드에서 자주 사용되지만 do ... while 문은 사용되지 않는다.

함수

C와 파이썬은 함수 문법도 비슷한 편이다. 다만 C 문법에서는 반환값 타입과 매개 변수 타입을 명시해야 한다. 다음은 C 문법이다.

```
<return_type> function_name(<parameters>) {
    <function_body>
}
```

C에서는 올바른 타입이기만 하다면 어떤 타입이든 반환 타입으로 사용할 수 있다. 내장 타입인 int와 double은 물론 사용자 정의 타입인 PyObject 또한 사용 가능하다. 다음은 semaphore.c의 함수 정의 예시다.

```
static PyObject *
semlock_release(SemLockObject *self, PyObject *args)
{
    <statements of function body here>
}
```

이 함수 정의에서 C의 몇 가지 특성을 볼 수 있다. 첫 번째로 공백을 쓰는 데 제한이 없기 때문에 static PyObject * 부분에서 볼 수 있는 것처럼 대부분의 CPython 소스 코드에서 함수의 반환 타입은 함수 선언 위에 작성된다. *의 사용법은 이후에 더 알아볼 것이다. 지금은 변수와 함수에 몇 가지 수식어가 붙을 수 있다는 정도만 알아 두자.

static도 변수와 함수에 붙일 수 있는 수식어의 일종이다. 수식어가 작동하는 방식에 대해서는 몇 가지 복잡한 규칙이 있다. 예를 들어 static을 변수 선언 앞에 사용하면 방금 본 사용법과 매우 다르게 동작한다.

다행히 CPython 소스 코드를 읽을 때는 이러한 수식어들을 무시하고 읽어도

별 지장이 없다.

파이썬과 비슷하게 함수의 매개 변수들은 따옴표로 구분된 변수 목록이다. 물론 앞에서 언급했듯이 C에서는 각 매개 변수의 타입을 명시해야 한다. Sem LockObject *self라는 매개 변수 정의는 self라는 이름의 첫 번째 매개 변수가 SemLockObject를 가리키는 포인터임을 뜻한다. C에서 매개 변수는 위치 기반 으로만 작동한다.

이제는 방금 언급한 '포인터'가 무엇인지 알아보자.

포인터를 이해할 수 있는 맥락을 조금 더 설명하자면, C 함수에 전달되는 모 든 매개 변수는 값이다. 즉, 함수는 함수 호출 시 사용된 원래의 변수에 대해 실 행되는 것이 아니라 호출 시 사용된 변수의 복사본에 대해 실행된다. 이러한 제약을 해결하기 위해 함수에 해당 함수가 수정할 수 있는 데이터의 주소를 넘 기는 방식이 사용된다.

이렇게 함수에 넘겨지는 주소들이 바로 포인터이고 이러한 포인터들에는 타 입이 있다. 정숫값을 가리키는 포인터인 int *는 배정밀도 부동 소수점을 가리 키는 포인터인 double *과 다른 타입이다.

포인터

앞서 언급했듯이 포인터는 값을 가리키는 주소를 저장하고 있는 변수다. 다 음과 같은 코드 블록에서 확인할 수 있듯이 C에서는 포인터가 정말 자주 사용 된다.

```
static PyObject *
semlock_release(SemLockObject *self, PyObject *args)
{
    <statements of function body here>
}
```

self 매개 변수는 SemLockObject의 주소, 즉 포인터다. 또한 이 함수가 반환하 는 값 또한 PyObject 타입의 포인터다.

C에는 NULL이라는 특별한 값이 있다. 이 값은 포인터가 어떠한 값도 가리키 지 않음을 뜻한다. 포인터에 저장할 수 있는 값에는 제한이 거의 없으므로 프

로그램이 소유하고 있지 않은 메모리 위치에 접근하게 되면 매우 이상하게 동작할 수 있다. 이런 상황을 막기 위해 CPython 소스 코드에는 포인터에 NULL을 할당하는 부분과 NULL이 아님을 체크하는 부분이 여럿 있다.

주소가 NULL인 메모리를 참조하려고 하면 프로그램이 즉시 종료된다. 더 나은 방법으로 보이지는 않겠지만 일반적으로 무작위 메모리 주소가 변경되는 것보다는 NULL 참조가 발생하는 편이 메모리 버그를 찾아내기 더 쉽다.

문자열

C에는 문자열이 없다. 표준 라이브러리에서 자주 사용되는 관례는 있지만 정확한 '문자열' 타입은 없다. 그렇기 때문에 C에서 문자열은 char(아스키) 또는 wchar(유니코드) 배열에 저장된다. 배열의 각 원소는 문자 하나를 저장한다. 문자열은 널 종료자(null terminator)를 가진다. 널 종료자의 값은 0이며 코드값으론 \0이다.

strlen() 같은 기본적인 문자열 조작 함수들은 문자열의 끝을 찾기 위해 널 종료자를 사용한다.

배열을 문자열로 사용하기 때문에 문자열을 직접 복사하거나 비교할 수 없으므로 표준 라이브러리가 strcpy()와 strcmp() 함수를 제공한다(wchar용 함수도 별도로 존재한다).

구조체

C에 대한 간단한 소개는 새로운 타입을 만드는 방법인 구조체에 대한 소개로 마치겠다. struct 키워드는 여러 타입을 하나의 새 타입으로 묶는다.

```
struct <struct_name> {
    <type> <member_name>;
    <type> <member_name>; ...
};
```

다음은 Modules▶arraymodule.c의 struct 선언 중 일부다.

```
struct arraydescr {
    char typecode;
```

```
    int itemsize;
    ...
};
```

이 구조체 선언은 멤버가 있는 `arraydescr` 타입을 정의한다. 선언에 포함된 `char typecode`와 `int itemsize`가 구조체의 멤버다.

　구조체는 `typedef` 선언과 같이 자주 사용된다. `typedef` 선언은 간단한 별칭을 정의한다. 방금 예제대로라면 우리가 새로 선언한 구조체 타입의 변수를 정의하기 위해 `struct arraydescr x`와 같이 전체 이름을 사용해야 한다.

　다음 예제를 확인해 보자.

```
typedef struct {
    PyObject_HEAD
    SEM_HANDLE handle;
    unsigned long last_tid;
    int count;
    int maxvalue;
    int kind;
    char *name;
} SemLockObject;
```

앞의 코드는 새로운 사용자 정의 구조체 타입을 선언하고 `SemLockObject`라는 이름을 부여한다. 이렇게 선언된 구조체 타입의 변수를 선언하려면 `SemLock Object x`처럼 별칭을 사용해 간단하게 사용할 수 있다.

요약

지금까지 간단하게 C 문법에 대해 알아보았다. C 언어에 대해 깊이 알아본 것은 아니지만 CPython 소스 코드를 이해하기에는 충분한 내용일 것이다.

부록 B

C P y t h o n   I n t e r n a l s

성능 이슈를 통해 살펴본 CPython의 미래

나동희(CPython 프로젝트 코어 개발자)

네덜란드 국립 수학·정보 과학 연구소(Centrum Wiskunde & Informatica, CWI)에서 일하던 히도 판로쉼이 1989년 성탄절에 개발을 시작한 파이썬[1]은 2021년부터 TIOBE(*https://www.tiobe.com/tiobe-index/*) 순위 1위 자리를 두고 치열하게 경쟁하는 업계 주류 언어가 되었다.

파이썬은 기계 학습이라는 트렌드와 함께 급부상하면서 지금의 자리를 차지하게 되었다. 그런데 오늘날의 컴퓨팅 환경을 예상하기 어려웠던 시절에 설계된 탓에 개발 당시에는 어쩌면 최선이었던 설계 결정이 지금은 도리어 여러 가지 문제가 되어 지적을 받는 현실에 직면하고 있다. 끊임없이 변화하는 업계 환경에 대응해 사용성 개선과 한계점 극복을 위한 파이썬의 노력은 지금도 계속되고 있다.

이 글에서는 최근 CPython 코어 팀이 집중적으로 개선을 고민하고 있는 부분들에 대해 이야기해 보려고 한다. 다만 필자가 관심 있는 분야를 중심으로 다루다 보니 타입 지원 개선과 같은 주제는 빠져 있다. 이 글에서 다루지 못한 부분에 대해서는 양해를 구한다. 그리고 모든 내용에는 주관적인 견해가 들어 있음을 감안하고 읽어 주었으면 한다.

---

1   *https://peps.python.org/pep-0401/*

근래에 CPython에서 가장 많이 지적을 받는 부분은 바로 성능 이슈와 병렬성 지원이다. 당연히 CPython 코어 개발자들이 해당 이슈들을 외면하거나 손을 놓고 있는 상황은 아니다. 지금부터 CPython 성능 개선, 멀티코어 지원 그리고 이를 개선하기 위해 해결해야 할 중요한 문제 중 하나인 CPython C API를 중심으로 역사적인 배경과 나아가려고 하는 방향에 대해 이야기해 보겠다.

우선 최근에 가장 관심을 받고 있는 '패스터 CPython(Faster CPython)' 프로젝트를 중심으로 CPython 성능 향상과 관련된 노력을 소개하겠다.

과거 성능 개선 시도와 한계

2021년 파이썬 언어 회의(Python Language Summit)[2]에서 히도 판로쑴이 파이썬 성능 향상 프로젝트에 대해 공식적으로 발표하기 이전부터 커뮤니티와 대형 기술 회사들을 중심으로 성능 개선을 위한 많은 시도가 있어 왔다. 크게 나눠 보면 CPython 프로젝트 자체를 포크해서 성능을 개선하는 시도와 PyPy[3]나 RustPython[4] 같은 새로운 구현체를 개발하는 시도였다.

이 글에서는 첫 번째 접근을 중심으로 설명할 것이다. 2022년 현재 개발 중인 파이썬 3.11을 기준으로 CPython 구현체는 스택 머신 기반의 바이트코드 인터프리터로 동작하고 있다. 인터프리터 그 자체는 정적 컴파일 기반의 구현체에 비해 아무래도 성능이 느리므로 JIT를 개발하여 성능 개선을 꾀하는 게 컴파일러 개발자들이 흔히 접근하는 방식일 것이다.

이 방법론으로 접근한 프로젝트가 언레이든 스왈로(Unladen Swallow), 피스톤(Pyston), 신더(Cinder)다. 언레이든 스왈로는 구글에서 LLVM 기반으로 JIT를 구현한 프로젝트로, 상당한 성능 향상을 이루어 내면서 주목을 끌었으나 현재는 개발이 중지된 상태다. 피스톤은 처음에는 파이썬 2를 타깃으로 드롭박스에서 개발한 LLVM 기반 프로젝트였다. 피스톤 프로젝트 역시 성능 향상에 상당한 진전을 이루었고 드롭박스 내부 코드를 실행시키는 데에도 성공하였지

---

2 매년 미국 파이콘 행사에서 파이썬 구현체와 관련된 사람들이 모여 파이썬 구현체 개발 논의를 진행하는 비공개 행사다.

3 *https://www.pypy.org/*

4 *https://github.com/RustPython/RustPython*

만 범용적으로 사용하기 위한 호환성 이슈를 해결하는 데에는 실패하였다. 결국엔 드롭박스의 내부 이슈로 프로젝트의 중단을 선언하였고, 이후 퇴사한 개발자들이 다시 모여 현재는 파이썬 3를 타깃으로 하는 DynASM 기반의 피스톤 v2라는 프로젝트를 진행하고 있다. 이 프로젝트는 아나콘다 배포판을 제공하는 아나콘다 사의 공식적인 후원을 받고 있다. 신더 프로젝트는 파이썬을 많이 사용한다고 알려져 있는 대표적인 서비스인 인스타그램에서 자사 제품을 위해 CPython 코드 기반을 최적화한 프로젝트다. 내부적으로 JIT가 구현되어 있고 객체 관리 역시 자사 제품에 맞춰 변경했다. 신더에서 개선된 몇 가지 사항은 CPython 업스트림에 제안되기도 했다.

그런데 이러한 프로젝트들은 (1)기존 파이썬 생태계가 CPython 구현에 강하게 결합되어 있다는 문제와 (2)CPython 내부 구현과 다르게 동작하는 부분이 있을 경우 라이브러리 자체에 특정한 구현체를 위한 별도 구현을 수정해 넣어야 한다는 이슈에 맞닥뜨렸다. 결국 CPython 자체가 빨라지지 않으면 파이썬 생태계를 위한 성능 개선도 빛을 발하기 힘든 상황이었던 것이다.

패스터 CPython 프로젝트

다행히도 2021년에 히도 판로쎔이 은퇴를 번복하고 마이크로소프트에 입사하면서 정식으로 '패스터 CPython' 프로젝트를 시작했다.

이 프로젝트의 핵심 리더인 마크 섀넌(Mark Shannon)은 이전에 동적 타입 언어를 위한 고성능 가상 머신 설계를 주제로 박사 논문을 발표한 적이 있는 연구자 출신이고, 해당 논문에서 소개한 GVMT(Glasgow Virtual Machine Toolkit) 프레임워크를 기반으로 HotPy라는 구현체를 개발한 이력이 있기도 하다. 엔지니어계의 문무를 겸비한 인물인 것이다.

이런 그의 경력 때문인지 '패스터 CPython' 프로젝트는 성능 최적화를 위해 빠르다고 알려진 접근 방식부터 무작정 적용하지 않았다. 우선 현재 파이썬 성능 계측에 사용되는 벤치마크 세트들을 기반으로 프로파일링을 통해 연산들에 대한 통계 데이터를 수집한 뒤, 실질적으로 많이 사용되고 오버헤드가 발생하는 연산을 분석했다는 점이 '패스터 CPython' 프로젝트의 가장 큰 특징이다.

그는 수집된 이론적 메트릭을 기반으로 프로그램 전반에 걸쳐 연산 속도 향상을 이룰 수 있는 부분들에 대해 PEP 659[5]를 제안했다. 제안에 적용된 바이트코드 특수화라는 기법을 간단히 소개해 보겠다. 예를 들어 루프문 내부에서 자주 실행되는 BINARY_OP라는 명령어의 더하기 연산이 일정 조건 이상 자주 실행된다면 이를 BINARY_OP_ADAPTIVE로 변경하여 특수화할 수 있다고 표시하고, 이 명령어가 정수 타입에 대해 실행되고 있다고 분석되면 BINARY_OP_ADD_INT라는 특수화된 명령어로 실행하여 BINARY_OP_ADD보다 빠르게 처리하는 것이다. 어떤 명령어를 특수화할지는 앞서 언급한 프로파일링과 데이터 분석을 통해 결정했는데, 그 결과 이 글을 쓰는 현재 개발 중인 CPython 3.11은 CPython 3.10 대비 기하 평균 기준 약 20% 성능 향상을 이룰 수 있었다.[6] JIT를 아직 전혀 구현하지 않은 상태인데도 상당한 성능 향상을 이룬 것이다.

마이크로소프트의 '패스터 CPython' 팀은 이 밖에도 CPython 성능 향상을 이룰 수 있는 방법들에 대해 모든 가능성을 열어 두고 실험 중이며 그중 일부는 이미 적용하기도 했다. 그 예로 CPython 빌드 타임에 필수적인 모듈들에 대해 바이트코드를 미리 생성하여 CPython 스타트업 시간을 줄이는 딥 프리즈(deep freeze) 프로젝트가 있다.

그뿐 아니라 앞서 언급한 인스타그램의 신더 팀이나 아나콘다의 피스톤 팀처럼 CPython 성능 향상을 연구하는 팀이나 연구실과도 지속적으로 교류하여 해당 팀에서 발견한 연구 결과도 검토하고 있다. 예를 들어 부모 프로세스와 자식 프로세스 사이에서 자주 사용되는 읽기 전용 객체들의 메모리 사용량을 절감하기 위해 이것들을 공유해 사용할 수 있는 불멸 객체(immortal object) 개념을 신더 팀에서 제안했는데 이를 CPython에 적용할지 여부에 대해 논의 중이다.

물론 아직까지 '패스터 CPython' 팀의 최종 목적을 달성한 상황은 아니다. 마크 섀넌은 당초 '패스터 CPython' 프로젝트를 발표할 때 티어(tier) 0부터 3까지 구분하여 계획[7]을 세웠는데 CPython 3.11은 PEP 659(specializing adaptive

---

5 *https://peps.python.org/pep-0659/*
6 *https://docs.python.org/3.11/whatsnew/3.11.html#faster-cpython*
7 *https://github.com/markshannon/faster-cpython/blob/master/tiers.md*

interpreter)를 구현한 티어 1까지만 완료한 상태다. 티어 2와 3에서 또 어떤 최적화를 적용할지 기대해 보면 좋을 듯하다.

병렬성 개선을 위한 시도

이제 GIL과 관련된 병렬성 논의를 살펴보려고 한다. 파이썬, 정확히 이야기하자면 CPython에는 GIL이라고 알려진 전역 잠금이 있다. 이 덕분에 C 확장 모듈을 쉽게 작성할 수 있고, 참조 카운팅을 기반으로 객체 관리 구현이 간단해졌다. 그런데 이는 CPU 집중적인 작업에서 멀티코어를 활용하는 데 굉장히 제약이 많다는 문제가 있다.

CPython의 대체 구현체에서 GIL을 사용하지 않는 구현을 완성하는 데 성공하더라도 해당 구현체가 사용해야 할 파이썬 라이브러리 생태계가 GIL이 존재한다는 전제에 강하게 의존하는 상황이라 결국에는 GIL을 똑같이 구현해야 해서 같은 문제에 봉착하게 된다. 실제로 PyPy의 경우 이미 STM(software transactional memory)을 기반으로 GIL을 제거하는 데 성공했지만 이와 같은 이유로 GIL의 제약에서 완전히 벗어나지는 못했다.

그렇다면 CPython 팀은 GIL을 제거하는 데 전혀 무관심했는가? 그렇지 않다. 마찬가지로 CPython에서도 수십 년 동안 GIL을 제거하려는 수많은 노력이 있었지만, GIL을 제거해도 싱글 스레드 프로그램의 성능이 저하되지 않는다는 전제 조건을 만족할 만한 방법을 2021년 이전까지 발견하지 못했다.

그래서 이전에는 GIL을 제거하는 대신 각자가 독립적인 GIL을 가지고 프로세스 단위가 아닌 스레드 단위로 실행되는 서브인터프리터라는 것을 활용하여 멀티코어 사용률을 높이는 방법이 제안되기도 했다. 또 당시에 GIL을 제거하는 유일한 방법으로 여기던, 트레이싱 가비지 컬렉션 도입을 통한 참조 카운팅 제거가 제안되기도 했다.

그래서 에릭 스노(Eric Snow)를 중심으로 한 CPython 코어 팀은 스레드 자원 위에서 독립된 GIL을 가지고 실행되는 서브인터프리터를 구현하기 위해 프로세스 전역 자원으로 공유되는 객체들을 각각의 서브인터프리터에 종속되도록 변경하는 작업에 집중했다. 한편 닐 셰머나우어(Neil Schemenauer)라는 코어 팀 멤버는 트레이싱 가비지 컬렉션을 구현할 수 있는 다양한 방안에 대해 실험 중인 상황이었다.

그러다가 2021년 페이스북의 샘 그로스(Sam Gross)가 편향 참조 카운팅 (biased reference counting) 기법을 기반으로 GIL을 제거한 CPython 구현체 개발에 성공한다. 샘 그로스의 주장과 벤치마크 결과에 따르면 싱글 스레드 성능이 하락하지 않으면서 GIL을 제거할 수 있다고 한다. CPython 코어 팀은 이 프로젝트가 당초 히도 판로섬이 원한 전제 조건을 달성할 수 있다고 판단하여 샘 그로스의 결과물을 하나하나 분석하고 있다.

샘 그로스의 방법 역시 오랫동안 GIL을 전제로 작성된 C 확장 모듈들에 영향을 끼칠 수 있어서 구현을 채택하더라도 어떤 식으로 마이그레이션해야 하는지 여러 가지 논의 사항이 남아 있다. 당연히 GIL을 제거하는 것과 별개로 서브인터프리터 프로젝트와 트레이싱 가비지 컬렉션 적용 방법에 대해서도 계속 연구와 개발을 진행 중이다.

C API 개선

마지막으로 앞서 소개한 문제들을 해결하는 데 가장 큰 걸림돌이 되고 있는 C API 문제를 다뤄 보려고 한다. 과거 파이썬 2에서 파이썬 3로의 대전환기에 수년에 걸쳐 호환성 이슈를 경험한 코어 팀 입장에서는 성능 향상과 병렬성 개선을 달성하는 것만큼이나 기존에 잘 실행되고 있는 파이썬 프로그램의 호환성을 유지하는 것이 매우 중요하다.

그렇다면 왜 내부 구현 변경이 호환성에 영향을 끼치는지 의문인 독자도 있을 것이다. 파이썬에서는 부족한 성능을 극복하기 위해 C 언어 기반의 확장 모듈을 자주 사용한다. CPython의 C API는 이러한 확장 모듈 개발을 목적으로 설계되었는데 인터프리터 내부 구현이 노출되어 있다. 따라서 내부 구현이 변경되면 API 결괏값이나 사용성에 영향을 끼친다. 그래서 실제로 C 확장 모듈을 작성하지 않더라도 사용하고 있는 라이브러리들이 사이썬과 같이 성능 가속화를 위한 라이브러리들을 이용하여 구현되어 있다면 호환성 이슈에 부딪칠 가능성이 높다. 사이썬뿐 아니라 병렬성 향상과 관련되어 자주 언급되는 gevent

나 greenlet 같은 라이브러리 기반의 프로젝트 역시 영향을 받아 왔다. 따라서 API 디자인에 내부 구현이 노출되어 있다는 점과 API가 빈번하게 변경되어 라이브러리 메인테이너가 새 버전이 릴리스될 때마다 신경을 써야 된다는 점은 오랫동안 지적을 받아 왔던 부분들이다.

사실 CPython C API가 만들어질 당시에는 CPython 자체를 위해 만든 것이 었다. 오늘날 소프트웨어 공학의 관점으로 보았을 때 뚜렷한 철학 없이 설계되었고 앞서 언급한 것처럼 CPython 내부에서만 유효한 구현들이 API에 모두 노출되어 있는 상태다.

그렇지만 이 언어가 1990년대에 설계되었고 개발 당시에는 지금처럼 인기 있는 언어가 될 것이라고 예상하지 못했다는 점을 감안하자. 오히려 이런 설계 덕분에 C 확장을 쉽게 작성할 수 있었다. 어찌 보면 훌륭한 설계와 언어의 인기 는 별개의 문제일 수 있다는 점을 시사하기도 한다.

걸출한 JIT 구현에 성공한 PyPy 프로젝트가 라이브러리의 호환성 이슈로 인해 널리 쓰이지 못하고 있는데, 그 이유 중 하나가 바로 파이썬 생태계 전반에 걸쳐 사용되고 있는 C API의 영향 때문이다.

최근에야 CPython 팀도 CPython 자체의 성능을 올리는 데 상당한 노력을 기울이고 있지만, 그 이전까지 성능이 필요한 부분에 대한 CPython의 해법 은 느린 부분은 C로 구현해 쓰라는 것이었다. 그 결과 꽤 많은 라이브러리가 CPython의 C API에 의존하고 있다. 이 때문에 PyPy와 같은 대체 구현체들은 C API 때문에 CPython의 일부 동작을 에뮬레이팅하는 수준까지 구현해야 했고, CPython 팀 역시 성능을 개선할 때 이 부분을 신경 써서 구현해야 하는 상황을 마주하게 되었다. 실제로 앞서 언급한 '패스터 CPython' 팀의 태스크 중 하나가 바로 성능 최적화를 하면서 변경되거나 삭제된 C API에 대한 변경 사항을 사이썬과 같은 주요 프로젝트에 패치로 보내는 것이기도 하다.

몇 년 전부터 빅터 스티너(Victor Stinner)를 중심으로 일부 개발자들이 C API에서 CPython 내부 구현을 노출했던 부분을 줄여 나가고 있고, 원칙 있는 C API를 설계하려고 노력하고 있다. 또한 Node.js의 N-API와 비슷한 HPy[8]라는

8 *https://hpyproject.org/*

프로젝트를 중심으로 불투명 포인터(opaque pointer)[9] 기반의 API 레이어를 만들어서 PyPy나 다른 구현체에서도 호환성 이슈 없이 C 확장을 사용할 수 있게 하려는 노력이 진행 중이다.

마무리

지금까지 CPython 코어 팀이 CPython을 위해 어떤 노력을 하고 있는지 설명해 보았다.

앞서 언급한 파이썬의 변화가 독자들이 생각하기에는 매우 느리다고 느껴질 수도 있을 것이다. 그렇지만 아주 작은 변경도 전 세계 수많은 컴퓨팅 환경에 영향을 주기 때문에 매우 점진적으로 움직여야 하고 보수적으로 대응할 수밖에 없다. 예를 들어 파이썬 3.9.0 릴리스를 앞두고 버전 컨트롤 시스템인 머큐리얼(Mercurial)에 끼치는 영향 때문에 릴리스 전날 해당 변경을 롤백하고 릴리스를 연기한 적이 있으며, 최근 사례로는 인기 프레임워크인 FastAPI[10]에 호환성 문제가 발생하자 파이썬 3.10에서 적용할 예정이던 PEP 563을 파이썬 3.11로 연기[11]하기도 했다.

분명한 것은 느리지만 하나씩 개선 계획을 꾸준히 실행에 옮기고 있다는 점이다. 파이썬을 위해 노력하고 있는 CPython 코어 팀과 여러 연구 기관 그리고 각지에서 활동 중인 커뮤니티 덕분에 파이썬이 미래를 향해 계속 한 발자국씩 걸어가고 있다고 믿는다.

---

9 *https://en.wikipedia.org/wiki/Opaque_pointer*
10 *https://fastapi.tiangolo.com/*
11 *https://mail.python.org/archives/list/python-dev@python.org/thread/CLVXXPQ2T2LQ5MP2Y53VVQ FCXYWQJHKZ/*

감사의 글

아내 Verity의 지원과 인내에 감사한다. 아내가 없었다면 이 책을 나올 수 없었을 것이다. 이 여정에서 나를 지원해 준 모두에게 감사한다.

원고를 미리 읽고 훌륭한 의견을 준 독자들에게 감사한다: Jürgen Gmach, ES Alexander, Patton Bradford, Michal Porteš, Sam Roberts, Vishnu Sreekumar, Mathias Hjärtström, Sören Weber, Art, Mary Chester-Kadwell, Jonathan Reichelt Gjertsen, Andrey Ferriyan, Guillaume, Micah Lyle, Robert Willhoft, Juan Manuel Gimeno, Błażej Michalik, RWA, Dave, Lionel, Pasi, Thad, Steve Hill, Mauricio, R. Wayne, Carlos, Mary, Anton Zayniev, aleks, Lindsay John Arendse, Vincent Poulailleau, Christian Hettlage, Felipe 'Bidu' Rodrigues, Francois, Eugene Latham, Jordan Rowland, Jenn D, Angel, Mauro Fiacco, Rolandas, Radek, Peter, milos, Hans Davidsson, Bernat Gabor, Florian Dahlitz, Anders Bogsnes, Shmuel Kamensky, Matt Clarke, Josh Deiner, Oren Wolfe, R. Wayne Arenz, emily spahn, Eric Ranger, Dave Grunwald, bob desinger, Robert, Peter McDonald, 박세영, Allen Huang, Eugene, Kartik, Vegard Stikbakke, Matt Young, Martin Berg Petersen, Jack Camier, Keiichi Kobayashi, Julius Schwartz, Luk, Christian, Axel Voitier, Aleksandr, Javier Novoa Cataño, travis, Najam Syed, Sebastian Nehls, Yi Wei, Branden, paolo, Jim Woodward, Huub van Thienen, Edward Duarte, Ray, Ivan, Chris Gerrish, Spencer, Volodymyr, Rob Pinkerton, Ben Campbell, Francesc, Chris Smith, John Wiederhirn, Jon Peck, Beau Senyard, Rémi MEVAERE, Carlos S Ande, Abhinav Upadhyay, Charles Wegrzyn, Yaroslav Nezval, Ben Hockley, Marin Muso, Karthik, John Bussoletti, Jonathon, Kerby Geffrard, Andrew Montalenti, Mateusz Stawiarski, Evance Soumaoro, Fletcher Graham, André Roberge, Daniel Hao, Kimia. 독자들의 도움에 매우 감사하고 있다. 모두에게 정말 감사의 마음을 전한다.

찾아보기